오리엔티어링
Orienteering

권오삼, 김로빈, 김승재

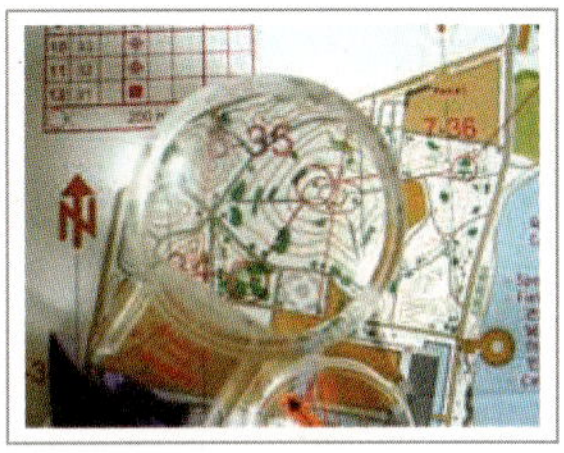

한성대학교 출판부

200 m

오리엔티어링
Orienteering
제3판

머리말

오리엔티어링 Orienteering

오리엔티어링은 다양하고 익숙하지 않은 지역에서 한 지점에서 다른 지점으로 이동하기 위해 지도와 나침반을 이용하여 고도의 네비게이션 기능이 요구되는 스포츠이며, 현재 국제오리엔티어링연맹(IOF)과 같은 국제적 수준은 물론 우리나라, 시와 도, 지역 등의 수준에서 그 활동수준이 빠르게 신장되고 있는 스포츠이다. 특히 아름답고 그렇게 높지 않은 지형(산)과 언덕으로 이루어진 한국의 지형적 특성과 함께 오리엔티어링을 즐기는 것은 자연친화적이고, 재미가 있으며, 연령에 맞는 체력을 요구되는 미래의 스포츠로서 자리매김해 가고 있다.

저자들은 2009년 8월 오리엔티어링 초판의 발행한 이후 이 책을 오리엔티어링 현장에서 사용하면서 나름대로 충실한 내용으로 준비를 했지만 지속적으로 변화하는 스포츠의 다양한 측면들을 서술하는 것이 다소 느린 반영과 표현상 부족함이 있다는 것을 인지하게 되었다. 전문체육과 생활체육 분야에서 모두 보편적으로 사용할 수 있는 교재로 만들기 위해서는 국외는 물론 국내에서 2015년 이후 보편화 되어가는 신속한 판정 기록을 위한 전자펀칭시스템 도입에 따른 장비의 사용 및 운영에 대한 보급과 여러 분야에서 사용할 수 있는 오리엔티어링 프로그램들의 소개를 필요로 하였으며, 이에 따른 관련 주제의 설명을 위한 적절한 O-지도와 최근 관련 활동사진을 반영하여 개정을 하게 되었다.

현대의 오리엔티어링 경기는 Sprint Relay 경기, Trail O에서의 TempO와 PreO, Trail O Relay 경기 방식은 잘 구성된 팀워크와 민첩한 움직임을 요하거나 한층 정밀하고 현명한 판단을 요구하는 그야말로 발로 뛰고 머리를 써야하는 오리엔티어링의 특징을 더욱 강조하고 있다. 국내에서는 전문체육으로서의 오리엔티어링 활성화 면에서는 국내에서 2008년 '제1회 아시아선수권대회' 의 개최와 매년 국가대표를 선발하여 '세계선수권대회(WOC)'에 출전하고 있으며2015년 군인체육대회(CISM)나 세계소방관

Prologue
오리엔티어링 Orienteering

대회 등에 자국의 오리엔티어링 지도를 제작 보급하는 등 질적인 면에서도 많은 향상을 했다고 생각하는 바이다. 청소년 수련시설이나 기관에서 우리 오리엔티어링의 교육적 측면이 있음을 인지하고 관의 프로그램으로도 활용하고 있으며, 국민건강을 위한 생활체육 활성화 측면에서는 대학교 체육 관련 학과의 전공 교과과정에의 적용, 중고등학교 체육 과목의 선택 종목으로 추진되거나, 직장 연수 및 체험을 위한 여가활동으로 활용하는 등으로 다양성을 보여주는 추세에 있다.

최근 2019년에는 세계트레일선수권대회(2020년 홍콩)에 파견을 목적으로 한국에 처음으로 트레일 국가대표를 선발하였고 훈련을 하며 출전을 준비되고 있었으나 개최지의 사정으로 취소된 점과 한국에서 개최하기로 한 '2020년 아시아 오리엔티어링 선수권 대회(AsOC2020/Asian Orienteering Championship 2020)'가 코로나 19로 인해 취소된 점은 국내 오리엔티어링발전에 심각한 위기를 초래했다. 이제는 위드코로나 정책과 함께 적절한 방역대책으로 국내 오리엔티어링이 다시 활성화할 수 있는 전환점이 되기를 기대해 본다. 이번 2022년 제3판 개정판은 국제오리엔티어링연맹(IFO)의 지도제작 규정의 변화(ISOM 2017로 개정), 스프린트 경기(ISSprOM2019 2000) 및 컨트롤위치설명 심볼의 일부 변동 등을 반영하여 수정(일부분)하여 발행하게 되었으며, 저자들은 이 책을 국제 오리엔티어링의 변화에 따라 계속적이고 신속하게 개정함으로써 국내 오리엔티어링 동호인 및 경기 분야 종사자 분들의 최적화된 오리엔티어링 이론 및 실습 지침서로 활용되기를 바란다.

2022년 5월

권오삼, 김로빈, 김승재

차 례

오리엔티어링Orienteering

오리엔티어링
Orienteering

作手高原
菅沼・守義
AOC2010
EVERNEW
LiteraMed
SILVA

PART:1

오리엔티어링이란

1. 오리엔티어링(Orienteering) 이란?
2. 오리엔티어링의 특징
3. 오리엔티어링의 전망
4. 오리엔티어링의 기본사항
5. 오리엔티어링 도핑에 관한 규정(대한체육회 자료 발췌)
6. 오리엔티어링 지도자의 방향

1 오리엔티어링(Orienteering)이란?

들판을 가로지르고, 숲 속을 헤치고, 산등성이를 기어오르며, 때로는 계곡을 건너기도 하면서 대자연 속에서 미지의 컨트롤을 찾아 달리는 스포츠인 오리엔티어링은 '자연 및 인간친화적인 스포츠'이다.

1 오리엔티어링의 어원과 정의

오리엔티어링이란 낱말은 'Orient'에서 유래한다. 영어의 'Orient'는 라틴어의 'Oriens'로서, '동쪽, 동양, 태양신'이란 말에서 파생하여[방향 방각을 정한다]는 뜻을 지닌다. 영어로는 '오리엔티어링(Orienteering)'이라고 표시하는데, 이것은 아마도 스웨덴어의 '오리엔테링(Orientering)'에서 넘어 온 말인 듯하다. 독일어로는 '오리엔티어룽스 라우프(Orientierungs Lauf)'라고 하는데, 이는 'Orientieriungs(방향을 정하다)'와 'Lauf(달린다)'의 합성어로, [방향을 정하여 달린다.]는 뜻이다. 우리나라에서는 영어 발음을 따서 '오리엔티어링(Orienteering)'이라고 부르고 있다.

1963년 동독에서 개최된 제2차 IOF총회에서 제정된 IOF경기규정에서 **[오리엔티어링은 지도상에 표시된 몇 개의 지점을 될 수 있는 대로 짧은 시간에 찾아내는 경기로서, 미지의 지형에 있어서의 방향 탐지 능력과 체력을 실제로 점검하여, 어떠한 상황에서도 재빠르게 더욱 정확한 활동을 취할 수 있는 능력을 기르는 것]으로** 정의하고 있다.

2 오리엔티어링의 역사

1: 오리엔티어링의 발생

오리엔티어링이 스포츠로 등장한 것은 19세기 중엽부터이다. 당시 북유럽 제국에서는 군장교의 훈련 과목으로 척후 훈련이 실시되었다. 방향을 정하고 지형을 확인한 후에 목적지에 갔다가 본부로 되돌아오는 훈련은 오리엔티어링 그대로이다. 그 후 19세기말부터 20세기 초에 이르러서 척후 훈련은 군사상의 목적에서 한 걸음 나아가 스포츠의 개념을 갖게 되었고, 민간 스포츠 단체에서 차츰 스포츠로서의 기틀을 다지기 시작하였다.

오리엔티어링은 스웨덴의 청소년지도자인 엔스트 킬란더(Ernst Killander)소령이 1918년경 스웨덴의 삼림지역을 이용하여 청소년들을 대자연으로 끌어내어 '오리엔티어링'을 심신단련과 건강 획득의 수단으로 삼아 '모든 국민을 위한 스포츠'로 정착시켰다.

2: 오리엔티어링의 발전

1897년 5월 13일 노르웨이 오슬로에서 스키오리엔티어링대회가 열렸는데 이것은 세계 최초의 대회이다.

1900년 스웨덴에서는 스키오리엔티어링 릴레이 선수권대회가 연례적 행사로 개최되었는데, 이 당시의 오리엔티어링은 방향 결정 기술보다 체력이 중시되어 릴레이 1구간의 거리가 50km에 이르렀다고 한다.

1912년 스웨덴의 스톡홀롬 육상 경기 연맹은 오리엔티어링을 정식 종목으로 채택하였으나, 제1차 세계대전 때문에 오리엔티어링의 보급은 일시중단 되었다. 전쟁이 끝나자 고향에 돌아온 많은 사람들은 전장에서 쌓은 방향 결정 기술과 체력의 평화적 이용이란 명목아래 오리엔티어링의 보급에 앞장섰다.

1913년 3월 25일 제1회 스톡홀롬 오리엔티어링 대회가 개최되었으니 이것이 달리기 오리엔티어링 대회의 효시인 것이다.

1977년 6월 프라그에서 열린 국제올림픽위원회(IOC) 회의에서 오리엔티어링을 올림픽 경기종목으로 승인하였다.

1998년에는 일본 나고야에서 동계올림픽에서 Ski-O시범경기가 있었다.

2000년 4월 지도제작규정(ISOM2000)이 발표되었으며 8월 올림픽 종목으로 승격되기 위한 행동강령인 라이프니치선언을 채택했다. 9월에 스프린트(Sprint)-O를 WOC2001 대회부터 적용하기로 결정하다.

2002년 2월에는 스키지도제작규정(ISSkiOM/수정분)과 스프린트지도제작규정(ISSOM/제정)이 발표되었다. 6월에는 월드MTB-O참피온대회가 처음 열렸으며 2004년 8월 2회대회가 열렸다.

2004년도에는 트레일 경기규정과 컨트롤위치설명 심볼이 새로이 공고되었다.

2006년도에는 WOC2006(덴마크)에서부터 Middle 경기에 Micr-O경기 부분(구간)이 포함되어 실시한다.

2008년도에는 아시아 · 태평양대회(APOC대회)가 유일하게 유지되고 있었으나 IOF에서의 추진 방향이 지역대회(대륙 기준)의 운영으로 APOC은 없어지고 아시아선수권대회(AsOC)가 신설되어 제1회 대회를 개최하였다.

3: 국제오리엔티어링연맹(International Orienteering Federation)

가) 개요

- 오리엔티어링 보급, 대회, 관리하는 국제단체
- 본부는 핀란드 헬싱키
- 2022년 5월 현재 76개 회원국
- 홈페이지 www.orienteering.org
- 로고 IOF

나) IOF의 주최 주요 대회

- Junior와 Senior로 구분한다.
- 각 종목(Foot, Ski, MTB, Trail)별 세계선수권대회(WOC), 월드컵(WC), 월드마스터(WMOC), 월드게임(WG)을 매년 개최한다.
- 월드랭킹(WRE), 지역대회(Regional) 등이 있다.

다) 관련 국제스포츠단체

IOC
(국제올림픽위원회)

IWGA
(국제월드게임협회)

GAISF
(국제일반경기연맹)

IMGA
(국제마스터게임협회)

ARISF
(IOC인정단체연맹)

FISU
(유니버시아드)

4: 우리나라의 오리엔티어링

가) 대한오리엔티어링연맹(KOF)

- 1979년 조직되었다(IOF 가맹 기준). 홈페이지 www.kof.or.kr
- 연맹 산하에는 각 시도연맹이 있다.
- 공인지도자(1급, 2급, 3급)제도가 있다.
- IOF의 가맹단체(1979년)이며 대한체육회 경기단체(2005년 7월)이다.
- 각종 오리엔티어링 행사를 개최한다.

나) 오리엔티어링 활동 현황

- IOF 회원국 유지 및 국내 과년 기관에 등록

사단법인 대한오리엔티어링연맹(KOF)은 1977년 본 연맹의 전신인 '한국오리엔티어링위원회'로 시작하여 1979년 핀란드에서 개최한 IOF총회에서 국제오리엔티어링연맹(IOF/International Orienteering Federation)에 25번째로 가입하고 1980년 문교부로부터 사단법인 인가를 받아 정통오리엔티어링 운동을 활성화하기 시작하였으며 현재는 문화체육관광부에 등록(생활체육)되어 있다.

- 공인 지도자 교육

기본적인 지도자 등급은 1, 2, 3급이 있으며 1, 2급은 중앙연맹에서 소정의 절차를 밟아 인정되며 3급 과정은 각 시도연맹에서 실시한다.

- 오리엔티어링 지도 제작

1989년 7월에는 일본오리엔티어링위원회로부터 3명의 강사를 초빙하여 제1회 지도제작강습회를 전북 익산에서 일주일간 실시하였으며, 이후 IOF 지도제작규정(ISOM)에 의한 오리엔티어링 지도(O-Map)를 제작하고 있다.

2007년부터는 Sprint-O 지도를 제작(ISSOM2007 적용)하였다.

지도 제작의 품질을 높이기 위하여 GPS, 컴퓨터(현장에서 적용), OCAD 프로그램을 적용하고 있다.

- 대회 개최 및 참가 활동

  – 1988년 10월 30일 수원시 '원천유원지'에서 실시한 제3회 한국오리 엔티어링 선수권대회겸 한일 친선대회는 IOF경기규칙에 준한 국내 최초의 대회이기도 하다.

– 한국선수권대회를 비롯하여 산림청장배대회(최초2003년)와 시도연맹대회 및 클럽대회 등이 실시되고 있다.
– 1990년부터는 스웨덴의 오링겐(O-Ringen)대회를 비롯하여 아시아 태평양지역오리엔티어링선수권대회(APOC)에도 다수의 선수들이 참가(뉴질랜드, 호주, 북경, 일본, 홍콩 등) 해 왔다.
– 2001년 10월 파크월드투어(PWT) 오리엔티어링대회 최종결승전을 유치(서울 올림픽공원)하여 세계 수준급 오리엔티어들의 경기를 직접 접하는 계기가 되었으며 전자펀칭시스템 운영으로 경기를 하다.
– 2004년 5월 제1회 트레일(Trail)-O를 최초로 개최(인천 인천대공원)하였으며 8월에는 한국지도제작규정을 ISOM2000에 맞추어 개정하였으며 트레일-O에 대한 내용을 주제로 워크숍을 개최(대전)하였다.
– 2005년 8월에는 일본에서 열리는 세계선수권대회(WOC2005/WTOC2005)에 최초로 대한민국의 대표 남 · 여 12명을 공식파견 하였다.

• 대한체육회 준 가맹

2005년 7월 19일 대한체육회 이사회에서 본 연맹을 준 가맹 승인하다.

• 아시아선수권대회(AsOC/Asian Orienteering Championships)

2008년 APOC2008 겸 제1회 아시아선수권대회(2008년 서울, 경기도)를 끝으로 APOC(아시아태평양지역대회)는 없어지고 아시아선수권대회가 2년마다 열리게 되었다. 제2회는 2010년 5월 일본, 2012년 중국에 이어 카자흐스탄 등 국가별로 돌아가며 열리게 될 전망이다.

다) 국가 오리엔티어링 생활체육지도자 제도

문화체육관광부가 주최하고 체육과학연구원에서 주관하며 각 지방연수원(대학)에서 실시하는 본 제도에 2, 3급이 있으며 2급은 오래 전에 시행 되었으나 응시가 제한적이었으며 2006년부터는 3급이 신설되었다. 3급은 대한오리엔티어링연맹의 3급 이상의 지도자 자격이 인정되어야 응시할 수 있다.

라) 산림레포츠지도사 제도

산림청에서 주어지는 지도사 자격으로 2020년부터 시행되고 있다.

2 오리엔티어링의 특징

1 자연친화적인 스포츠

오리엔티어링은 모든 스포츠 가운데서 가장 자연과 밀착된 스포츠이다. 왜냐하면 자연 그대로의 지역을 경기장으로 삼고, 모든 지형상의 특징을 이용하면서 경기하기 때문이다.

2 두뇌 스포츠

오리엔티어링은 진로가 미리 정해져 있지 않다. 참가자는 지도와 나침반을 사용하여 방향을 결정하고 달리면서 주위 상황을 관찰하여 자기의 루트를 개척한다. 따라서 참가자는 잠시도 두뇌의 활동을 멈출 수가 없다. 이와 같이 오리엔티어링은 생각하는 것이 승패의 중요한 관건이므로 체력이 다소 모자라도 두뇌로써 그 역부족을 보충할 수도 있는 점이 바로 이 스포츠의 매력이다.

3 누구나 참가할 수 있는 스포츠

오리엔티어링은 남자 여자 그리고 나이, 기술수준에 따라 등급이 구분되어 있어 누구든지 자신의 능력에 맞는 오리엔티어링 코스에서 스포츠를 즐길 수 있다는 것이다.

4 판단력, 추리력, 통찰력을 기르는 스포츠

일반 사회에서 대중적인 생활과 행동에 젖은 현대인으로 하여금 혼자의 힘으로 자연을 극복하게 하고 자기 행동을 결정하게 한다. 즉 지도, 지형 및 나침반에 의지하여 컨트롤을 찾는 오리엔티어링은 판단력, 추리력, 통찰력을 크게 함양하는 스포츠이다.

5 여가 활용과 건강 증진

주말이나 야외에서 가족이나 단체의 행사로 활용할 수 있는 스포츠로서 개인의 체력에 맞는 체력단련 스포츠로도 적합하며 건강을 유지하는 하나의 수단으로 활용할 수 있다.

6 대학 수업, 수련활동 스포츠, 연수 과정에 활용

대학교의 수업으로서의 활용과 청소년단체 등에서 수련 및 체험활동 및 기업체의 연수(워크숍) 등에 응용하여 적용할 수 있는 스포츠이다.

3 오리엔티어링의 전망

정보와 디지털 자동차 등 첨단전자시스템의 홍수 속에 살고 있는 현대인들은 자연이 아닌 밀폐된 공간에서 대부분의 시간을 보내고 있으며, 1인당 GNP 2만 달러 시대라는 경제적 풍요와 스피드를 외치는 사회구조 속에서 동력을 이용한 거리이동은 결과적으로 체력이 약화 될 수밖에 없는 현실을 만들었다.

이와 같은 현실에서 가족과 함께 할 수 있고 공감대를 형성하며 또한 건강한 삶을 향유할 수 있는 것에 관심을 갖는 것은 당연하다.

오리엔티어링은 바로 이와 같은 현대인들에게 도시를 탈출하여 자연으로 돌아갈 수 있는 기회를 제공해 주고, 빠른 두뇌운동과 달리기를 통하여 몸과 마음을 건강하게 만들어 주는 미래지향적인 스포츠다.

1. 국민생활스포츠로써 생활체육 부분에서 발전이 기대된다.
2. 국가 생활체육지도자 자격을 취득하면 스포츠 센터(체육관)도 운영할 수 있다.
3. 매년 실시하는 '전국체육대회' 종목으로 추진 중이다.

④ 국제적 스포츠분야 활동기구에 진출할 수 있는 기회가 많다.

⑤ 외국 대회의 다양한 참여 기회로 국제동향과 시야가 넓어진다.

⑥ 자연을 훼손하지 않으면서 마음껏 이용할 수 있어 친환경적인 웰빙(건강)스포츠로 생활스포츠로서 활용 가치가 높다.

⑦ 수련 활동, 연수, 대학 교육, 직장 야유회 등의 목적으로 활용하며 스포츠 마케팅으로 활용할 수 있다.

4 오리엔티어링의 기본사항

1 오리엔티어링의 종목

1: 기본 종목

• Foot-O • Ski-O • MTB-O • Trail-O

2: 다양한 오리엔티어링의 분류

가) 대회 시간에 의한 분류

－낮 －밤

나) 대회방식에 의한 분류

－개인(개인이 독립적으로 완수)

－릴레이(둘 또는 그 이상의 선수가 연속해서 경기하는 것)

－팀(둘 또는 그 이상의 선수의 기록을 합산한 것)

다) 대회 결과의 산출 방식에 의한 분류

－단독경기

－복합경기 : 두개 또는 그 이상의 경기 결과를 합쳐 최종 기록을 만든다. 하루 동안이나 여러 날 동안 경기가 열린다.

－선발경기 : 최종경기를 위해 선수들은 한 또는 그 이상의 선발 경기를 하고 이 결과에 의해 최종경기에 참석한다. 선수의 기록은 최종경기 결과만을 반영한다.

라) 컨트롤을 찾는 순서에 의한 분류

－정해진 순서-순서가 정해져 있음

－정해지지 않은 순서-선수가 마음대로 순서를 정함

마) 컨트롤 설치에 의한 분류

－전통적인 방법

바) 거리에 의한 분류

－Long 거리

－Middle 거리

－Sprint 거리

－TempO(Trail-O의 Timed controls only).

2 기본 형식과 경기 방식

1: 오리엔티어링 형식

가) 포인트(Point) 오리엔티어링

나) 스코어(Score) 오리엔티어링

다) 라인(Line) 오리엔티어링

2: 오리엔티어링 경기 방식

오리엔티어링의 종목에 따라 경기방식에 특징이 있는데 여기에서는 기본 형식과 릴레이 오리엔티어링에 대해서만 언급한다.

가) 포인트(Point)오리엔티어링

포인트 오리엔티어링은 가장 널리 실시되는 전통적인 오리엔티어링 형식으로 세계 선수권대회를 비롯한 각종 국제대회에서는 대부분 이 오리엔티어링 형식을 쓰고 있다.

① 정의

포인트 오리엔티어링은 주최자가 지도 위에 표시한 통과지점(컨트롤)을 정해진 순서로 찾아내어 가능한 한 빠른 시간 안에 골인하는 형식으로 크로스컨트리(Cross Country) 오리엔티어링이라고도 부른다.

② 진행 방법

- 참가자는 출발 구역에서 출발 3분 전에 출발 지점에 나오고 출발과 동시에 지도가 지급된다. 지도에는 컨트롤이 설치된 지점과 컨트롤 순번, 컨트롤위치설명표가 있다.
- **컨트롤 순번대로 통과(찾고 확인 편칭)해야 한다.**
- 출발시각은 일반적으로 정해지며 1-3분의 간격으로 시차 출발(Time start)을 한다. 출발컨트롤을 운영한다.
- 포인트 오리엔티어링은 컨트롤에서 컨트롤 구간을 이동하는 루트는 지정하지 않으며 참가자가 선택하여 운영한다.
- 찾아낸 컨트롤에서 편칭(핀, 전자 감지)하는 것에 대한 책임은 경기자에게 있다.
- **다음사항에 해당하는 참가자는 실격이다.**
  - **컨트롤을 발견하지 못한 자(편칭이 1개 이상 안 된 자)**
  - **컨트롤의 통과 순서가 틀린 자**
  - **컨트롤 카드를 분실한 자**
  - **편칭 부분이 불분명한 자(1칸에 1개 이상 편칭한 자 포함)**
  - **타인을 따라서 경기하는 경우의 자**
  - **소요시간이 규정시간보다 초과한 자(별도로 지정한 경우)**
  - **별도로 명시한 사항에 위배되는 자**

③ 순위 결정

- 규정 시간 내에 지정된 컨트롤을 모두 정확하게 통과하고 골인한 자에게 클래스별로 그 소요시간에 의해 순위를 정하되, 소요시간이 가장 짧은 자를 우승자로 한다.

－상황에 따라 별도로 할 수 있다.

〈Point-O **코스 지도의 모습**〉

나) 스코어(Score)오리엔티어링

① 정의

스코어 오리엔티어링은 주최자가 정한 제한시간 내(보통 90분)에 가능한 한 많은 점수를 모아서 골인하는 형식으로 거리와 난이도에 따라 컨트롤마다의 점수를 매긴다.

② 진행 방법

– 참가자는 출발점에서 시차 출발 또는 동시 출발(Mass start) 한다.

– 지도는 미리 지급되며 출발과 골, 컨트롤 표기와 점수가 기재된다.

– **컨트롤에서 다음 컨트롤까지는 어떠한 루트를 선택해도 무방하다.**

– 점수가 배정된 컨트롤을 많이 찾아 득점을 꾀하는 데 목적이 있다.

– 제한 시간 내에 골인하면 컨트롤 카드에 의해 점수를 집계한다.
제한시간을 초과하면 규정(사전 공지)에 의하여 감점 처리한다.

③ 순위 결정

– 개인방식

획득한 점수에 의하여 각 클래스마다 순위를 정한다.

– 단체방식

• 득점의 합산 • 순위의 합산 • 팀을 세분

	31	32	33	34	35	36	37	38	39	40	계
30점	바위벽아래	골짜기	묘지	골짜기	골짜기	흙봉우리	봉우리(정상)	바위	구덩이	바위벽	
	41	42	43	44	45	46	47	48	49	50	계
20점	묘지	구덩이	비탈	왼쪽묘지	건물	구덩이	묘지	묘지	묘지	묘지	
	51	52	53	54	55	56	57	58	59	60	계
10점	철조망 굽은 곳	삼거리	인공특징물	사거리	삼거리	철조망	삼거리	삼거리	인공특징물	바위벽	

	성명	클래스	소	출발시각	도착시각	소요시간	정	합계
				: :	: :	: :	: :	

〈Score-O **컨트롤카드 모습**〉

〈Score-O 지도 모습〉

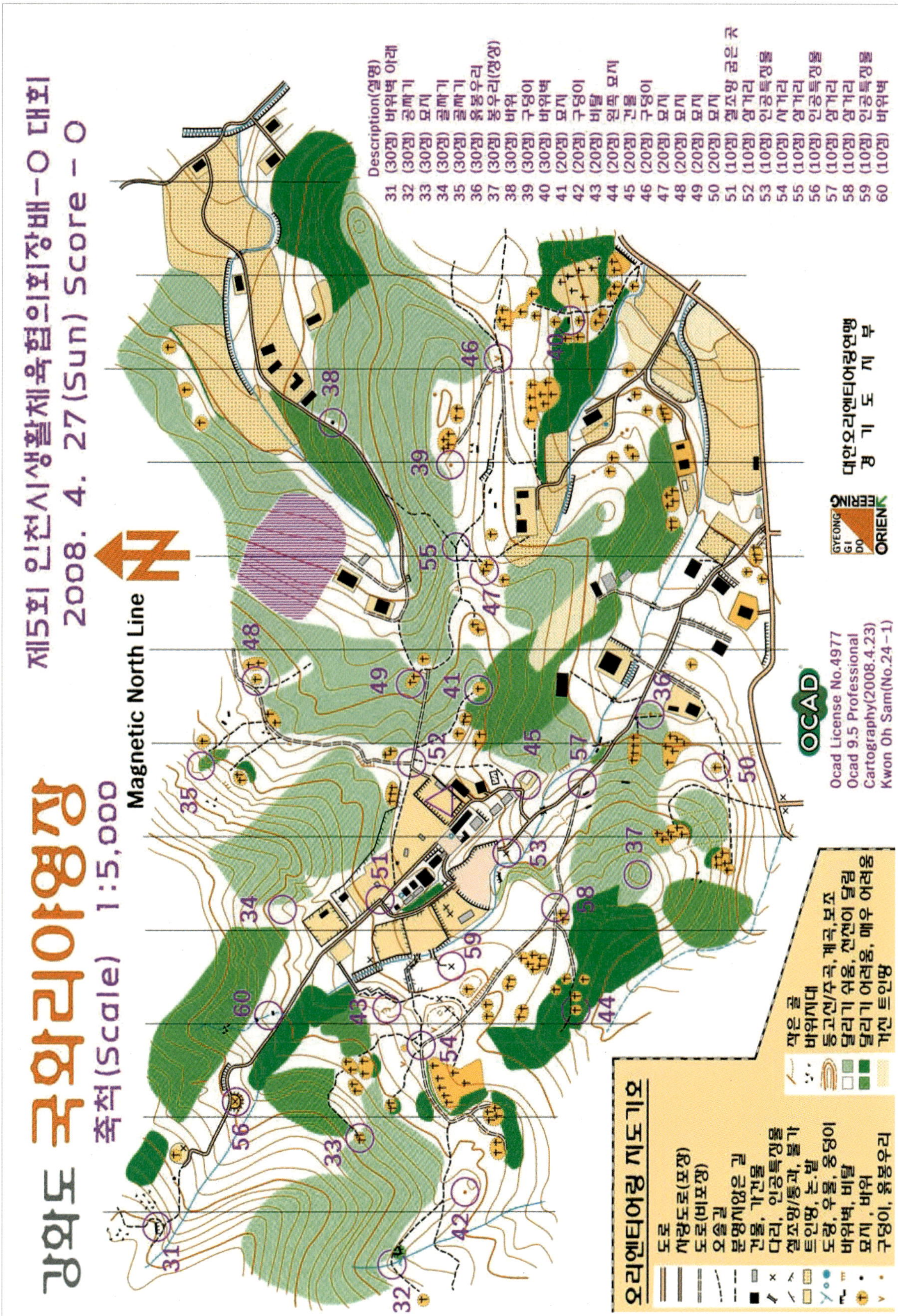
강화도 국화리야영장
축척(Scale) 1:5,000
제5회 인천시생활체육협의회장배-O 대회
2008. 4. 27(Sun) Score - O
Magnetic North Line
OCAD
Ocad License No.4977
Ocad 9.5 Professional
Cartography(2008.4.23)
Kwon Oh Sam(No.24-1)
대한오리엔티어링연맹
경 기 도 지 부
오리엔티어링 지도기호
Description(설명)

다) 라인(Line) 오리엔티어링

① 정의

라인 오리엔티어링은 주최자가 지정한 지도상의 라인을 따라 달리며 코스 위에 설치한 컨트롤을 찾아서 확인하고 골인하는 형식이다.

② 진행 방법

– 참가자는 출발점에서 시차 출발한다.

– 컨트롤에서 컨트롤간의 루트는 지시된 선을 따라 통과한다.

– 컨트롤 확인(원 그리기, 펀치하기)하는 방법은 두 가지가 있다.

* 라인을 따라가다 컨트롤이 있는 지점을 지도에 6mm 원을 정확히 그려 오는 방법

* 라인을 따라가며 컨트롤위치설명표를 보고 그 컨트롤 순번에 맞는 기호를 확인하며 컨트롤카드에 펀칭하는 방법이 있다.

– 지시된 수의 컨트롤을 통과했으면 골인한다.

③ 순위 결정

– 원칙적으로 포인트 오리엔티어링의 방법과 동일하다.

– 컨트롤이 위치한 지점을 그려 올 경우 정확도를 보고 평가한다.

〈Line-O 지도의 모습〉

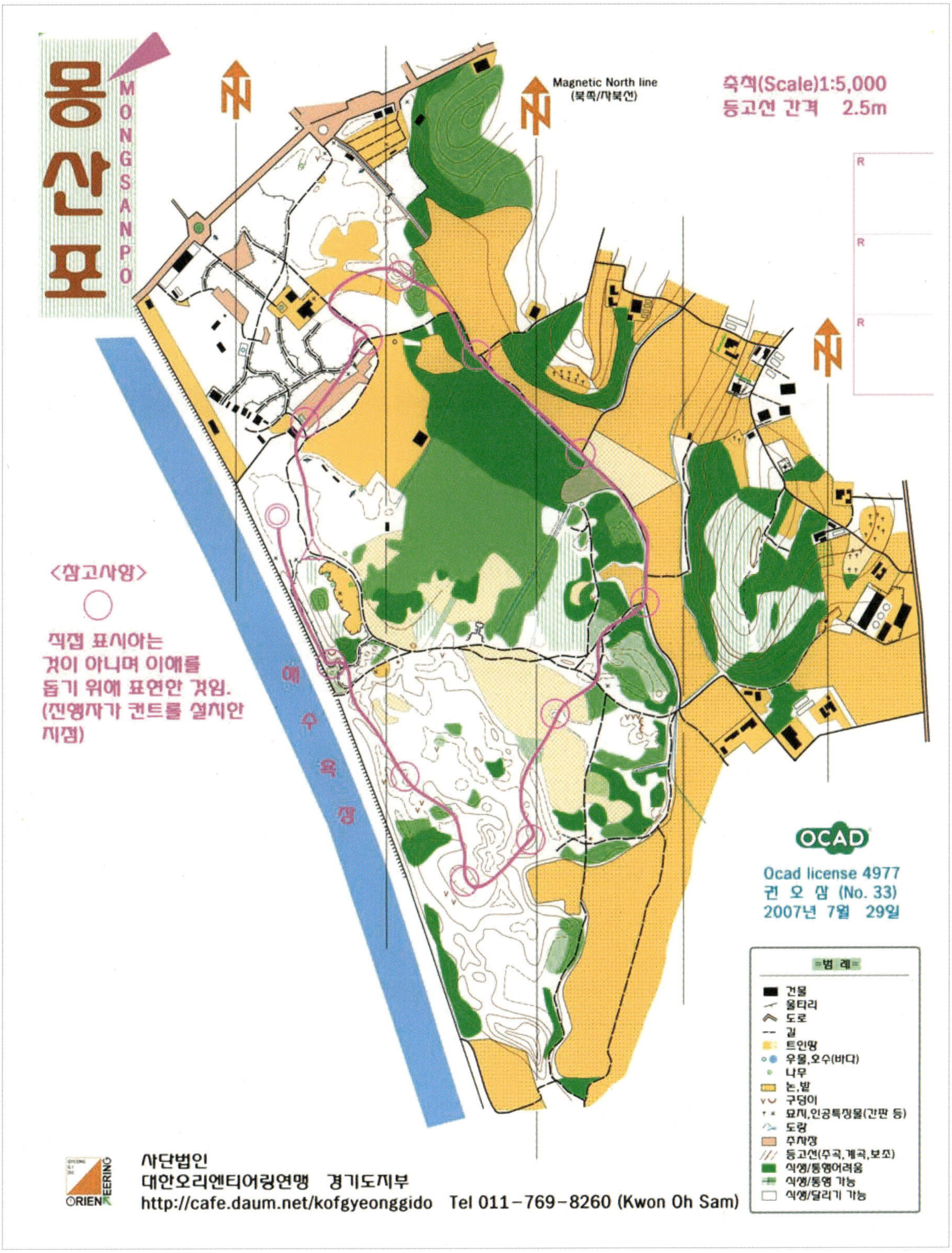
몽산포
MONGSANPO
Magnetic North line
(북쪽/자북선)
축척(Scale)1:5,000
등고선 간격 2.5m
〈참고사항〉
직접 표시하는 것이 아니며 이해를 돕기 위해 표현한 것임. (진행자가 컨트롤 설치한 지점)
해수욕장
OCAD
Ocad license 4977
권 오 삼 (No. 33)
2007년 7월 29일
=범 례=
건물
울타리
도로
길
트인땅
우물,호수(바다)
나무
논,밭
구덩이
묘지,인공특징물(간판 등)
도랑
주차장
등고선(주곡,계곡,보조)
식생/통행어려움
식생/통행 가능
식생/달리기 가능
사단법인
대한오리엔티어링연맹 경기도지부
http://cafe.daum.net/kofgyeonggido Tel 011-769-8260 (Kwon Oh Sam)

라) 릴레이(Relay)오리엔티어링

① 정의

일정한 코스를 정하여 팀을 정하고 그 팀 구성원이 각기 다른 코스를 주파하고 연속적으로 경기를 진행하여 그 소요 시간으로 순위를 정하는 형식이다. 1개 팀의 멤버는 일정하지 않으나 세계선수권 대회(WOC) 등 많은 국제 대회에서는 성별로 각각 3명이며 다른 경우는 7명, 10명인 경우도 있다.

② 진행 방법

– 제1주자의 출발은 원칙적으로 동시 출발과 동시에 지도를 지급하며 제2주자부터는 터치 방식(Touch system)으로 운영한다.

– 배번에 본 배번 숫자 옆에 작은 릴레이 순번을 기입하거나 배번의 바탕색을 구분하여 하기도 한다.

– 주자 중계 장소에는 다음 주자 대기소, 도착점, 터치지점이 설치된다. 지도는 별도의 장소에 둘 수도 있다.

– 코스 거리는 1인당 3-5km가 보통이다.

③ 순위 결정

– 시차 출발의 경우

* 팀 전원의 소요시간을 합산하여 팀 소요시간으로 한다.
* 팀 소요시간이 가장 적은 팀을 승자로 한다.
* 두 팀의 소요시간이 같은 경우에는 최종 주자의 소요시간이 짧은 팀을 상위로 한다. 그래도 소요시간이 같을 경우에는 두 팀 모두 동일 순위로 한다.

– 동시출발의 경우

최종 주자가 골인한 순으로 정한다.

3 오리엔티어링의 클래스

오리엔티어링 클래스는 종목별로 성별, 연령, 경험에 따라 난이도 및 코스 거리를 구분하여 다르게 정해진다.

1: Foot, Ski, MTB-O

가) 선수는 그들의 성별과 나이에 따른 클래스로 나뉜다. 여자는 남자부에서 경기 할 수 있다.

나) 주요 경기 클래스는 W21, M21이다. 각각 여자, 남자부를 의미한다.

다) 각 클래스는 난이도와 거리에 따라 여러 하위 클래스로 나눌 수 있다. 하위 클래스 난이도와 거리에 따라 다음과 같이 이름 붙일 수 있다. 만약 가능하다면 M20-A, B, C 와 N(초보자). 거리에 따라서는 S(짧은 거리), L(긴 거리)로 세분할 수 있다.

세분할 경우 클래스의 내용

구분	대상자		구분의 대상
경험	N	순수 초보자	- 처음 경기를 하는 자
	C	초보자	- 지속적인 경기 경험이 1-2개월 있는 자
	B	약간의 경험자	- 약간의 경험으로 지도읽기와 경기 방법을 조금 인식한 자
	A	경험 다수자	- 나침반조작 등을 완전히 익히고 지도에 대하여도 이해한 자 - 경기 경험이 다수 있는 자
거리	S	짧은 거리	- 동일 클래스를 짧은 거리로 구분하는 경우
	L	긴 거리	- 동일 클래스를 긴 거리로 구분하는 경우

라) IOF에서 준비, 지정하는 대회(WRE, JWOC, WOC, WMOC, RC)는 각 국가별 연맹의 승인한 선수의 참가자이며 세분한 클래스는 각 주관 국가에서 일반 경기로 적용하고 있다. 단. IOF에서는 WMOC의 경우 아래와 같이 규정하고 있다.

여 자		남 자	
W35- W40- W45- W50- W55- W60- W65-	5세 단위로 구성. 이상의 클래스를 더 둘 수 있다.	M35- M40- M45- M50- M55- M60- M65-	5세 단위로 구성. 이상의 클래스를 더 둘 수 있다.

마) 엘리트(E)클래스는 대회요강에 별도로 자격 요건을 명시한다. 국제경기에서는 선발선수(각 연맹에서 연맹 자체 기준으로 선정한 선수)로 참가 자격이 제한된다.

2: Trail-O

가) 성별, 나이, 거리 구분이 없다.

나) 경험의 구분이 있다.

C(초보자), B(약간의 경험자), A(경험자)로 구분하며 파라림픽(장애자) 클래스가 있다.

3: 우리나라의 클래스(예)

여 자(Woman)			남 자(Man)			단 체	
Class	Age	Distance	Class	Age	Distance	Class	Distance
초보자		2.0 km	초보자		2.0 km	초등	2.0 km
초등부	초등학생	2.0 km	초등부	초등학생	2.0 km	가족	2.5 km
중등부	중학생	2.5 km	중등부	중학생	2.5 km	2인팀	2.5 km
고등부	고등학생	2.5 km	고등부	고등학생	2.5 km		
대학부	대학생	3.0 km	대학부	대학생	3.0 km		
W E	유자격자	3.5 km	M E	유자격자	4.0 km		
W20	20-29세	3.0 km	M20	20-29세	3.5 km		
W30	30-39세	3.0 Km	M30	30-39세	3.5 km		
W40	40세-	3.0 km	M40	40-49세	3.5 km		
			M50	50세-	3.0 km		

⊙ WE, ME 클래스는 각 19세 이상이며 2년내 전국대회 규모 3회 이상 출전한 자로 한다. 단 외국인은 예외.

⊙ 단체는 팀명을 정하여 신청해야 한다.
- 초등단체는 3인으로 남여 각각 또는 남여혼성, 2인 팀은 성별, 연령에 무관하게 2인으로 구성한다.
- 가족은 여자 1명을 포함하여 3-5인으로 구성(인원에 대한 이의제기는 인정 안 됨)

⊙ 초등부 개인의 경우 인원이 많으면 클래스를 조정한다(예 1-3, 4-6학년 등).

⊙ 각 클래스별 5인(팀)이하인 경우 다른 상위 클래스에 통합할 수 있다.

4 컨트롤(Control)

1: 정의

- 컨트롤은 경기자가 통과해야 하는 코스 위의 지점을 말하며, 컨트롤 위치는 컨트롤을 표시하기 위하여 플랙(마커)가 놓여있는 자리를 말한다.
- 컨트롤은 지도에 나타난 점형 기호 또는 길이나 개천 같은 선형기호 상에 표시되는 지형위의 특징물 혹은 특징부에 놓인다.

〈컨트롤 플랙(마커)〉

2: 컨트롤의 표시

- 컨트롤은 지도에 표시되며 현장에는 컨트롤 플랙(마커)를 설치한다.
- 컨트롤 플랙(마커)는 3각기둥 모양이며 각 면의 크기는 원칙적으로 30cm x 30cm이다. 각 면은 대각선 흰색과 오렌지색으로 구분된다.
- 매 컨트롤에는 컨트롤 기호가 명시되어 있으며 확인하는 장비(핀 펀치, 전자시스템)가 부착되어야 한다.

3: 펀치대와 펀치기(인자기구)

- 컨트롤은 원칙적으로 펀치대에 매어단다. 펀치대가 준비되지 않았을 때는 컨트롤 주변의 나무나 유사한 말뚝 같은 것을 사용하기도 한다.
- 펀치대에는 컨트롤 카드에 확인하는 펀치나 그 밖의 인자기구가 부착되어 있다. 주변 나무에 매달 때는 컨트롤 플랙(마커)를 직접 매단다.
- 전자펀칭 시스템

  IOF는 EMIT사와 Sportident사를 License로 하고 있다.

〈EMIT사의 장비〉 〈Sportident사의 장비〉

〈전자펀칭 시스템〉

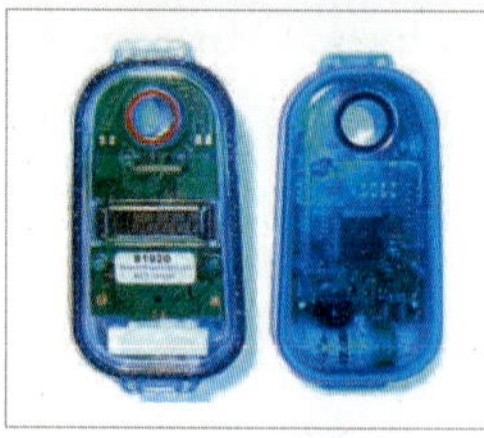

〈Unit/Station〉

〈EMITCard/Si-Card〉

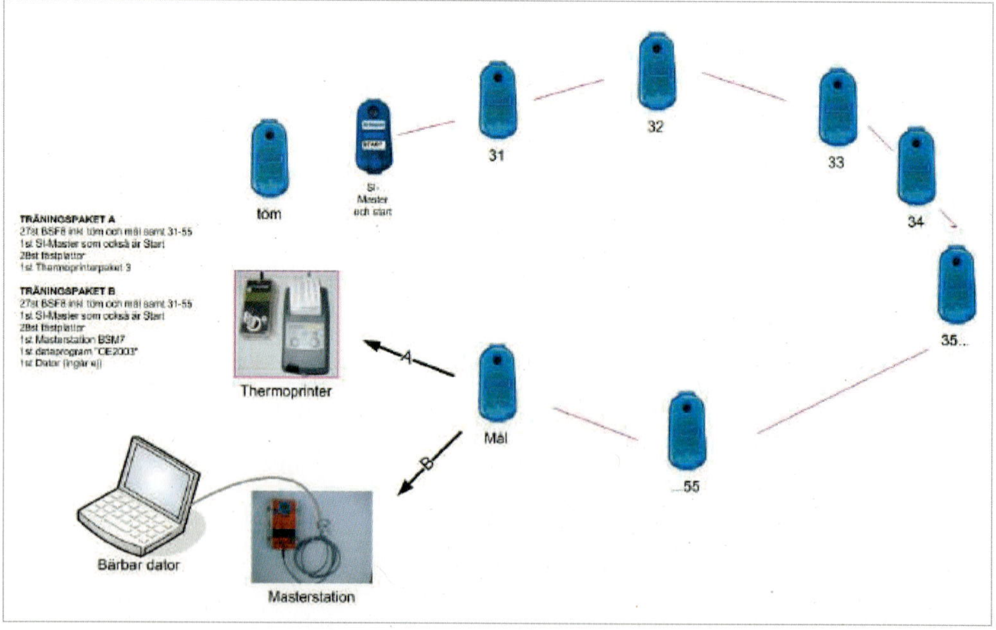

〈전자펀칭시스템 운영 개념도〉

• 전통 핀 펀치 사용 시 컨트롤 카드를 사용해야 한다.

1	2	3	4	5	6	7	8	9	10
11	12	13	14	15	16	17	18	19	20
성명		클래스명		도착시간 출발시간 소요시간			판정		
소속									

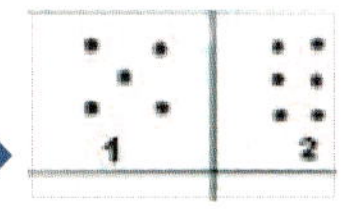

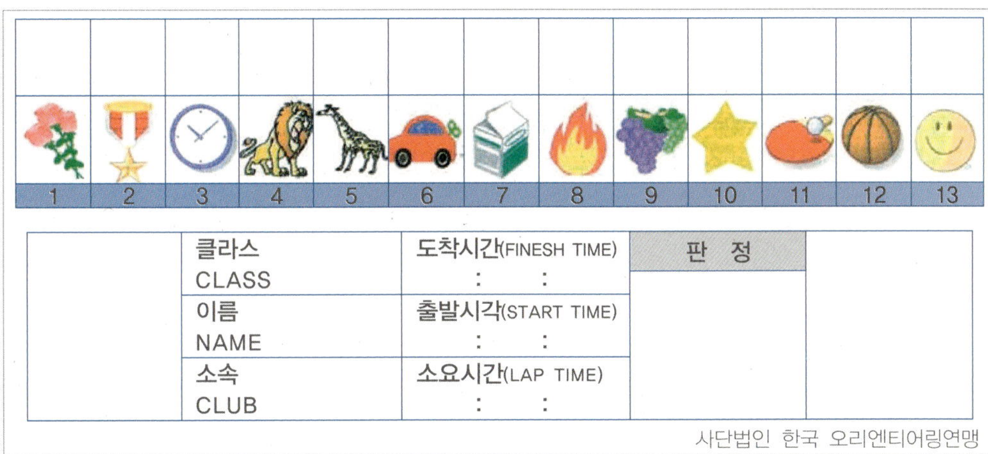

〈컨트롤카드 모습〉

• 전자펀칭시스템이 적용되더라도 펀치대는 준비해야 한다. Si Card 사용 시는 전통 핀 펀치도 겸용하여야 한다.

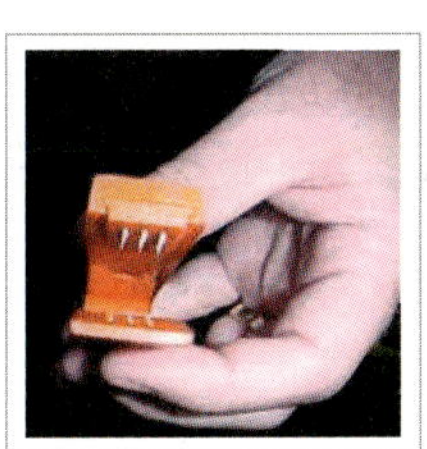

〈전통펀치기〉

〈Si Card - 전자펀칭시스템 - Emit Card〉

4: 컨트롤 기호의 표시

- 펀치대 혹은 컨트롤 플랙(마커)에는 그 컨트롤을 식별하기 위한 컨트롤 기호(컨트롤의 코드번호)가 붙는다.
- 컨트롤 기호는 '31' 이상의 숫자나 'AB' 같은 문자가 사용된다. 숫자를 쓸 때는 거꾸로 읽어 다른 숫자로 오인할 수 있는 숫자나 혼동을 주는 숫자는 사용되지 않는다.(예를 들면 69, 96, 68, 89)
- 숫자의 크기는 높이 5-10cm, 굵기 5-10mm에 검정색으로 적는다.

5: 컨트롤의 설치 기준

- 컨트롤 플랙(마커)는 컨트롤에 도착하면 똑똑히 보이도록 설치하고 원칙적으로 컨트롤의 하단이 지상 약 25cm 정도의 높이로 한다.
- 경기자에게 제공된 자료(지도, 설명표)와 일치하는 지점에 있어야 한다.
- 컨트롤 간 거리는 30m를 두어야 하나 행사 목적에 따라 다소 다르게 설치할 수 있다.

6: 컨트롤의 위치

- 컨트롤은 지도에 지름 6.0mm의 원으로 표시(축척에 따라 다소 다르게 적용)하며, 컨트롤로 사용하는 특징물은 원의 중심에 놓여야 한다.
- 대소 도로, 오솔길 혹은 건널 수 있는 하천의 가장 자리에 컨트롤이 있어도 지도에 표시할 때는 특징물의 중심에 원이 놓이도록 한다.

7: 컨트롤의 위치 설명

- 컨트롤로 이용하는 특징물의 모양과 위치정보를 기호(Description 심볼)로 사용하여 제공되는데 IOF에서 공시하여 세계가 동일하게 사용하고 있다(부록 참조).
- 국제 경기에 참가하는 선수들은 어떤 언어를 사용하거나 통역 없이도 이용할 수 있도록 기호와 숫자로 알려 준다.
- 컨트롤위치설명 내용은 지도에 인쇄하거나 별도로 지급하여 준다.

〈지도상의 컨트롤 표시 및 컨트롤 위치설명표〉

5 오리엔티어링 경기 참가 방법과 예절

1: 필요한 개인 장비

가) 오리엔티어링 복과 신발, 정강이 보호대

나) 오리엔티어링용 나침반

다) 기타 – 시계, 점착테이프 또는 반창고, 필기구, 구급약, 칼 등

* 지도, 컨트롤카드, 배번은 주최 측에서 지급

2: 오리엔티어링 경기 참가 방법

가) 해당 클래스를 정해 참가신청을 한다.

나) 대회당일 접수처에 접수를 하여 대회 자료 및 컨트롤카드, 배번 등을 지급받는다.

다) 출발 시각 및 장소를 확인한다.(대개 접수 장소와 출발 장소는 다르므로 지각하지 않도록 신경 써야 한다.)

라) 출발 장소에서 집행부의 안내에 따라 출발 3분 전 구역부터 이동한다. 출발 전에 출발 장소에서 지형의 북쪽 부분을 미리 살펴두는 것이 경기에 도움이 된다.

마) 컨트롤은 출발과 도착의 연속 점

① 지도를 정확히 읽고 자기 루트를 선택하여 지도를 진행방향 쪽으로 돌리면서 전진한다.

② 달리면서 특징부분을 체크하며 자기의 위치를 확인한다.

③ 확인된 컨트롤은 컨트롤 카드에 펀칭한다.

④ 구간 중간의 유도구간이나 마지막 컨트롤에서는 유도되는 루트를 이용한다.

바) 도착지점에서는 배번과 컨트롤카드를 반납한다(상황에 따라 지도를 회수하는 경우도 있다.).

사) 기록게시소(판)에서 본인 및 타인의 경기결과를 확인할 수 있다.

3: 오리엔티어링 경기 예절

가) 자기 능력을 알고 그에 맞는 클래스에 참가해야 한다.

나) 출발지점에서는 출발하는 사람에게 방해되지 않도록 큰소리로 이야기 하거나 떠들지 말아야 한다.

다) 컨트롤 플랙(마커), 컨트롤기호, 유도 테이프 등 주최자가 설치해 놓은 물건에 손을 대서는 안 된다.

라) 경기가 시작되기 전에 경기장에 미리 들어가지 말아야 한다.

마) 경기 중 잘하는 사람을 따라 가거나 다른 사람에게 물어보아서는 안된다.

바) 경기 중 다른 사람의 사고를 접했을 경우에는 경기를 중지하고 구급에 나서야 한다.

사) 빨리 가려는 마음에 다른 사람의 정원이나 경작지 등 금지된 구역을 무시하고 지나가서는 안 된다.

아) 단체의 경우는 팀원이 같이 동행하며 경기를 하여야 한다. 간혹 대회 규정에 인원수 부족인 경우 현장에서 실격 처리하는 경우도 있다.

자) 어떤 사정으로 경기를 계속할 수 없게 되었을 때에는 반드시 주최 측에 이 사실을 알려야 한다.

차) 자기가 버린 쓰레기는 자신이 되가져온다는 마음이 있어야 한다.

5 오리엔티어링 도핑에 관한 규정(대한체육회 자료 발췌)

1 세계 '반도핑 프로그램'의 목적

1: 도핑 없는 스포츠에 참가할 수 있는 선수의 기본적 권리 보호 및 이를 통한 전 세계 선수들을 위한 건강, 공정성 및 평등성의 진작.

2: 도핑의 색출(검출), 저지 및 예방에 관하여 국내/국제적으로 조화 조정된 효과적인 '반 도핑 프로그램'의 보장이다.

2 세계 '반 도핑 규약(CODE)'의 기본적 근거

'반 도핑 프로그램'은 스포츠의 내재적 가치를 보존하고자 하는데 있다. 이 내재적 가치는 때로는 '스포츠 정신(the Spirit of Sport)', 즉 올림픽 정신의 본질이라고 인용되고 있다. 이 가치는 우리가 진실 되게 운동하는 방법이 된다. 스포츠 정신은 인간의 정신(Spirit), 육체(Body) 및 마음(Mind)의 찬양이다.

3 '반 도핑' 규칙의 위반

1: 금지약물 또는 금지약물의 대사물질 또는 표지자(marker)가 선수 시료 내에 존재하는 경우.

2: 선수는 자신의 신체 시료 내에 존재하는 것으로 밝혀진 금지 약물 또는 그 약물의 대사물질 또는 표지자에 대한 책임이 있다.

3: 금지약물 목록에서 상 한계 측정치가 명시된 특정 물질 외 선수의 시료에서 소량이라도 금지약물 또는 그의 대사물질이 검출되면, 이는 '반 도핑' 규칙 위반에 해당된다.

4: '반 도핑'규정 위반이 이뤄지는 데는, 금지약물 또는 금지방법이 사용되거나, 또는 사용 시도 되었다는 것(사용 미수)으로도 충분하다.

5: '반 도핑'규칙에 의한 검사 지명후의 시료채취에 순응 거부 또는 정당한 사유 없는 불응 또는 다른 방법으로의 시료 채취의 회피.

6: '경기기간외 검사(Out of Competition testing)'에서 요구되는 관련 정보 제공의 불이행은 '반 도핑'규칙 위반이다.

7: 도핑검사 과정의 어떤 부분에 대한 부정수단 및 시도는 '반 도핑'규정위반이다.

8: 금지약물 및 금지방법의 소유는 '반 도핑'규정 위반

9: 금지약물(또는 금지방법)의 운반은 '반 도핑'규정 위반

10: 선수에게 금지약물 투약 또는 금지방법의 시행, 또는 이들 행위의 시도, 또는 '반 도핑'규칙 위반과 관련된 지원, 장려, 도움, 교사, 은폐 또는 다른 형태의 연루(공모)는 '반 도핑'규정 위반.

6 오리엔티어링 지도자의 방향

1 오리엔티어링 트랜드

1: 전국체육대회, AsOC대회 등 수준 있는 행사로의 발전(시도대표 임원, 선수 구성).

2: 올림픽 종목으로의 승격(변화에 응대 능력 대책 강구).

3: 생활스포츠로의 기대(지도자 역량 극대화)

4: 청소년 수련활동 프로그램으로의 정착(지도자의 발굴 및 지원)

5: 대학의 전공, 교양 과목 접목

6: 학문적인 부분으로의 발전

2 지도자 자질 향상 추진(노력)

1: 폭 넓은 오리엔티어링으로의 지향(경기력, 운영능력, 경험)

2: 오리엔티어링 지도제작의 단계적 능력 향상

3: 경기, 세미나, 교육, 자습 등 적극적인 참여와 노력 강구

4: 지역 오리엔티어링 그룹 구성과 지도력 향상(지원)

3 지도자의 역할

1: 종목 안내자－오리엔티어링 활동을 지속적으로 할 수 있게끔 참가자의 욕구를 충족할 수 있게 지도하고 도와주는 길잡이 역할을 한다.

2: 지시자－구체적인 사례를 들어 체육활동을 함에 있어 경기력, 안정성 등을 위하여 통제, 관리한다.

3: 영향력 행사자－강제성이 배제된 인격과 식견, 매력에 의한 영향력을 높여야 한다.

260
280
300
320

PART:2

나침반 응용법

한국의 나침반

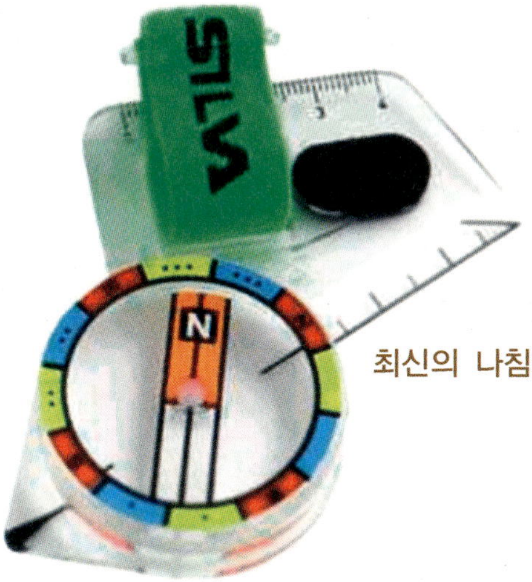

최신의 나침반(Silva)

1. 나침반 [Compass, 羅針盤]
2. 나침반 사용의 기초
3. 나침반 응용

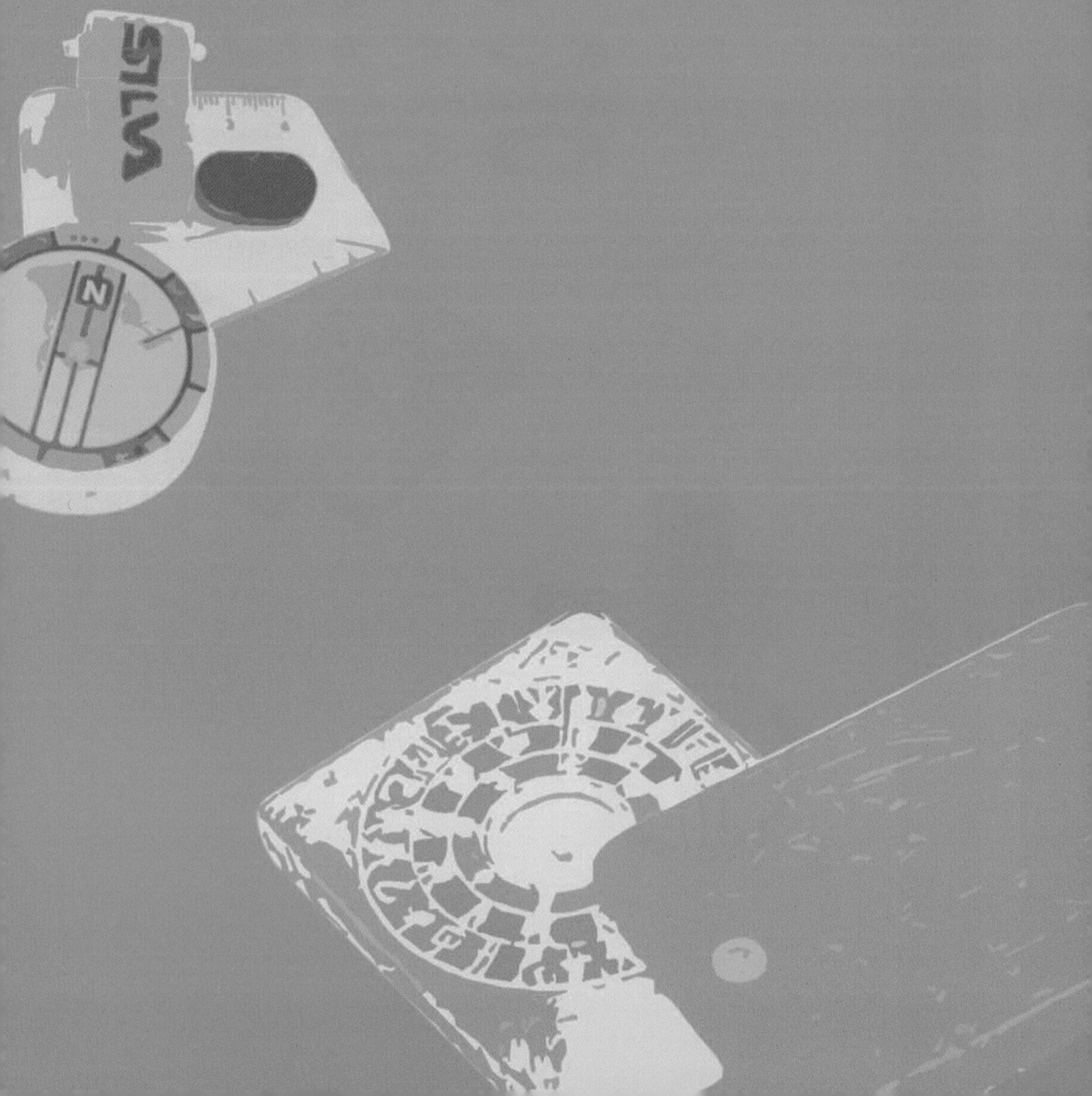

1 나침반 [Compass, 羅針盤]

1 나침반의 유래

동양에서는 자침을 지남철(指南鐵) 또는 지남차(指南車)라고 하였는데, 자침이 대략 남북을 지시하고 그 남북 방향이 진남북(眞南北)과 약간 다르다는 것을 최초로 기술한 것은 11세기 중국 송나라 사람 심괄(沈括)의《몽계필담(夢溪筆談)》이다. 그 당시 중국에서는 자침을 가벼운 갈대 또는 나무 등에 붙여서 물에 띄워 주택의 방향을 보는 데 사용하였다. 심괄은 명주실에 자침을 달아매어 사용하는 방법도 기술하고 있다. 그리고 방향을 더욱 상세히 알기 위하여 24방위로 분할하였다. 바다를 항해할 때 자침을 사용한 것은 심괄의 시대 이후이다.

12세기경 자침이 중국에서 유럽으로 건너가서 1269년 페리그리누스가 최초로 축침으로 자침을 지탱하여 그것을 눈금판 위에 세우는 것을 고안함으로써 비로소 나침반이 된 것이다. 그 후 자침의 N극이 기우는 것을 막기 위해 자침의 남쪽에 철사를 감고 축침과의 마찰을 줄이기 위해 루비, 메노 등 보석이 사용되었고, 진동으로부터 자침을 빨리 정지시키기 위해 특수기름을 봉입한 실바 나침반이 나오게 되었다.

2 나침반의 종류

1: 자기나침반

자기(磁氣)나침반의 자침은 약 1,000년 전 중국에서 처음으로 제작되었으며, 1302년 이탈리아의 조아가 현재와 같은 모양의 나침반을 만들었다고 한다. 자기나침반에는 건식(乾式)과 액체식(液體式)이 있다. 현재는 액체식을 많이 사용한다.

2: 전륜나침반

전륜(轉輪)나침반은 자이로의 원리를 응용한 것으로 자이로컴퍼스라고도 한다. 고속으로 회전하는 자이로스코프의 축에 추를 달면, 지구의 자전에 영향을 받아 자이로스코프의 축은 자동적으로 지구의 자전축, 즉 진북방향(眞北方向)을 지시하게 된다. 한국에 도입된 것은

1945년 광복 이후이며, 현재 대형 선박은 거의 전륜나침반을 사용하고 있다. 자기나침반에 비해서 장점이 있다는 것은 위에서 설명한 바 있으나, 법규에 의하여 선박의 원기나침의(原基羅針儀)로서는 자기나침반을 장치하도록 규정되어 있다.

3 나침반의 원리

지구를 큰 막대자석으로 생각하면 자기자오선(磁氣子午線)에 따라 남북의 방향을 가리키고 정지하는 원리를 이용하여 자석에 방위판을 달아 피보트(Pivot)로 받친 것이 자기나침반이다. 여기에서 캐나다의 북쪽에 있는 엘즈미어섬 인근(자북극 磁北極-캐나다 북부)을 가리키는 N극은 실은 S극이고, S극은 N극이 되는데 지자기(地磁氣)와 같은 극은 배척하고 서로 다른 극을 끌어당기는 성질을 이용하여 사용상 편리하도록 자석에 남극에 N과 북극에 S극을 표시하였다. N극은 적색으로 표시하며 S극은 대체로 백색으로 표시한다. 그리고 야간에 이용할 수 있도록 야광도료를 사용하였다.

북반구에서 사용하는 나침반은 자침경사(磁針傾斜)에 의해 자침이 기울어지는 것을 막기 위해 S극에는 철사가 감겨 있다. 자침의 중앙에는 축수(軸受)가 있고 축수에는 광축(光軸 Pivot), 즉 루비, 메노 등이 끼워져 있다.

요즘 사용되는 오리엔티어링용 나침반은 움직이며 사용하기 때문에 자침이 빨리 정지하는 것이 중요하므로 링 안에 특수오일을 넣어 만든다.

4 나침반의 기능

1: 정확한 조작에 의한 가야할 방향의 결정(방위각이나 방향)
2: 현재 위치의 확인(후방교차법)
3: 지형과 지도의 대조와 정치(지도정치법)
4: 거리의 측정(축척자, 일반자 이용)
5: 자북선의 기입(편각도표 이용)

5 오리엔티어링 나침반의 종류

나침반은 용도에 따라 여러 가지가 있으며 모델도 다양한 편이다. 최근에는 GPS에도 나침반 기능이 있어 매우 편리하게 이용되고 있다.

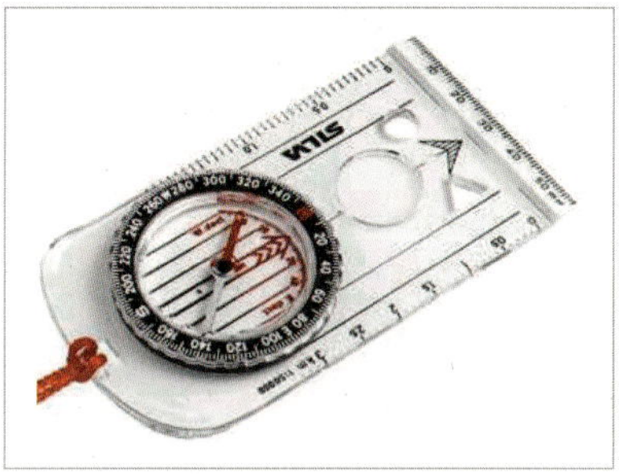

〈Silva Type 2〉

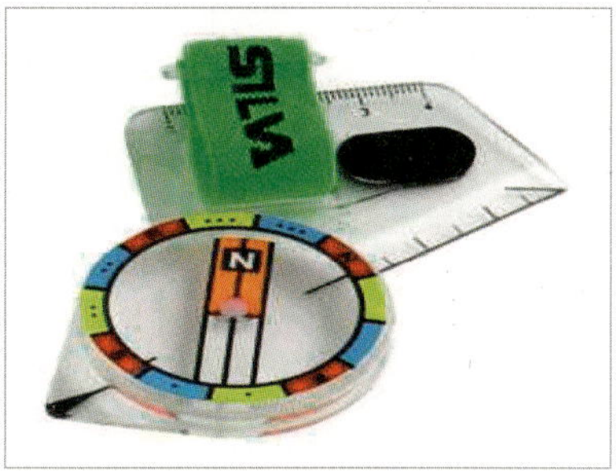

〈Silva 6 JET SPECTRA〉

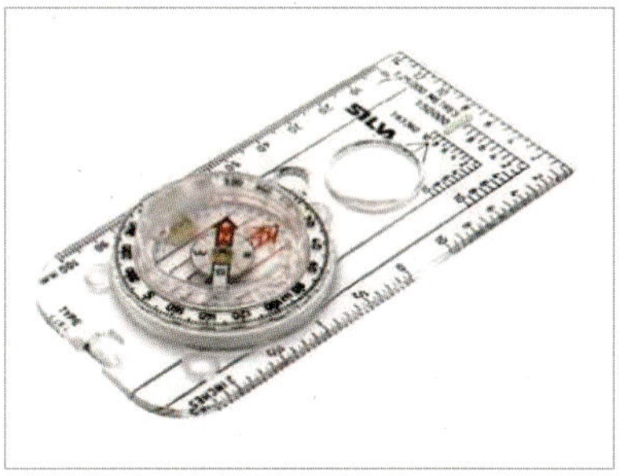

〈Silva Type #54〉

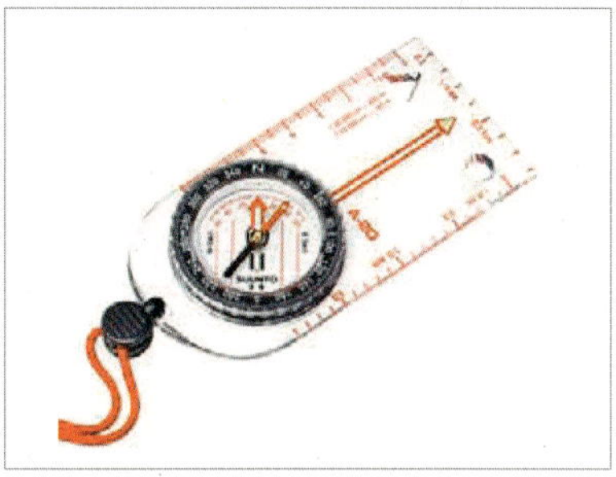

〈Suunto Type #A-20〉

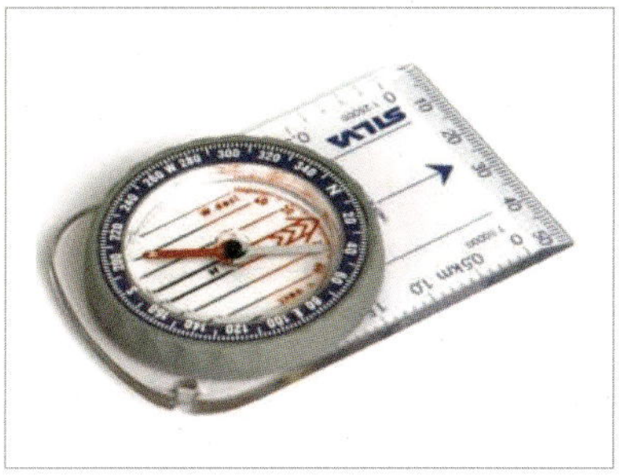

〈Silva Type #7〉

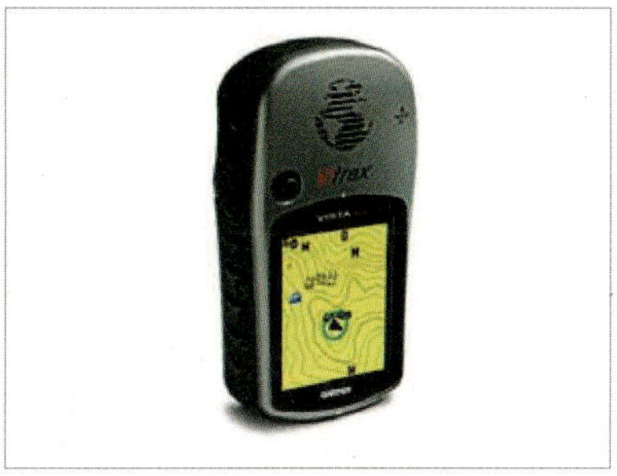

〈Garmin vista CX/GPS〉

2 나침반 사용의 기초

1 나침반의 부분별 명칭

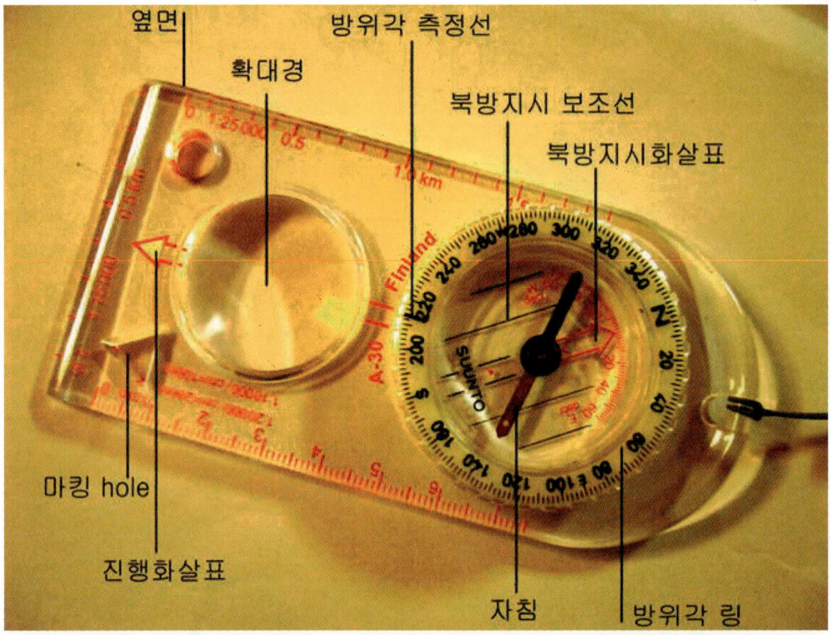

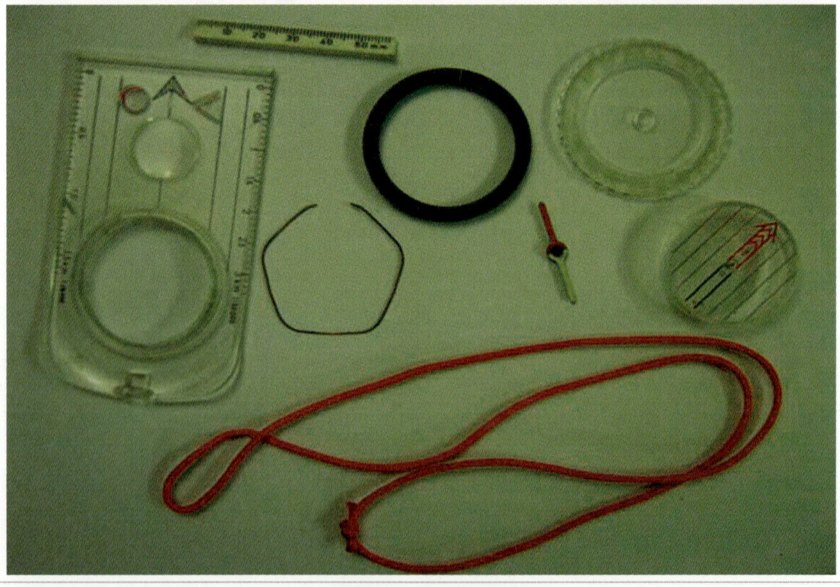

〈나침반 구성 부품〉

2 나침반 명칭별 역할

1: 옆면－나침반 조작 시 지도상에서 현 지점과 목적지점을 나침반으로 확인할 때 기준이 되는 부분이다.

2: 확대경－아주 작은 특징물이나 시력이 좋지 않은 경기자가 필요 시 이용할 수 있는 확대경이다.

3: 방위각 측정선－여러 가지 방법이 있으나 방위각을 측정 후 이 지점이 확정 방위각을 일러 준다.

4: 북방지시화살표－이 화살표는 지도에서 내가 가야 할 곳이나 방위각 측정 시 지도의 자북선이나 자침 적색부분을 이 화살표 상단 부분을 일치시키는 역할만 하며 나의 갈 방향과는 무관하다.
이 화살표는 방위각을 측정하고자 할 때 세계적으로 쓰이는 360도° 기준을 설정하기 위하여 자북선과 동일 또는 나란히 하여 0 (360)도를 일치시키는 것이다.

5: 북방지시 보조선－북방지시화살표와 나란히 하고 있어 북방지시화살표를 조작 시 자북선과 평행이 되도록 도움을 주는 보조역할을 한다.

6: 마킹 hole－오리엔티어링의 출발(삼각형), 컨트롤(원)를 그릴 때 편리하게 사용할 수 있다.

7: 진행화살표－방향이나 방위각을 측정하기 위한 모든 나침반 조작이 완료하면 나의 진행 방향을 일러주는 역할을 한다.

8: 자침－캐나다의 북쪽을 가리키고 있다. 그 지점은 서서히 이동하고 있으며, 2005년까지는 허드슨만을 가리키는 것으로 알려져 있다.

9: 방위각 링－일반적으로 한 눈금 당 2도 씩 360도로 표기 되어 있으며 이 눈금이 방위각 측정선에 있을 때 조작하여 구한 방위각의 표시가 된다.

3 오리엔티어링용 나침반의 장점

1: 각도기의 기능을 보유한 각도기형 나침반이다. 지도상에서 목적지의 각도를 잴 때 각도기와 같이 사용할 수 있다.

2: 나침반 틀 속에 특수한 기름을 사용하였기 때문에 자침이 흔들림 없이 빨리 정지하여 각도측정이 빠르고 쉬우며 손이 떨려도 기름에 흡수되어 정확한 각도를 읽을 수 있다.

3: 특수 투명 프레이트로 지도 위에 올려놓았을 때 밑의 지도 내용을 볼 수 있고 또 확대경이 있어 작은 기호도 잘 읽을 수 있다.

4: 조작이 매우 간편하다.

4 목표물의 방위각 측정법

1: 나침반을 한 손 위에 수평으로 올려놓아 잡고, 잡은 손을 배 부위 몸에 밀착시킨 뒤 진행화살표가 목표물을 향하도록 똑바로 선다.

2: 방위각 링을 돌려 북방지시화살표와 자침의 적색부분이 일치하게 한다.

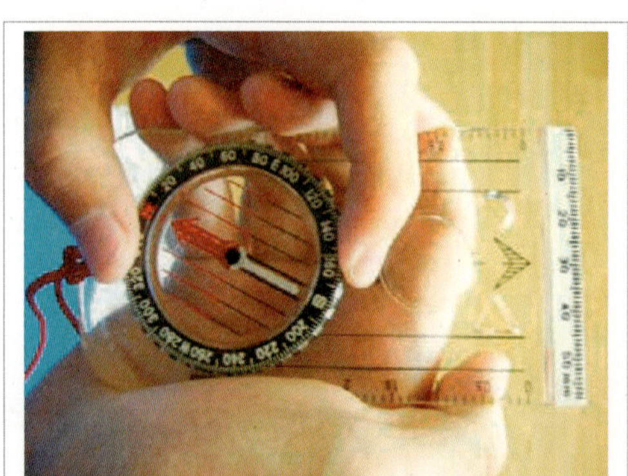

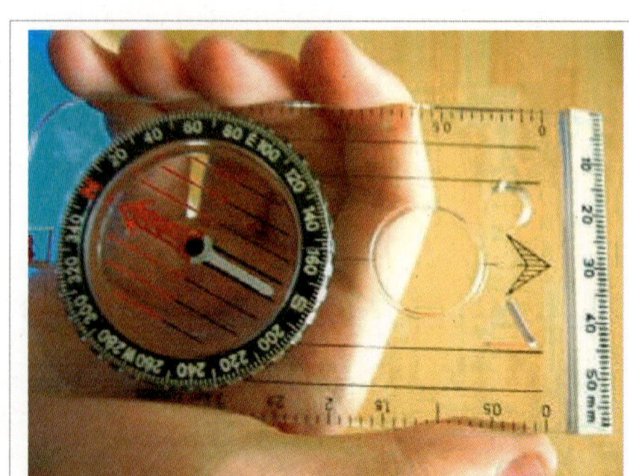

3: 방위각 측정선 위에 나오는 링의 숫자가 현 지점으로부터 목표물의 방위각이다. 이 때 진행화살표 방향이 진행 방향이다.

280도

4: 방위각 측정 개념도

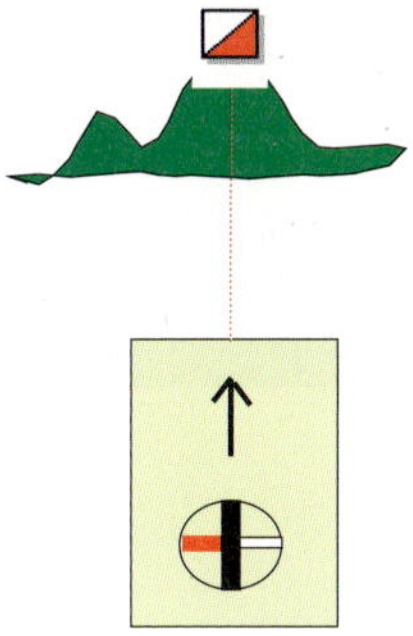

진행화살표를 목표물의 방향으로 향하게 한다.

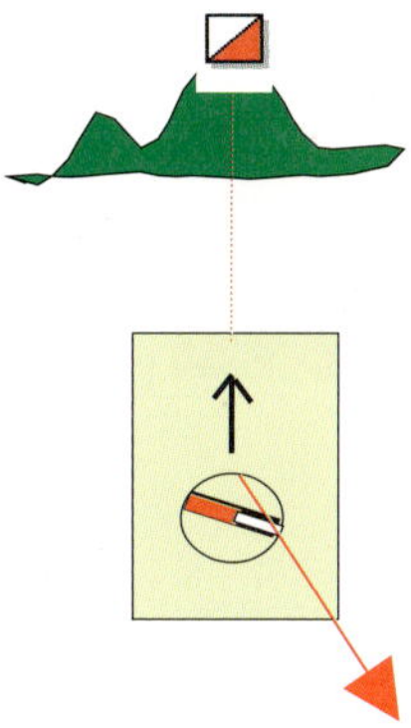

방위각 링을 돌려서 북방지시화살표와 자침의 북쪽을 일치시킨다. 방위각 링의 숫자가 구해진 방위각이다.

5 오리엔티어링 나침반조작법

오리엔티어링은 내가 있는 현 지점에서 다음 목적 지점까지의 방향을 확인하고 여러 경기 테크닉으로 운영하여 최고의 성적을 달성하는 경기이다. 내가 있는 현 지점에서 가야 할 목적 지점을 찾아 갈 때 현 지점에서 목적 지점의 방향(또는 방위각)을 알아야만 한다.

조작 방법으로는 전통적이고 일반적으로 쓰이는 '나침반 조작 1, 2, 3법'이 있으며 오리엔티어링에서는 이 조작법을 응용한 방법이 적용되나 이들 모두 먼저 지도에서 가야 할 방향을 구하는 것이 나침반 조작법이다.

1: 나침반 조작 1/2/3

하나. 나침반의 옆면을 현 지점과 목적지점에 옆면을 댄다.

주의 진행화살표는 목점지점을 향함.

둘. 다이얼을 돌려서 북방지시화살표나 보조선이 자북선과 평행이 되도록 한다.

주의 북방지시화살표는 자북선 북을 향함.

셋. 나침반을 집어 들어 진행화살표가 앞으로 향하도록 가슴에 대고 적색 자침이 다이얼의 북방지시화살표와 일치할 때까지 몸을 돌린다.

주의 진행화살표가 나의 갈 방향/북방지시화살표 방향이 아님

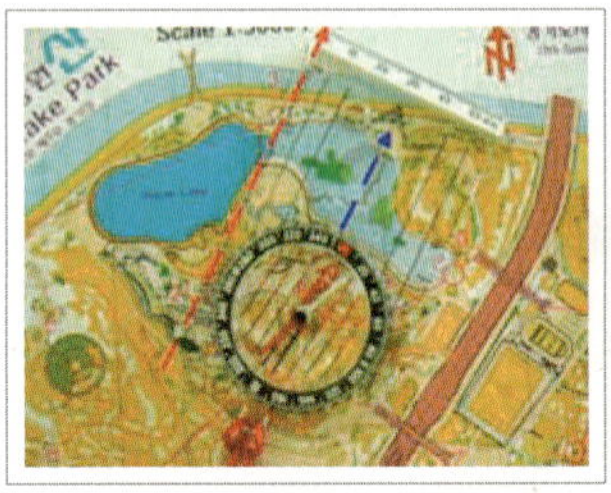
하나

둘

셋

2: 오리엔티어링 나침반 조작법

오리엔티어링 나침반조작법은 먼저 '**지도의 자북선 이해, 나침반의 명칭과 명칭별 역할, 나침반 조작 단계, 마지막 실행단계**'가 있다. 즉 지도에서 가야 할 방향의 각도(방위각)를 구해 행동하기 위한 작업이다.

오리엔티어링 나침반 조작법은,

1단계 : 오리엔티어링지도에서 자북선을 확인한다.

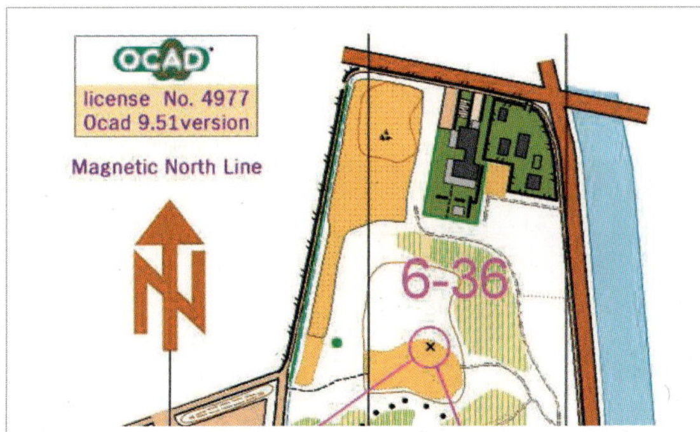

주의 주로 지도의 명칭이 상단에 기입되며 그 방향이 지도상 북쪽이다.

2단계 : 내가 있는 지점과 가야 할 목적 지점을 알아야 한다. 이후 **현 지점에서 목적 지점을 나침반 진행화살표가 향하게 나침반 옆면을 댄다.**

주의 진행화살표는 반드시 목적지점을 향해 평행이 되도록 해야 한다.

3단계 : 방위각 측정링을 돌려 **북방지시화살표(방위각 링 안의 적색)나 북방지시보조선이 자북선과 평행**이 되도록 한다.

주의 북방지시화살표가 자북선의 상단부분과 방향이 일치해야 한다.

4단계 : 지도에서 나침반을 집어 들어 진행화살표가 앞으로 향하도록 하고 수평을 유지하여 가슴 부분에 대고 **적색 자침이 방위각 링의 북방지시화살표와 일치(자침의 적색과 북방지시화살표의 적색)**할 때까지 몸을 돌린다.

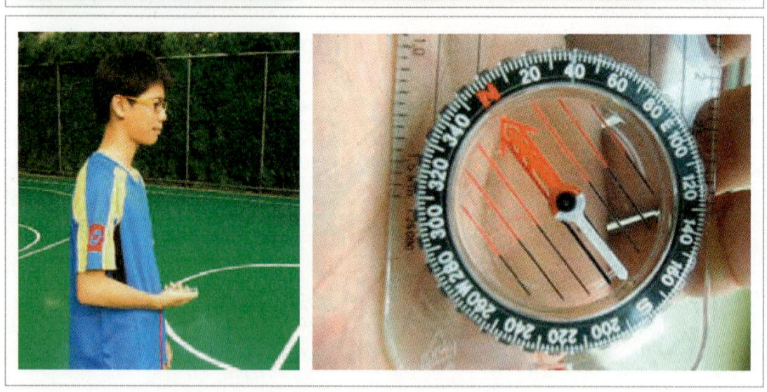

주의 방위각 링을 절대로 돌려서는 안 된다.

5단계 : 이렇게 해서 현 지점에서 가야하는 목적 지점까지의 방향(방위각)이 구해 진 것이다. **진행화살표 방향이 목적 지점의 방향**이며 그 방향으로 진행하고자 할 때는 나침반을 보고 가는 것이 아니고 보이는 부분까지의 가상 목표물을 정하고 진행한다.

→

주의 북방지시화살표 방향이 아닌 진행화살표 방향이 내가 가야할 방향이다.

6단계 : 이미 정한 가상 목표물까지 전진하고 거기서 다시 보이는 부분에 또 가상 목표물을 정하여 동일한 방법으로 진행하면 되나 지형의 상태를 파악하여 적당한 방법(코스공격법)을 택해야 한다.

주의 전진할 때는 나침반을 보고 진행하는 것이 아니라 가상 목표물을 향하여 가야 한다.

6 지도와 방위각 관계

지도에 표기된 자북선을 중심으로 위는 북쪽 방위각은 0도, 아래는 남쪽 방위각은 180도이며 오른쪽은 동쪽 방위각 90도, 왼쪽은 서쪽 방위각은 270도에 해당된다.

북 360

서 270도

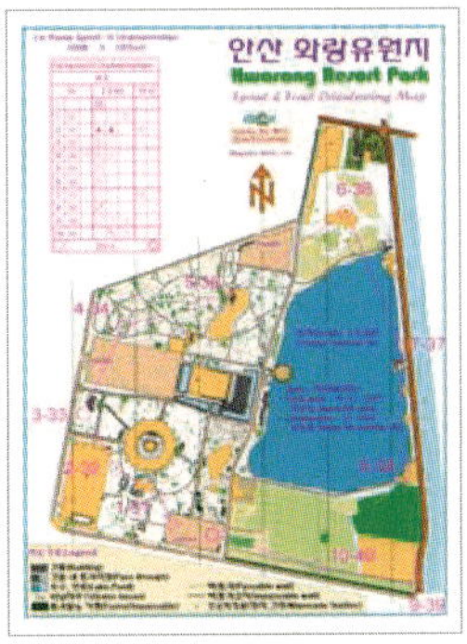

동 90도

(지도)

남 180도

7 방향유지법

지도상에서 목적지의 방위각을 측정한 다음 방위각을 어떻게 유지하며 목적지까지 가는가 하는 방법을 말한다.

1: 방위각 측정 후 방향 유지법

가) 자기 위치에서 방위각을 구했으면 목적지와의 거리를 구한다. 축척이 1:10,000이라면 지도에서의 1cm는 실제거리 100m이다.

나) 자기 위치에서 목적지를 가상으로 그은 직선상에서 찾기 쉬운 가상 목표물(육안으로 확인 가능한 것)을 중간 목표로 선정한다.

이 단계를 계속 반복하여 실시한다.

다) 진행하고자 하는 코스에 통과가 어려운 지역을 만날 수 있다. 철조망, 호수, 경작지 등이 이 경우이다. 이런 경우는 가상목표점을 확인하고 우회하여 도달하면 된다.

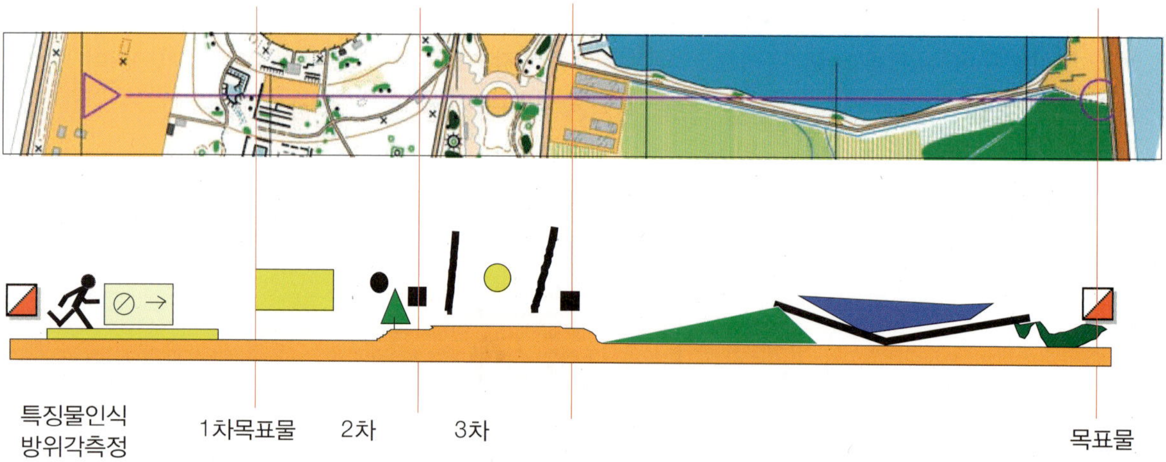

동일 각도를 유지한 상태에서 실행해야 한다.

라) 이렇게 하여 중간 목표를 잘 알고 이를 정확하게 찾아가면 나침반을 자주 보지 않고도 목적지까지 갈 수 있다. 진행도 중 지형상의 특징물을 보고 자기위치를 확인하며 전진한다. 위치 확인이 안 될 때 후 방교차법에 의하여 자기 위치를 확인해 본다.

2: 장애물 우회시의 방향 유지법

장애물(못, 호수, 습지, 철조망 등)이 있어 정면으로 진행이 힘들 때에는 건너편에 육안으로 식별이 가능한 그곳까지 위의 '나' 방법을 사용하여 진행하면 된다. 그러나 시야가 막혀 이를 피해가야만 할 때에는 **우로 방향을 변경하면 본래의 전진각에 90°를 더 하고, 좌로 방향을 변경하면 90°를 빼 준다.** 이때 그림처럼 정확한 보측으로 90°우회법을 사용해야 한다.

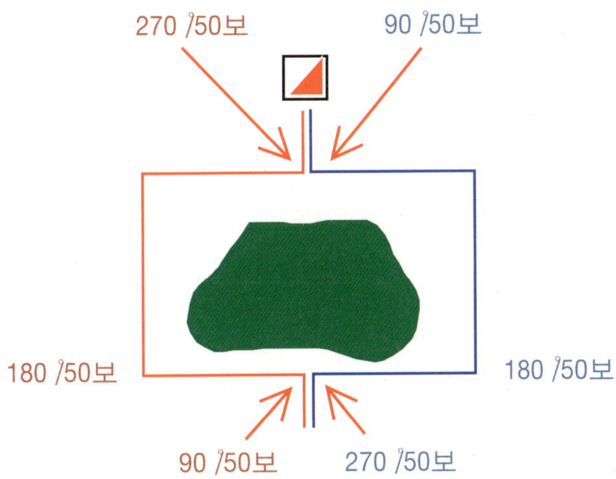

8 지도정치법

지도를 지도의 자북과 자침의 북쪽을 정확히 일치시켜 지도와 현 지형과의 모든 방향이 일치하도록 지도를 놓는 것을 지도의 정치라 한다.

진행 도중 자기가 진행하는 방향으로 지도를 들어 돌려가며 지도를 정치하는 것은 주변의 지형지물과 지도를 파악하여 자기의 위치를 확인하는데 중요한 수단이다. 즉 남쪽을 향해 가고 있는 사람이 지도의 앞 쪽은 북을 향하고 있다면 옆에 보이는 다리라든가 앞에 보이는 봉우리 같은 것을 지도상에서 찾는데 매우 혼란을 가져오게 되는 것이다.

지도를 정치하는 방법에는 **나침반에 의한 방법**과 **지형지물에 의한 방법**이 있다.

1: 나침반에 의한 방법

가) 자북선이 그어져 있을 때(Orienteering Map)

① 나침반 방위각 링을 돌려서 방위각 측정선에 N을 맞춘다.

② 지도 위에 놓고 나침반의 옆 면을 자북선에 평행하도록 맞춘다.

③ 지도와 나침반을 함께 돌려 북방지시화살표와 자침 적색이 일치되게 한다.

④ 이 때 나침반은 지도 위에서 움직이지 말아야 한다.

나) 자북선이 그어져 있지 않을 때(일반 지형도 사용)

(예) 서편차 7°30(7°로 가정)

① 나침반의 링을 돌려 방위각 측정선에 353°를 맞춘다.

② 지도 위의 나침반의 북방지시화살표를 경선(도북선)에 평행하게 맞춘다(동일하게 북쪽을 맞추어야 한다.).

이때 옆면을 따라 선을 그어(자북선 임) 사용할 수 있다.

③ 이 때 나침반은 지도 위에서 움직이지 말아야 한다.

④ 그려진 자북선을 이용 위의 가) 방법으로 사용하면 된다.

〈자북선이 있는 경우〉

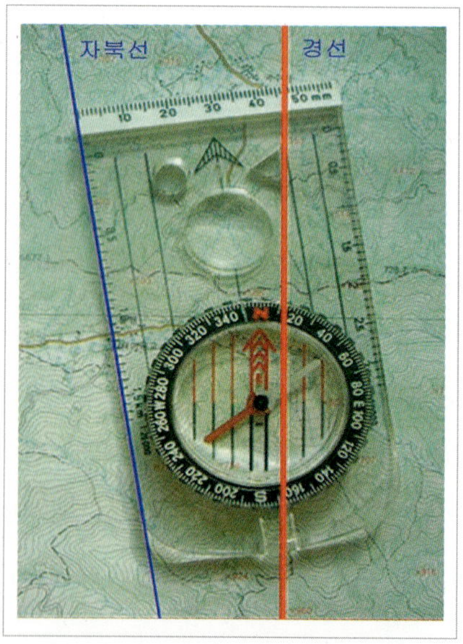

〈자북선이 없는 경우 그리는 법〉

2: 지형 지물에 의한 방법

현지에서 지도상에서 찾을 수 있는 지형지물 2개를 선정하고, 눈짐작으로 선정한 지상 목표물과 도상 목표물이 일직선이 되도록 지도를 움직인다. 지형지물 중 가장 좋은 것은 도로나 철도 등으로, 도로 또는 철도의 방향과 지도상의 도로나 철도의 방향을 일치시키면 쉽게 정치할 수 있다.

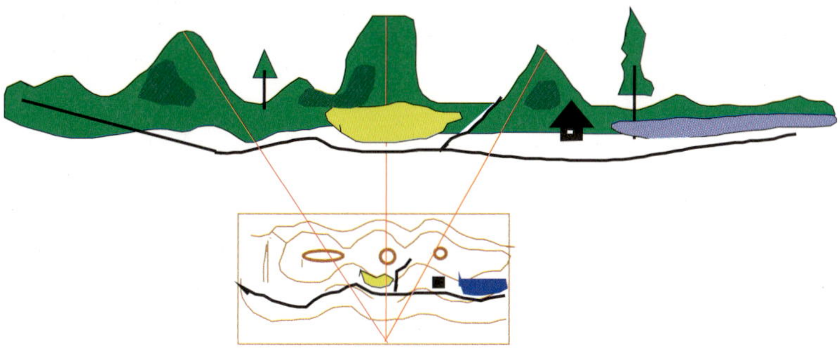

3 나침반 응용

1 지시된 방위각으로 진행하는 법(예-방위각 60 ° 지시)

1: 방위각 링을 돌려 60 °를 방위각 측정선에 맞춘다.

2: 나침반을 가슴 앞에 수평으로 들고 진행화살표가 앞쪽을 향하도록 선다.

3: 나침반을 수평으로 든 자세를 그대로 유지한 채 몸을 서서히 돌려, 자침의 북쪽과 북방지시화살표가 겹치도록 한다.

4: 자침의 북쪽과 북방지시화살표가 같은 방향으로 겹쳐지면 진행화살표가 가리키는 쪽이 60 °의 방향이다.

5: 진행선의 연장선상에 있는 지형상의 특징물을 보고 진행한다.(나침반만 보면서 진행하면 오차가 커진다.)

6: 그 특징물에 도착하면 다시 진행선의 연장선상에 있는 특징물을 정하고 그 특징물을 향해 나아간다.

7: 이와 같은 방법을 반복해 나가면 60°의 방위각에 있는 최종 목적지에 도달할 수 있다.

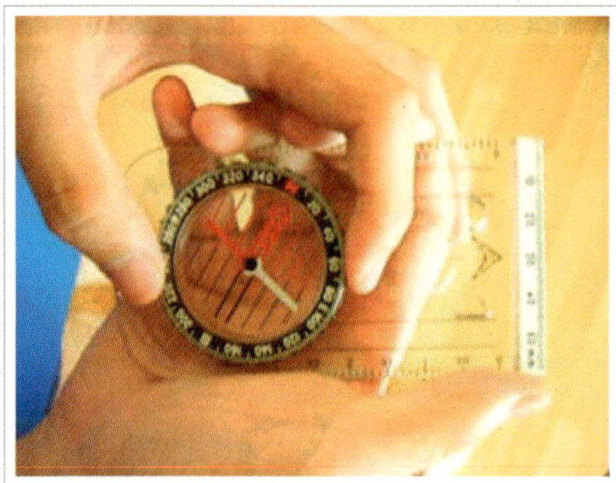

〈방위각 측정선에 60도를 맞춘다〉

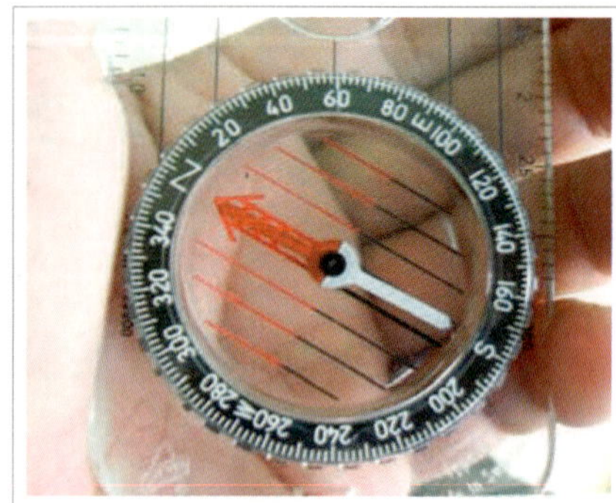

〈자침과 북방지시화살표를 일치시킨다.〉

2 방위각과 거리측정 연습법

1: 삼각법

삼각형의 일정지점을 보이지 않게 설정하고 그 삼각지점에 일정 방위각과 거리를 주어 진행하게 하고 최종적으로 원점에 돌아오게 하는 훈련의 한 방법이다. 이 방법은 현장의 공간 등을 미리 보아 각도와 거리를 확정하는 것이 오류를 줄일 수 있다. 거리는 10m, 20m 정도가 가장 좋다.

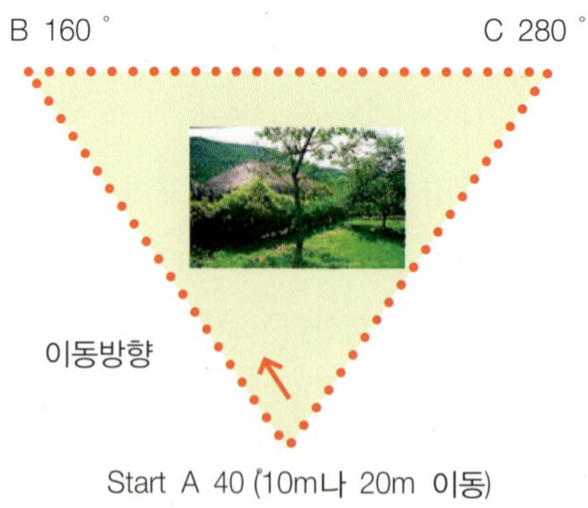

(참고) 각도 계산하는 방법

A지점 방위각 지시 : 40°

B지점 방위각 지시 : Start 방위각 + 120°

C지점 방위각 지시 : B지점 방위각 + 120°

2: 사각법

사각법은 위 삼각법과 의미상 동일하나 사각형 모형으로 주어지는 각도가 90°씩 계산해야 하는 것이 다른 것이다. 그 것은 360°가 원점이라는 계산에서 방위각 측정 능력과 나침반 조작 능력을 기르기 위한 방법이다.

(참고) 각도 계산하는 방법

Start 지시각도 180°경우 B 각도는 A각도 - 90 = 90°
C 각도는 B각도 - 90 = 0(360)°
D 각도는 C각도 - 90 = 270°

3 목적지에 도달하여 출발점으로 오는 방법

1: 지시된 방위각으로 진행하는 법에 따라 목적지점으로 온다.

2: 목적 지점에 도달한 후 진행한 각도(예 60°)는 그대로 하고 수평으로 든 나침반과 몸 전체를 180°돌려서 자침의 남쪽을 북방지시화살표의 북쪽과 겹치게 한다. 이 때 진행화살표가 가리키는 방향이 출발점의 방향이다.

–자침 북쪽과 북방지시화살표 적색을 일치시키고 전진한다.

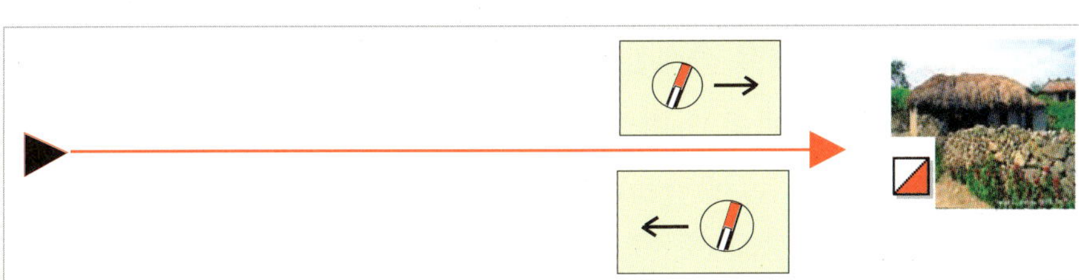

－반대로 자침 남쪽과 북방지시화살표 적색을 일치시킨다.

3: 진행방위각이 180°이내이면 +180을 하고 180°이상이면 -180을 해서 북방지시화살표와 자침의 북쪽을 겹치게 했을 때 진행화살표가 가리키는 방향이 출발지의 방향이다.

－자침 북쪽과 북방지시 화살표를 일치시킨다. 방위각 60°

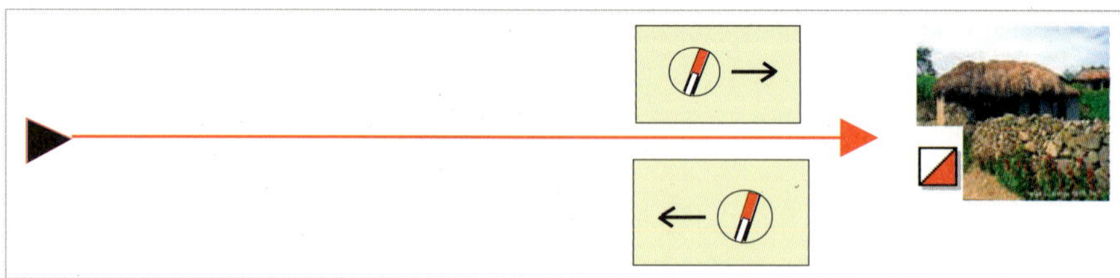

－자침 북단과 북방지시 화살표를 일치시킨다. 방위각 240°

4: 목표지점에 도착하여 그대로 돈다. 셋팅된 상태로 진행화살표가 몸 쪽으로 향하도록 나침반을 거꾸로 잡는다. 그리고 자침의 북쪽과 북방지시화살표를 겹치게 한 후 거슬러 가면 된다.

－자침 북쪽과 북방지시화살표를 일치시킨다.

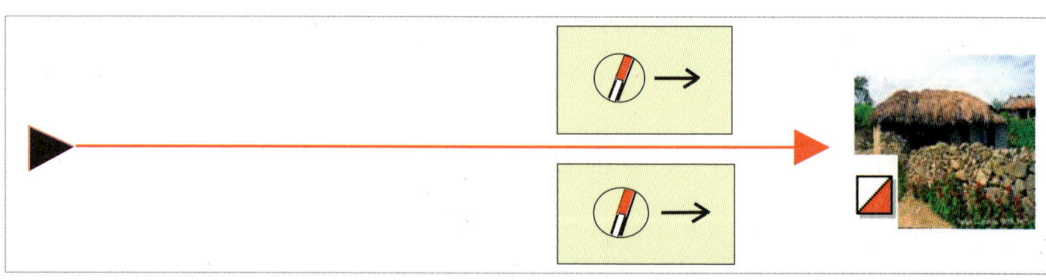

－나침반을 거꾸로 하여 거슬러 간다.

4 지도상에서 방위각과 거리가 주어졌을 때

1: 우선 나침반 방위각 측정선에 지시각을 맞춘다.

2: 지시지점에 나침반의 옆면의 한 쪽을 댄다.

3: 나침반의 방위각 링은 그대로 두고 나침반을 돌려 북방지시화살표와 자북선이 일치되도록 한다.

4: 진행화살표 방향의 주어진 거리에 목표물이 있다.

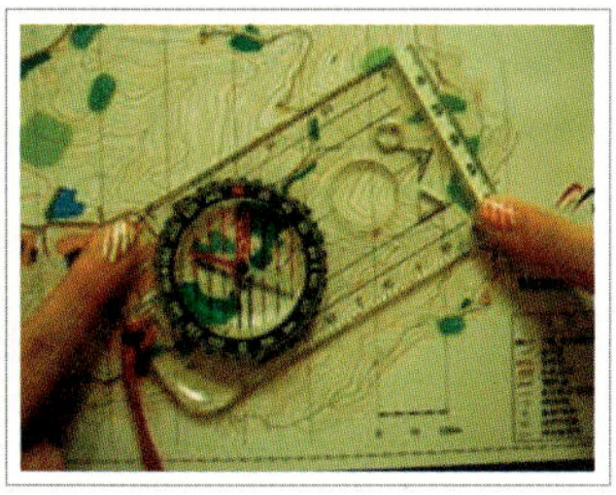

5 일반 지도에 자북선 그리는 법

국토지리정보원 발행의 1:25,000이나 1:50,000지형도의 편각도표(그림 참조)를 알아야 한다. 또는 인터넷에서 해당 지역의 좌표를 입력하면 도자각을 쉽게 확인할 수 있는 사이트도 있다.

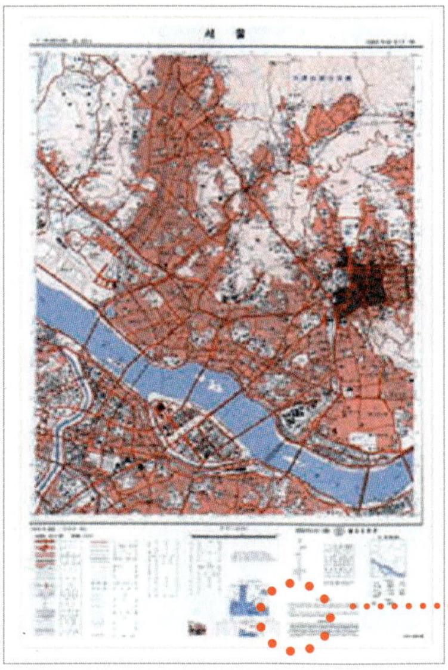

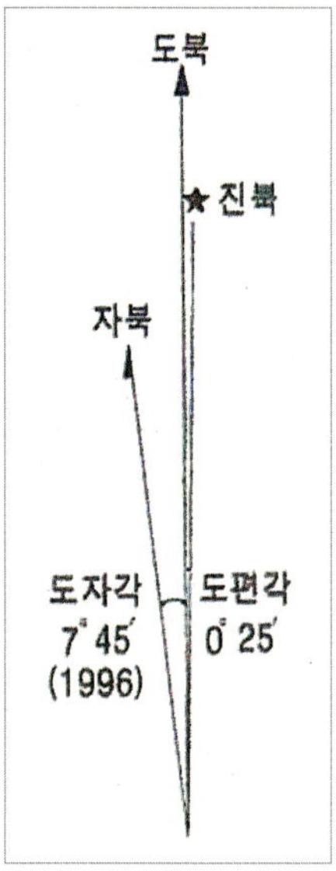

〈편각 도표〉

1: 자북선을 그리는 목적(또는 이유)

도엽명 공항 NJ 52-9-11-3의 편각도표를 설명하자면 '기존의 지도에 그려진 경선과 자침이 가르키는 캐나다의 엘즈미어섬 인근 방향이 위 도엽 공항의 지역에서는 도자각이 7 °45'의 차이가 있다는 의미이다. 따라서 그 범위를 조정해 주어야 제대로 된 방향을 설정할 수 있는 것이다.

즉 자북선을 그려야 하는 이유이다.

가) 일반지도는 세계적으로 같이 사용하는 경선과 위선이 그어져 있다. 경선은 남극과 북극을 기점으로 연결되어 있으며 위선은 적도를 중심으로 나란히 그어져 있다.

나) 편각도표는 해당지역에서의 도자각과 도편각을 국토지리정보원에서 고시한 것이다. 각 지역에 따라 다르다는 것을 명심해야 한다.

다) 방향을 알려면 나침반을 이용해야하는데 나침반의 자침은 언급한 것과 같이 캐나다 엘즈미어섬 인근을 향하고 있다.

라) 나침반의 자침이 북극을 향한다면 자북선이라는 용어가 필요 없을 것이다. 그러나 정확한 방향을 알려면 이 편차각도를 적용하여 자북선을 그어야만 한다.

2: 자북선을 그리는 방법

가) 대상지 지역의 지형도의 편각도표를 알아야 한다.
(예로 도자각 7 30″, 도편각 0 07′ 경우)

나) 나침반의 방위각 링을 돌려 360°에서 도자각+도편각을 더한 수(7 ° 37′)를 뺀다. 그러면 352°23′이 된다. 즉 북방지시화살표는 방위각 측정선 기준 7°37′만큼 기울어져 있는 것이다.

다) 방위각 링을 돌려 방위각 측정선에 352°23′을 맞춘다. 단 실전에서는 나침반으로 그 숫자를 적용하기 힘들므로 352°를 맞추면 된다.

라) 지도위에 놓고 북방지시화살표와 경선을 일치하게 한다. 단 방위각 링을 돌리면 안 된다. 자침은 신경 쓰지 않아도 된다.

마) 그 상태에서 나침반의 옆면을 따라 선을 긋는다.

바) 이 선을 기준으로 평행하게 4, 5cm간격 등 편리한 간격으로 선을 그어 사용하면 매우 편리하다.

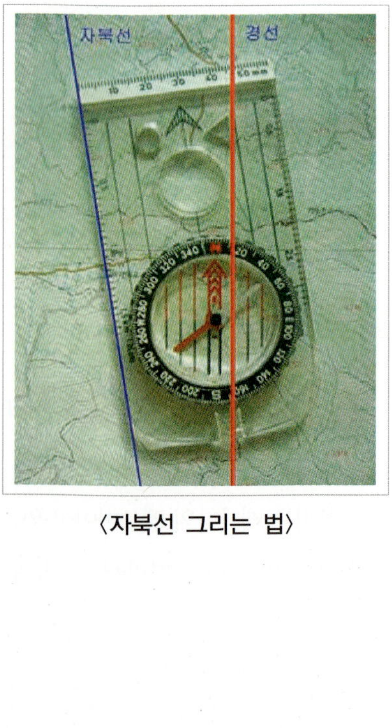

〈자북선 그리는 법〉

6 교차법

1: 전방교차법(지도상에서 목표물 위치 찾기)

지도상의 2개의 지점은 알고 있고 1개의 지점을 확인할 때 사용 한다.

가) 실제의 지형에서 확실히 아는 A, B 2개 이상의 지점을 지도위에서 확인한다.

나) 실제 지형의 A, B 두 지점에서 전방의 목표물까지의 방위각을 잰다.

다) 지도 위의 A, B 두 지점에 나침반의 옆면 뒤쪽을 대고, 나침반을 돌려 자북선과 나침반의 북방지시화살표가 평행되도록 맞춘 후, 옆면을 따라 전방으로 선을 긋는다(자침의 방향은 무시 한다).

라) 이때 두 개의 선이 만나는 교차점이 전방에 있는 목표물의 지도상의 위치이다.

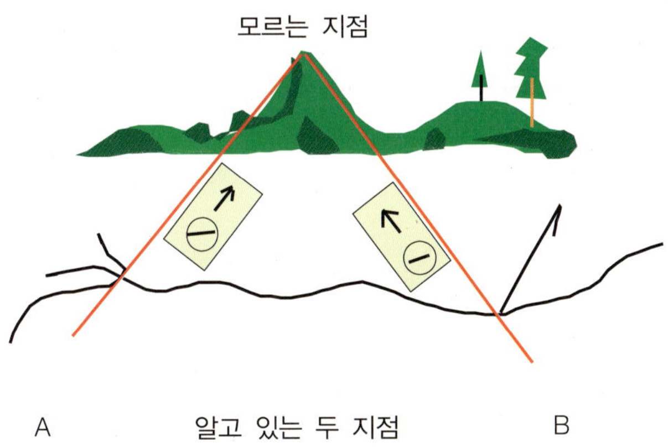

2: 후방교차법(지도상에서 현 위치 찾기)

지도상의 2개의 지점은 알고 있고 내가 있는 지점을 모를 때의 사용 법으로 주로 현장조사 시 점상특징물 기입에 많이 쓰인다.

가) 실제 지형에서 확실히 아는 목표물 2개 이상을 찾아 지도 위에서 그 목표물을 확인한다.

나) 그 지형에서 가능하면 90˚를 이루도록 하여 두 개 이상의 목표물의 각도를 각각 잰다.

다) 지도 위의 목표물에 나침반의 옆면 앞 쪽을 대고 나침반을 돌려 자북선과 나침반의 북방지시화살표가 평행하도록 맞춘 후 옆면을 따라 거꾸로 선을 긋는다.(이때 나침반의 북방지시화살표는 북쪽으로 가게하고 자침의 방향은 무시한다)

라) 이 때 두 개 이상의 선이 만나는 교차점이 지도상에서의 현재 자기 위치이다.(세 곳을 측정하였을 시 후방의 선이 합치는 곳에 약간의 오차로 인하여 삼각형을 이루면 다시 한 번 체크하여야 한다.)

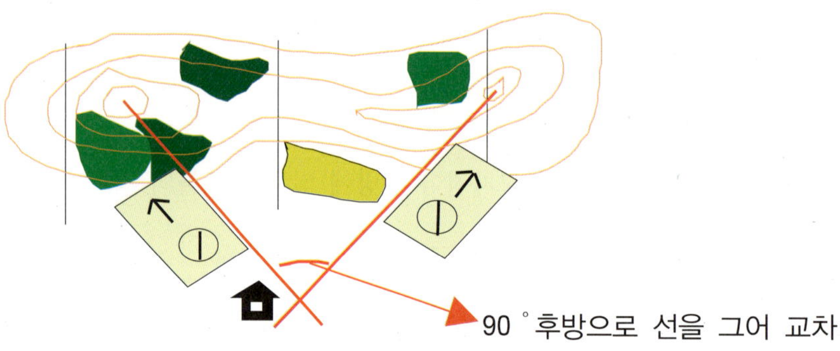

GyeoNam
Scale 1: 5,000
통과금지 (Uncrossable)

PART:3

오리엔티어링 지도의 이해

1. 오리엔티어링 지도의 특징
2. 오리엔티어링 지도 제작
3. 종목별 오리엔티어링 지도 Symbol의 이해

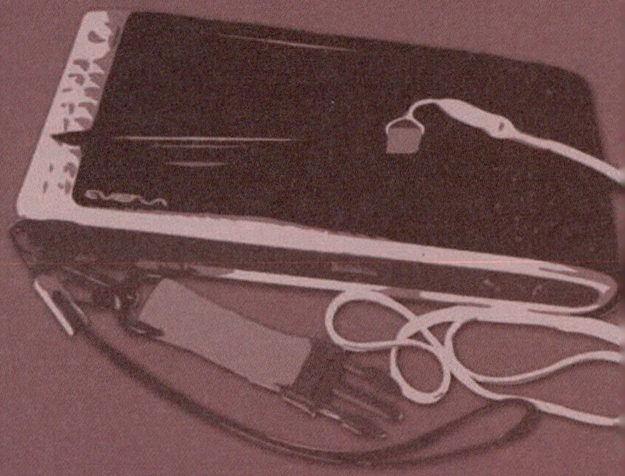

GlobalSat
Bluetooth
GPS
GlobalSat
Bluetooth
GPS

오리엔티어링 지도(O-Map)는 오리엔티어링에 사용할 목적으로 '국제 오리엔티어링 지도 제작 규정'에 입각하여 지형도를 수정 보완한 편집도이다. 오리엔티어링 지도는 지표면의 상태, 통행가능도(일반지형도에는 없음), 경작상황, 수로, 건물, 소도로 등의 도로망 등과 위치 확인에 사용할 수 있는 그 밖의 특징물이 상세하게 실린 지형도이다. 자세한 부분까지 나타나고 읽기 쉬운 지도는 루트 선택에 큰 도움을 준다. 반면에 지도가 정확하지 않으면 운에 따라 결과가 크게 좌우되고 경기가 공정해질 수 없다. 따라서 경기자는 지도에서 얻은 정보를 가지고 움직이게 되므로 될수록 많은 특징물이 실려 있어야 하고 읽기 쉬워야 하는 것이 O-Map의 기본 조건이다.

1 오리엔티어링 지도의 특징

1: 국제오리엔티어링지도제작규정(ISOM)에 의하여 제작되며 일반도의 경선 대신 자북선이 그어져 있다.

2: 축척(Scale)은 주로 1:15,000이며 경기 거리 또는 나이에 따라 1:10,000, 1:5,000도 사용된다.

3: 종목에 따라 축척이 다소 다르게 적용된다.

가) Foot-O의 Long-Distance(이하-D)는 1:15,000, Middle-D는 1:10,000, Sprint-O는 1:5,000, Relay-O는 1:10,000이 사용된다.

나) Ski-O는 Long-D는 1:15,000, Middle-D와 Relay-O는 1:15,000, 1:10,000, 짧은 거리와 Sprint-O는 1:5,000, 1:10,000이 사용된다.

다) MTB-O는 1:10,000은 Relay-O와 Sprint-O경기에 사용하며 1:15,000과 1:20,000은 Relay-O, Long-D과 Middle-D에 사용된다.

라) Trail-O는 1:5,000이나 1:4,000이 적용된다.

4: 등고선 간격은 주로 5m로 나타내며 2.5m도 사용된다.

5: 일반도와 다르게 바위(또는 바위벽), 흙봉우리(흙벽), 묘지, 건물, 통행가능도 등이 표시된다.

6: 색상을 5가지(흑색, 청색, 녹색, 갈색, 황색)로 제한하고, 그 색상을 세분하여 강/약으로 사용하기도 한다. 코스는 추가로 인쇄하는데 자주색(Purple)으로 한다.

2 오리엔티어링 지도 제작

1 지도제작 과정

1: 일반적 과정

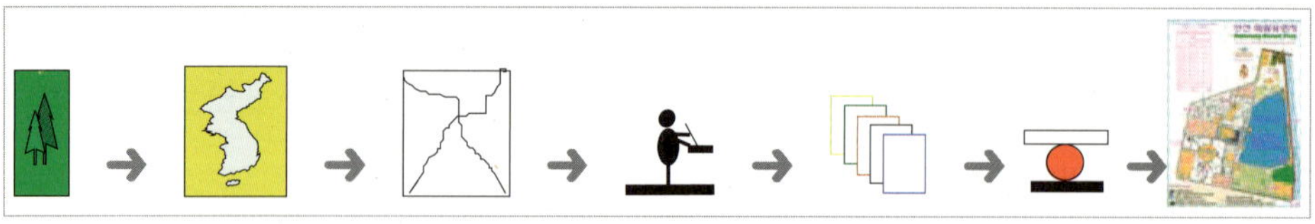

위원선임 → 종이지도 구입 → 구역배정 → 현장조사 → 제 도 원판제작(수기,Ai) → 필름/인쇄 → 완성

2: GMS(GPS Mapping System)과정(2008년부터 적용)

수치지도 구입 → 현장조사 (불루투스 GPS) → 휴대용 PC → OCAD10.0Pro (제도) → 완성

3: OCAD 제도 운영

가) OCAD 버전의 특징

오리엔티어링지도, 지질도, 시가지도, 관광지도 제작 프로그램이다.

OCAD License No.로 관리한다.

나) 다양한 기능

① 더욱더 많아진 포맷(PDF, SVG)

② 새로운 GPS 사용 인터페이스

GPS 이용 자동적으로 좌표입력과 궤적을 표시하여 준다.

③ 새로운 Draft 모드

기초도나 기타 다른 지도를 이용 제도 작업.

④ 새로운 칼라 모드

CMYK 외에도 Spot 칼라를 추가하여 세밀한 색상 표현이 가능

⑤ 프린트 인터페이스

다양한 프린트 환경설정과, 프린트 진행상황 등을 파악

⑥ 조감도 모드

넓은 지역에서 경기장의 위치를 한 눈에 알아볼 수 있다.

⑦ 코스세팅 기능

컨트롤위치설명에 맞추어 코스설정이 가능하다.

Trail-O 코스 설정이 가능하다.

다) 국제 지도제작규정에 충실하다.

IOF의 지도제작규정을 모두 수용한다.

라) OCAD 버전의 구성

① 화면의 구성

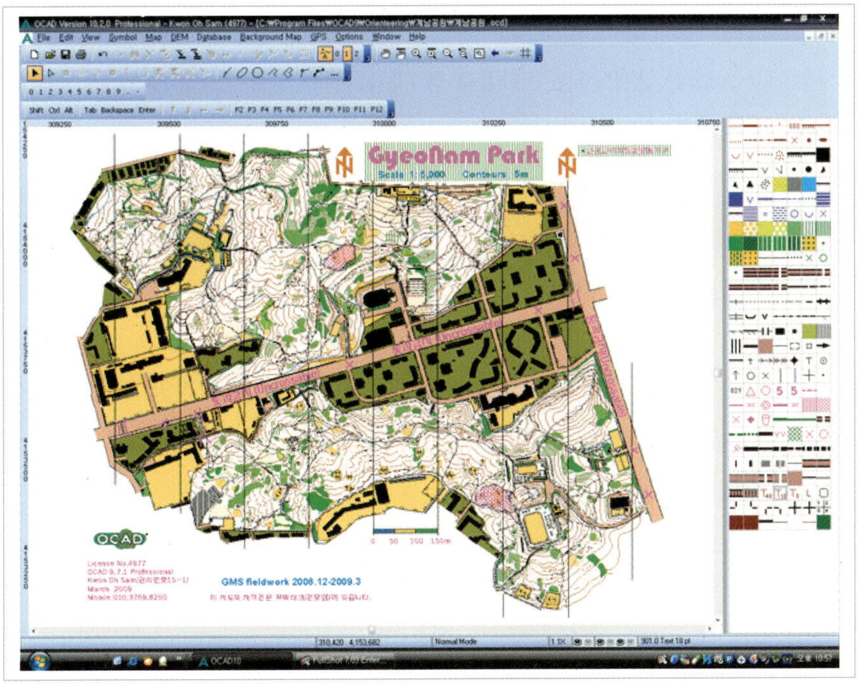

② 메뉴(Menu)

File, Edit, View, Symbol, Map, DEM, Database, Background Map, GPS, Option, Window, Help

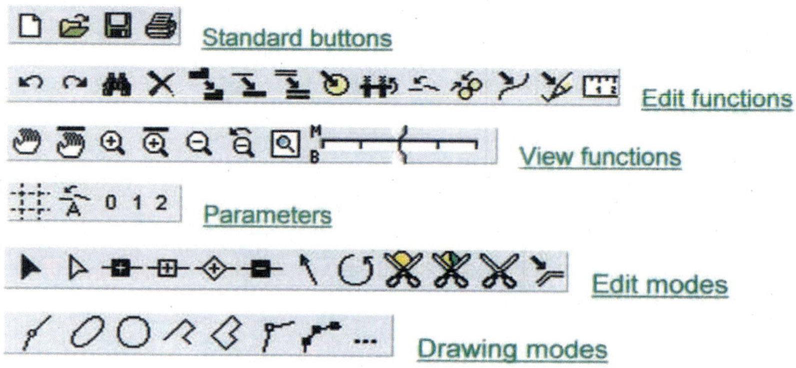

③ 그리기 창(Drawing Window)

작업 중 OCAD 지도나 Back Ground Map이 보여진다.

④ 기호상자(Symbol Box)

IOF의 지도제작 심볼과 컨트롤위설명 심볼이 수록되어 있다.

⑤ 기타

Google과 연계 가능, 거리 측정 기능, 컨트롤위치설명 심볼 자동인식, 등행거리 자동인식 기능 등

⑥ Parameter

2 지도제작 Symbol(ISOM2000)

오리엔티어링 지도는 세계 공통으로 쓰인다. 선이나, 점, 지역적인 표현을 크기(Dimension)와 색상(Colour)을 이용하여 특징적으로 표현한 특수목적의 지도인데, 이렇게 표현하는 기준이 지도제작 Symbol(컨트롤위치설명표의 심볼과 다름)이다. Foot-O의 Symbol이 기본적으로 사용되고 Ski, MTB, Trail, Sprint-O은 각각의 특성에 맞게 확대하여 사용하거나 추가하여 사용한다.

3 종목별 오리엔티어링 지도 Symbol의 이해

오리엔티어링 지도 제작에는 경기장에게 정확한 위치를 파악하게 하여야하는 의무가 주어진다. 그래서 지도는 정확히 그려야 한다고 하게 되는 것이다.

오리엔티어링 지도 기호는 국제적으로 통일되게 사용(ISOM2017(2))하고 있다.

- 선상특징물의 경우는 선의 굵기, 넓이, 길이, 간격(틈), 최소 수치 등
- 점상특징물의 경우는 테두리의 규정(원의 직경, 선의 치수, 원과 선의 간격 등)
- 면상특징물의 경우는 면적을 표시하는 선과 점의 표시, 굵기, 간격, 최소 범위(면적) 등
- 코스 관련 기호는 컨트롤 표시의 직경, 선의 굵기, 출입관련 기호 등
- 각 특징물 색상, 인쇄사양, 북쪽을 향한 심볼 표기 등을 규정하고 있다.
- IOF의 지도제작규정은 'ISOM2017(2), ISSprOM2019, ISMTBOM, ISSkiOM이 있다.
- 심볼의 설명에 대하여 아래의 내용을 참고한다.

  〈 간격(두개의 선 등), - 선의 굵기, = 길이(선, 중심에서 중심 거리), ∅ 직경,

  ⬆ 북쪽을 향한 심볼
- 완성 지도는 축척 1:15,000상의 수치이다.

1 Foot 오리엔티어링(ISOM2017(2)를 적용)

다른 오리엔티어링 지도의 표준이 되므로 잘 이해해야 한다.

1: 주로 사용되는 지도 기호

가) Foot 지형(Land form) : 갈색(Brown)

101 주곡선

102 계곡선

103 보조선

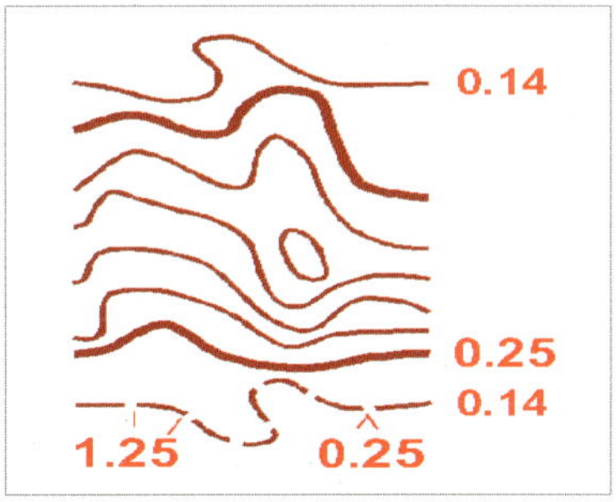

설명 주곡선과 보조선은 선 굵기가 0.14mm, 계곡선은 0.25mm, 보조선은 길이 1.25mm 마다 0.25mm간격을 두어야 한다.

106 흙벽(벼랑)

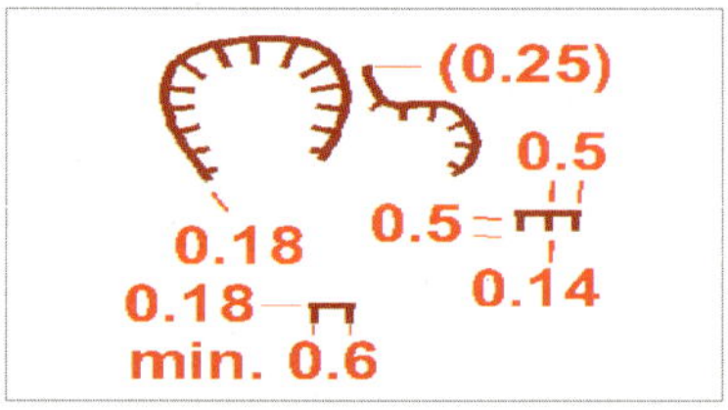

설명 상단의 선은 0.18 mm, 0.25mm가 사용되며 택(Tag)은 굵기 0.14mm로 0.5mm 간격을 두어 표기하며 최소치는 0.6mm 간격을 둔다.

111 흙봉우리(대)

112 흙봉우리(소)

설명 봉우리로 형성된 지형에서 등고선으로는 큰 봉우리를 작은 형태는 직경 0.5mm 점으로 표기한다.

114 함몰지

115 구덩이(자연적)

116 구덩이(인공적)

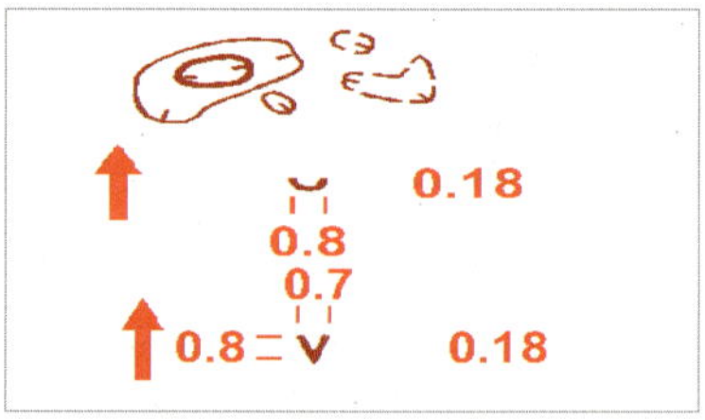

설명 주변의 지형보다 낮은 곳(직경 2m와 깊이 1m)의 경우 큰 형태는 택(Tag)를 그어 그 모습을 표현하며, 작은 구덩이 형태는 두 개의 표현으로 한다. 단 터진 부분은 북을 향한다(⬆).

나) Foot **바위와 돌**(Rock & Boulders) : **흑색**(Black+Grey)

201 바위벽(통행불능)

203 바위벽(통행가능)

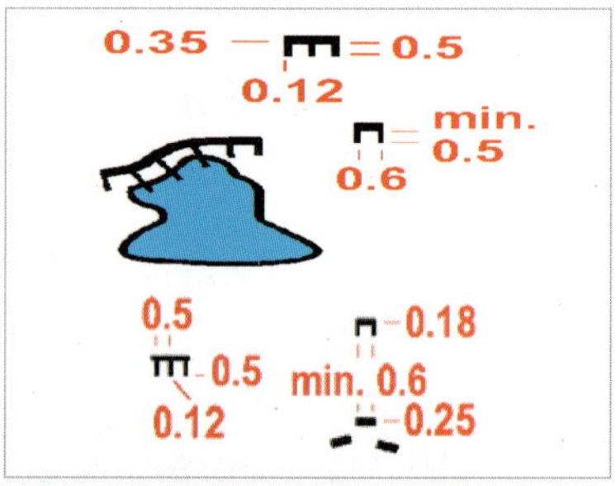

설명 바위벽은 높이 1m이상만을 표하는 것이 원칙이며 통행이 불가능한 바위벽은 상단선 굵기 0.35mm로 하고 0.12mm 선 굵기로 택(Tag)를 표한다(201). 통행이 가능한 바위벽은 두가지 형태로 표현 사용된다.

206 바위(소)

207 바위(대)

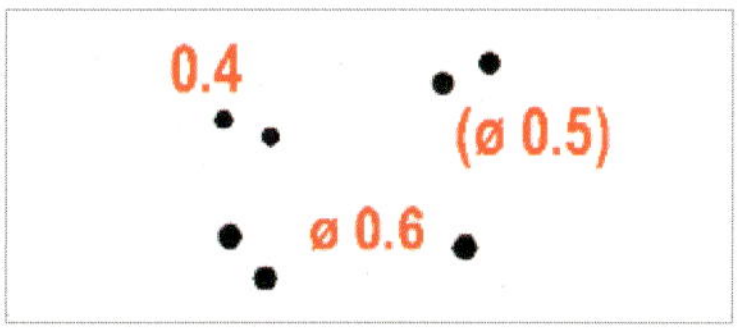

설명 바위는 높이 1m이상만을 표하는 것이 원칙이며 대·소로 표 한다.

208 바위지대(큰 형태)

209 바위 밀집(Cluster)

210 너덜지대(작은 돌 형태)

212 암반

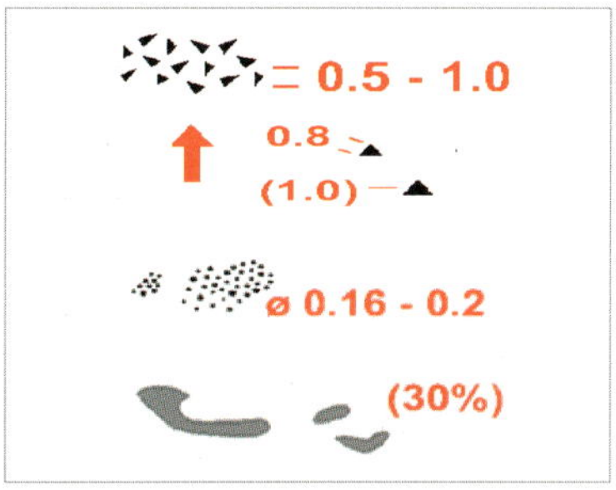

설명 표현하기 어려운 흩어진 큰 형태의 바위(지대)는 삼각형을 방향에 무관하게 표하며(208), 분명하지만 뭉쳐져 개별적 표현이 힘든 곳은 정삼각형으로 한 꼭지점이 북방향이어야 한다(209). 작은 바위의 밀집 지대는 점으로 표한다(210). 바닥면이 바위로 형성된 지대는 회색으로 표한다(212).

다) Foot 수계와 습지(Water & Marsh) : 청색(Blue)

301 호수(건너지 못함)

302 못(건널 수 있음)

304 강(건너지 못함)

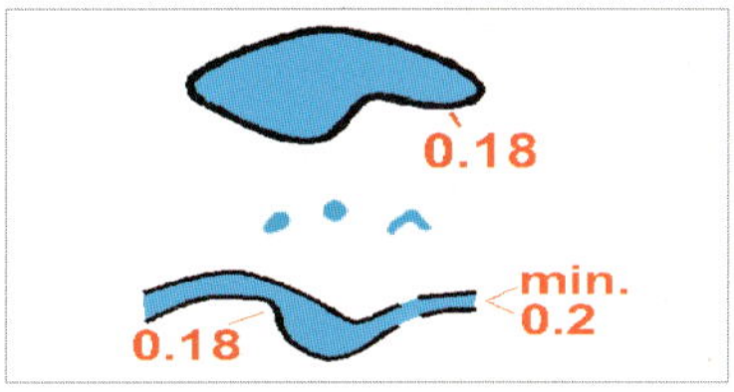

설명 건널 수 없는 호수, 하천은 흑색선으로 테두리를 표한다.

305 도랑(넓이 2m 이상)

306 도랑(넓이 2m 미만)

307 도랑(계절적)

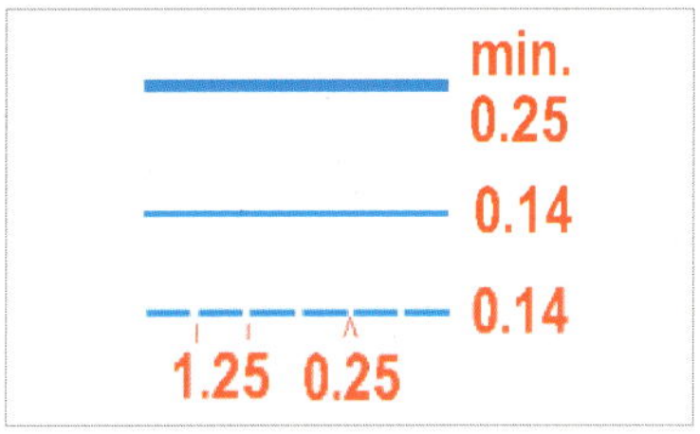

설명 도랑의 넓이가 2m이상이면 최소치로 대략 3개의 형태로 표한다.

308 좁은 습지

309 습지(통과 불능)

310 습지(통과 가능)

311 습지(계절적)

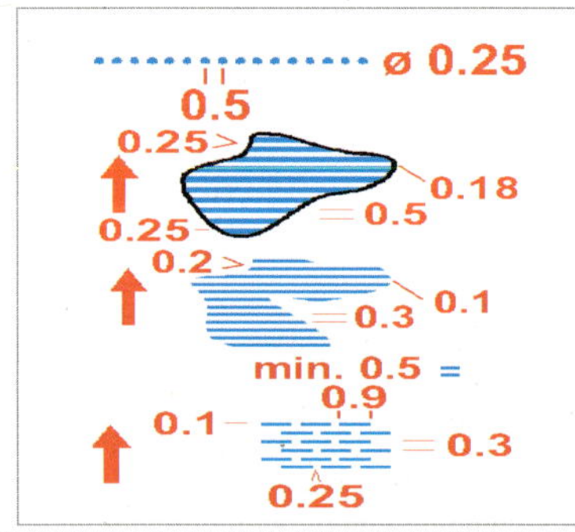

설명 작은 습지는 청색 점으로 그리고 큰 습지는 선을 그려 표하며 흑색 테두리가 있으면 통과가 불가능하다.

312 우물

313 샘

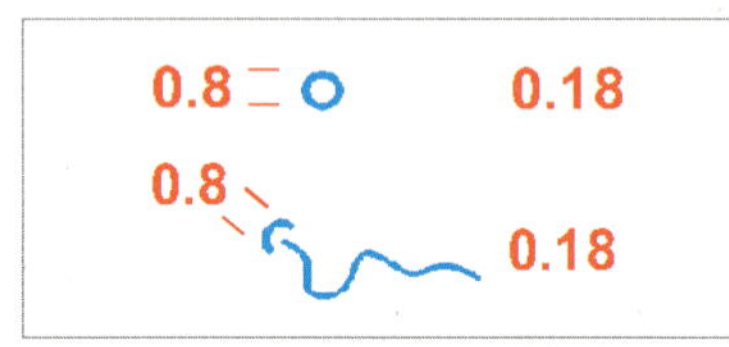

설명 우물과 샘은 물을 저장하는 구조로 구분한다. 우물은 물을 저장하는 구조를 가지고 있으며 샘은 구조 기능없이 물이 흐르는 방향으로 도랑을 표한다.

라) Foot 식생계(Vegetation) : **녹색+황색**(Green+Yellow)/**흑색**

401 트인 땅

402 트인 땅(간헐적 나무가 있음)

403 반(거친) 트인 땅

404 반 트인 땅(간헐적 나무가 있음)

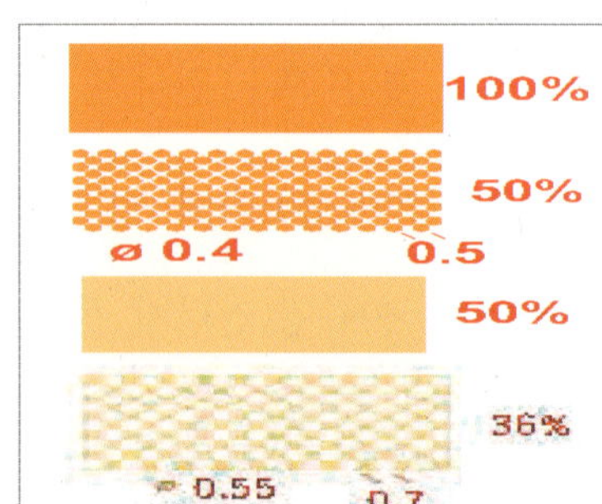

설명 트인 땅 구분은 하늘을 볼 수 있느냐와 통행에 관련하여 구분하여 황색 100%로 구분(401), 간헐적으로 잡풀, 나무의 정도에 따라 다르게 표현한다.

405 숲(달림)

406 숲(천천히 달림)

407 관목(천천히 달림)

408 숲(달리기 어려움)

409 관목(달리기 어려움)

410 숲(통과 매우 어려움)

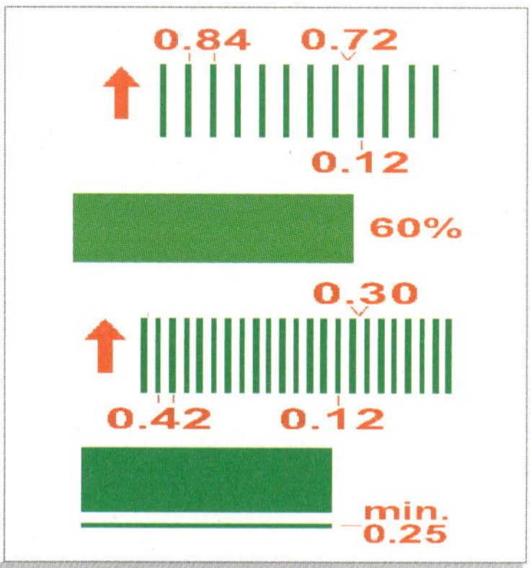

설명

- 식생의 구분은 통행가능도를 판단하게 하는 매우 중요한 부분이며 풀과 나무가 어우러진 지형의 통과성 표현이다.
- 숲의 구분
  달리기가 쉬운 곳(숲) - 백색(1km/5-6:15분소요/405)
  천천히 달릴 수 있는 곳(숲) - 녹색 30% (1km/6:15-8:20분 소요/406)
  울창한 나무나 덤불이 있어 속도가 줄어드는 곳 - 녹색 60%로 표하며(1km/8:20-25분소요/408)
  통과가 매우 어려운 곳 - 녹색 100%로 표하며 최소 표현시는 선 굵기 0.25mm (1km/25분 이상/410)
- 관목 지대 구분
  낮은 숲의 형태에 나무가 있는 경우로서 두 개의 표현으로 한다. 녹색 선으로 표하며 북쪽을 향한다(407, 409)

412 과수원, 413 포도원

414 경작지 경계 표시

415 경작지

416 식생 경계 표시

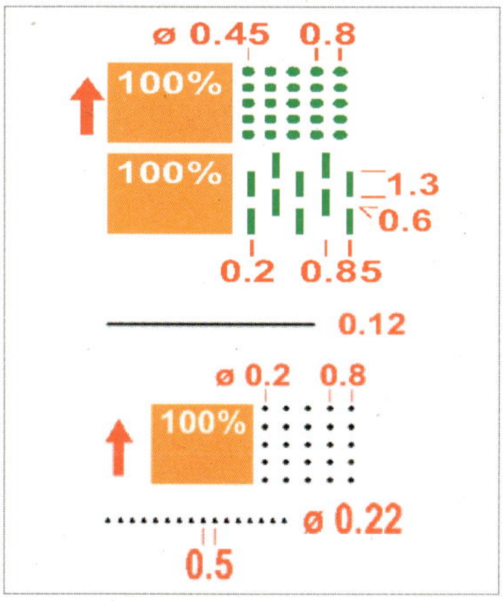

설명

과수원 및 포도원은 황색 100%에 직경 녹색 점과 막대형으로 표하며 북쪽 방향으로 표한다(412). 식생 경계 표시는 직경 0.22mm로 0.5mm 간격으로 흑색 점으로 표한다.

마) Foot **인공특징물**(Man-made features) : **흑색**(Black)

501 주요도로

502 주요도로(5m이상)

503 주요도로(3-5m)

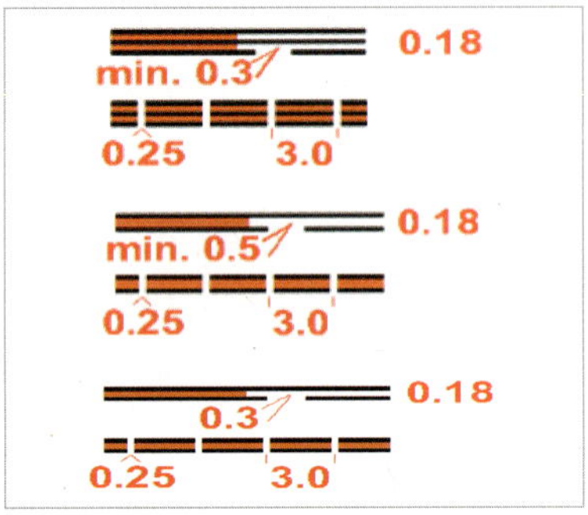

*각 하단의 파선 형태 그림은 건설중인 도로의 표현임

설명 고속도로, 간선도로 등 2차선이상 도로로 포장된 것이며 실제 지형에서의 넓이만큼 조정한다.

504 차도(3m이하)

505 차도(3m이하)

506 오솔길

507 소로

508 오솔길(불분명)

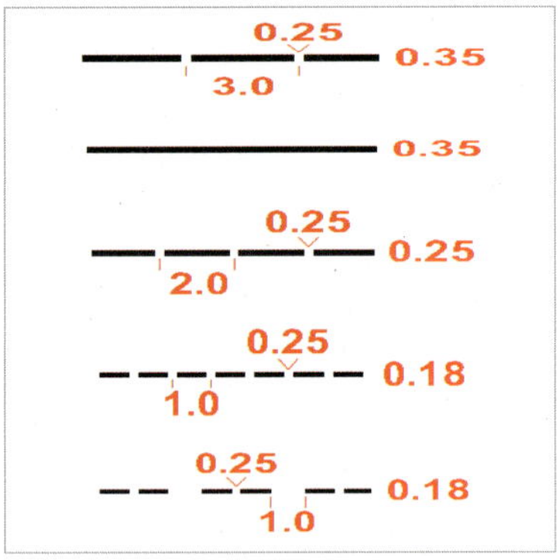

설명 일반적으로 항상 차가 다닐 수 있는 정도의 도로, 간헐적으로는 통과가 어려운, 오솔길, 불분명 길로 구분한다.

522 철조망(통과가능)

523 철조망(훼손)

524 철조망(통과불능)

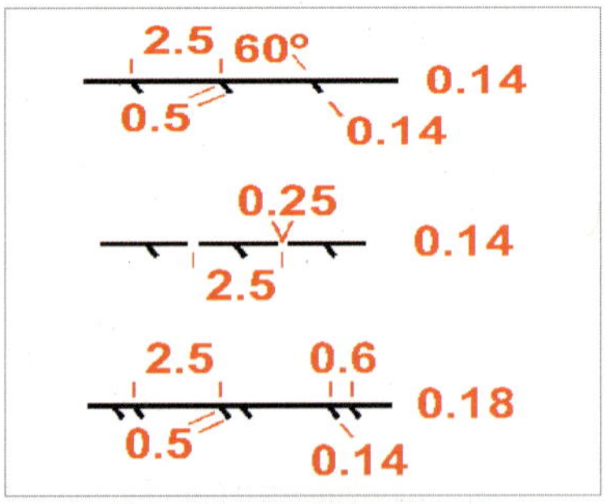

설명 통과가 가능한 철조망(휀스 등)은 한 개의 택으로 통과가 불가능한 철조망은 두 개의 택으로 표한다.

526 건물

527 건물밀집지

529 주차장

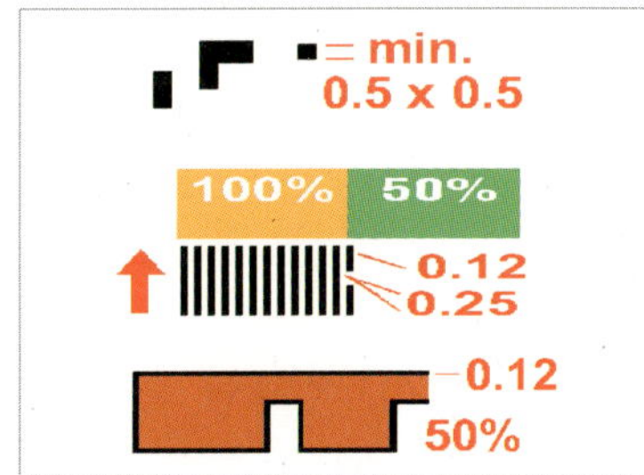

설명 각 건물은 흑색으로 실제의 크기와 같이 축척에 비례하여 표하며(526), 건물이 많은 지대는 황녹색으로 주차장은 흑색 테두리 내에 갈색 50%로 채운다.

532 묘지

535 탑(대)

536 탑(소)

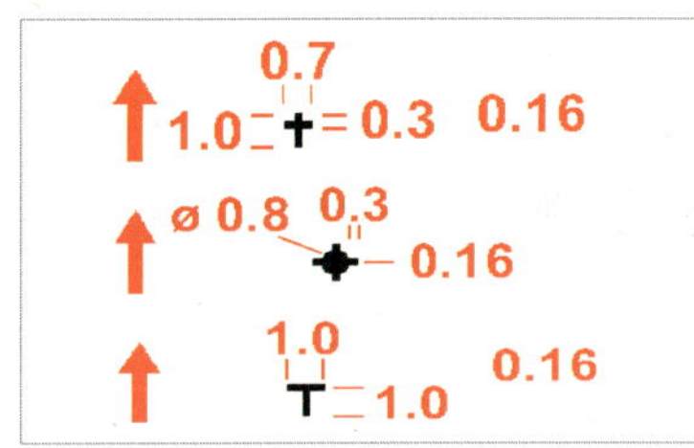

설명 묘지는 선 굵기 0.16mm 선으로 선 길이 1.0mm, 0.7mm로 구분하며, 북쪽 방향으로 표한다.

537 캐른

539,540 인공특징물

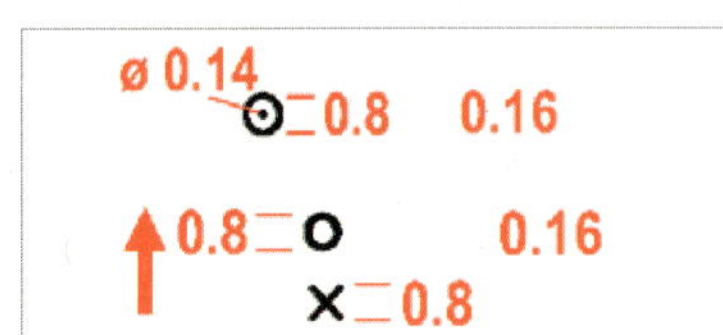

설명 돌무더기, 기념비 등은 선 굵기 0.16mm로 직경 0.8mm원과 그 중심에 직경 0.14mm 점으로 표한다. 정자, 큰 간판, 구조물은 인공특징물로 표한다. 이 경우 지도에 별도로 그 내 용을 반드시 명시해 주어야 한다.

바) Foot 기술적 기호(Technical Symbols)

601 자북선(청 0.18mm, 흑 0.14mm)

602 표시마크(0.10mm, 길이 4mm)

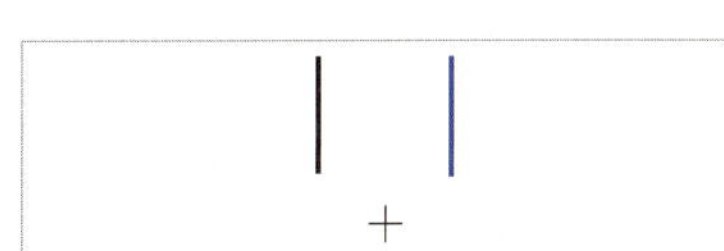

사) Foot 코스기호(Overprinting Symbols) : 자주색(Purple)

701 출발점(7.0mm 선 0.35mm)

702 컨트롤(∅ 6.0mm 선 0.35mm)

703 컨트롤 순번(높이 4mm)

704 라인(Leg) (선 0.35mm)

705 유도구간(선 0.35mm)

706 골인점(∅ 5.0mm ∅ 7.0mm)

707 통과불능 경계선

708 통과가능 지점

709 출입금지구역

710 위험지역

711 금지된 루트

712 의료 포스트

713 음료 포스트

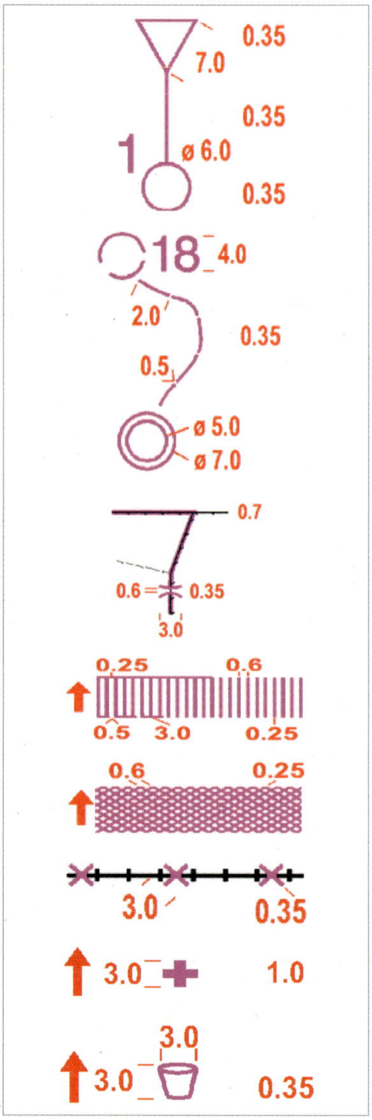

2: Foot-O Map

GyeoNam Park
Scale 1: 5,000 Contours 5m
M40
Public 3.1 km
140 m
GMS fieldwork 2008.12-2009.3
OCAD
License No.4977
OCAD 10.2.3 Professional
Kwon Oh Sam(15-1)
March 2009/ISOM2000
Mobile 010.3769.8260

2 Ski-O(ISSkiOM을 적용)

Ski-O는 위의 Foot-O Symbol을 선별하여 사용하고 2002년 Ski-O 심볼을 추가로 지정하여 아래와 같이 사용한다.

1: Ski-O 지도제작 추가 Symbol

801 트랙 3m이상/녹색

802 트랙 1.5-3m/녹색

803 트랙 0.8-1.5m/녹색

804 트랙 0.8-1m/녹색

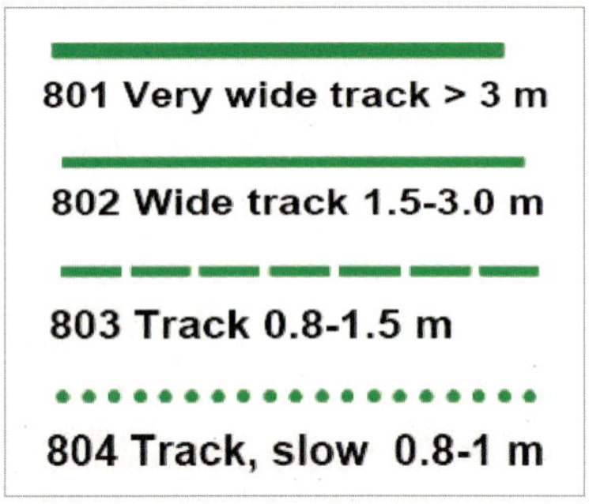

설명 Ski-O는 눈 위에 스노우 모빌로 트랙을 만들고 그 표시는 녹색으로 표한다.

810 컨트롤과 중심점 표기
(원 : 자주색, 점 : 진한 자주색)
원∅ 5.5-6.0mm, 점 0.65mm

811 컨트롤 순번 및 기호(자주)

812 장비보관소(자주)높이 10mm

301.1 통과가능한 수원
(강, 호수, 연못/청색50%)

301.1 통과불가능한 수원
(청색100%바탕, 0.18mm 흑색 테두리)

2: Ski-O 지도 축척과 등고선 간격

가) 축척은 1:15,000이나 1:10,000을 사용한다. Sprint경기는 1:5,000도 사용한다.

나) 등고선 간격은 5m이며 2.5m 또는 10m를 사용하기도 한다.

3: Ski **오리엔티어링** Map

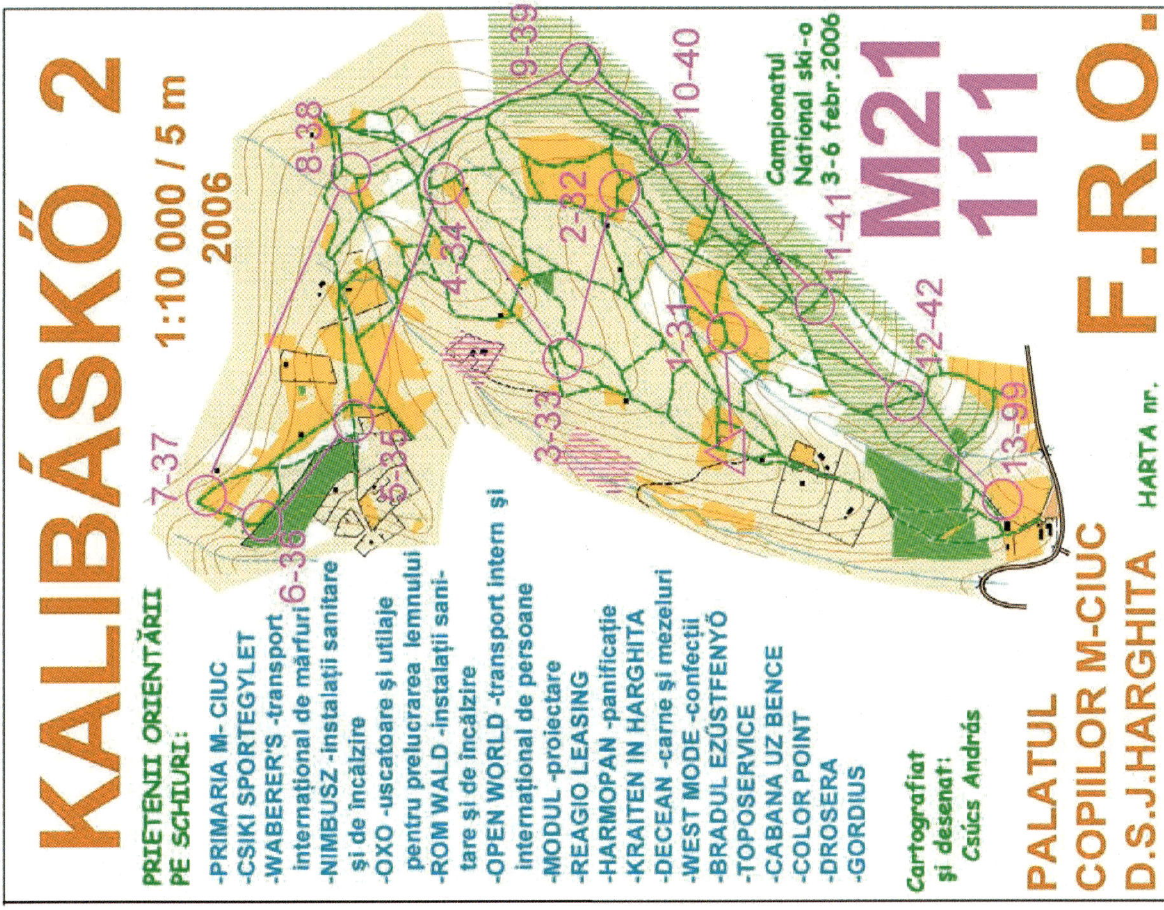

3 MTB-O(ISMTBOM을 적용)

MTB-O도 Foot-O의 규정을 적용하고 있다. 제한된 통행로에서 스피드를 내야하는 경기의 특성상 별도의 트랙과 기존 도로를 이용한 트랙을 추가로 사용한다. Foot-O의 규정과 약간 다르게 적용하는 것과 중요한 부분만 알아본다.

1: MTB-O 지도제작 규정

IOF에서는 MTB-O지도제작규정을 제정했다. MTB-O의 특성을 고려하여 Foot-O규정을 일부만 선정하여 약간 다르게 사용하고 있다.

가) MTB 수계와 습지(Water & Marsh) : 청색(Blue)

301 호수

304 건너지 못하는 강(하천)

309 습지(통과 불능)

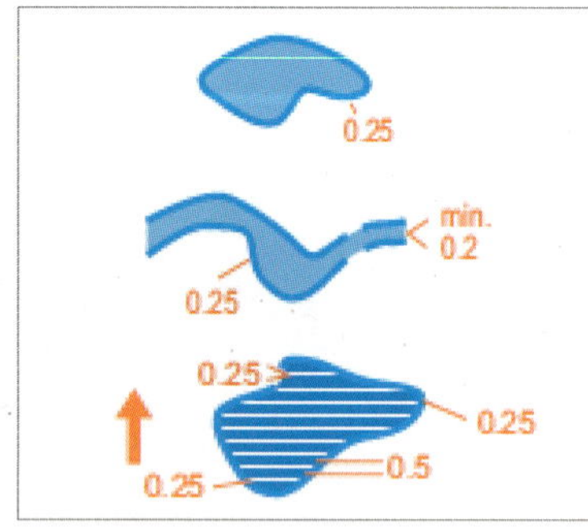

나) MTB 인공특징물(Man-made features) : 흑색, 흑색 70%, 갈색

831 트랙(Easy riding)

832 길(Easy riding)

833 트랙(Slow riding)

834 길(Slow riding)

835 트랙(Difficult to ride)

836 길((Difficult to ride)

531 사격장(흑 70%)

532 무덤(흑 70%)

534 파이프라인(송유관/흑 70%)

535 높은 탑(흑 70%)

536 낮은 탑(흑 70%)

538 사료대 (흑 70%)

539,540 인공특징물(흑 70%)

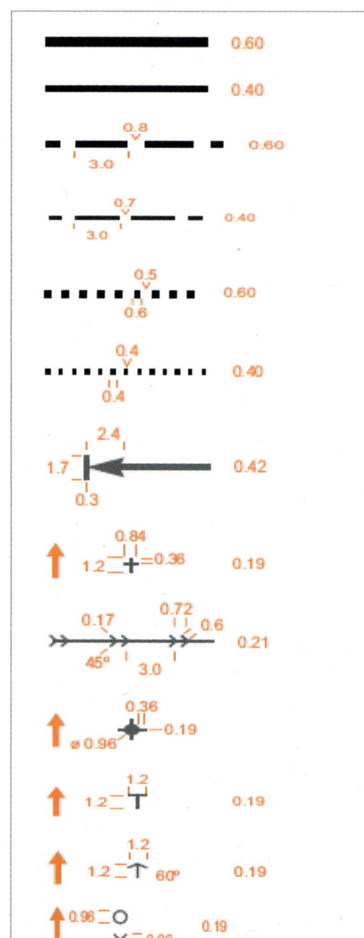

다) MTB **기술적 기호**(Technical Symbols)

601 자북선(청 0.18mm)

라) MTB **코스기호**(Overprinting Symbols) : **자주색**(Purple)

701 출발점(7.0mm 선 0.6mm)

702 컨트롤(∅ 7.5mm 선 0.6mm)

703 컨트롤 순번(높이 4mm)

704 라인(Leg)(선 0.6mm)

705 유도구간(선 0.6mm)

706 골인점(∅ 5.0mm ∅ 7.0mm)

714 교차하는 트랙 또는 길

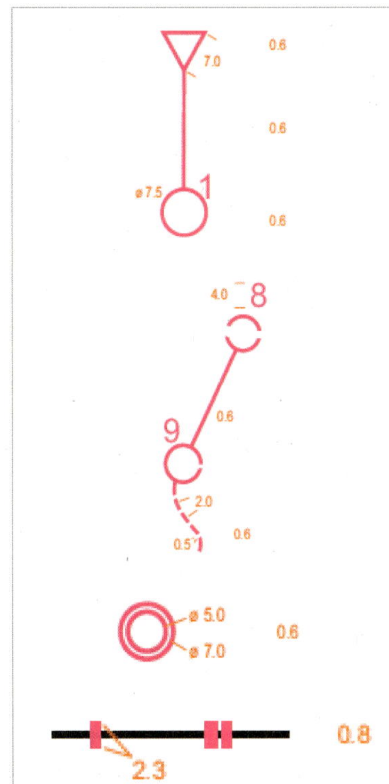

2: MTB **지도 축척과 등고선 간격**

가) 축척은 1:10,000, 1:15,000, 1:20,000을 사용한다.

MTB-O는 1:10,000은 Relay-O와 Sprint-O경기에 사용하며 1:15,000과 1:20,000은 Relay-O, Long-D과 Middle-D에 사용된다.

나) 모든 축적에서의 크기는 동일하다.

다) 등고선 간격은 5m이며 아주 가파른 지역에서는 10m로 평평한 곳에서는 2.5m로 한다.

3: 특기사항

가) 지도 규격은 A3를 넘어서는 안 된다.

나) 도로와 길만 이용하여 경기를 해야 한다. Foot-O와 다르게 지형을 자유로이 들어가지 못한다. 그래서 지도에 트랙을 표시한다.

다) 트랙과 길의 속도는 3단계

즉 '자전거 달리기 쉬움, 자전거 달리기 천천히, 자전거 달리기 어려움'으로 구분한다.

라) 트랙과 길의 넓이는 2단계

즉 1.5m보다 넓은(트랙), 1.5m보다 좁은(길)로 구분하여 사용한다.

4: MTB-O Map

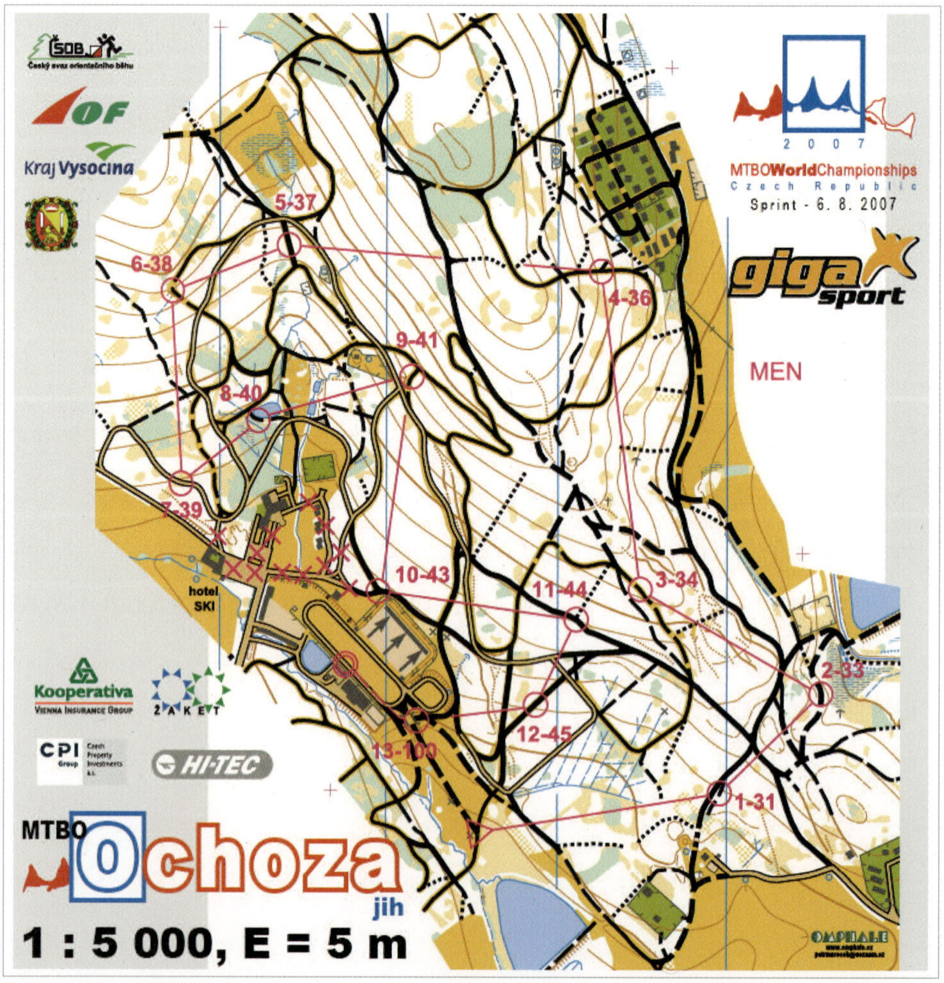

4 Trail-O(ISSprOM2019를 적용)

1: ISSprOM2019 규정

가) Trail-O는 'Park-O지도제작규정'에 의하여 제작 사용되어 오다가 2005년 ISSOM규정이 처음 제정되어 적용되었으며 2019년 개정하여 사용하고 있다.

나) 시간측정용 지도는 기본 축척과 동일한 축척이 적용된다. 시간측정 컨트롤용은 그 해당 장소마다 한 개씩 있어야 한다.

다) ISSprOM2019는 Sprint-O에도 적용한다.

2: ISSprOM2019 심볼

가) ISSprOM2019 지형물

101 등고선/주곡선

102 계곡선

103 보조선

106 흙 벽(제방)

109 침식된 골(깊이 1m 이상)

110 침식된 골(깊이 0.5m 이하)

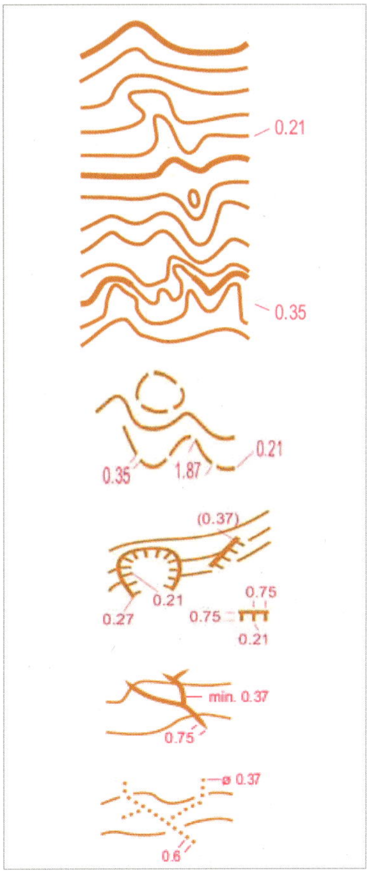

115 작은 함몰지

116 구덩이 또는 구멍

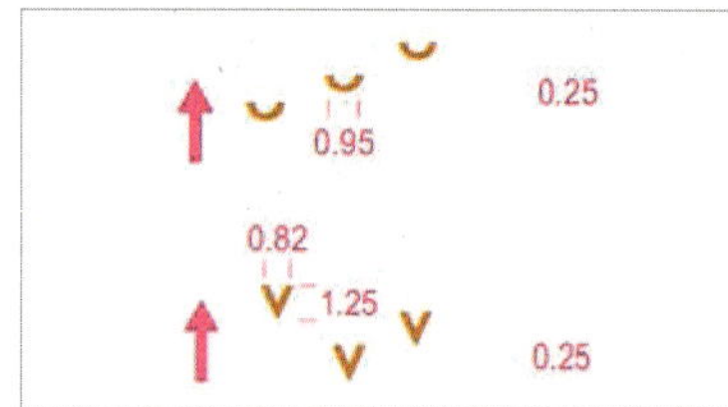

나) ISSprOM2019 바위와 돌무더기

201 통과불능 절벽(통행금지)

203 통행 가능한 바위면

206 바위(소)

207 바위(대)

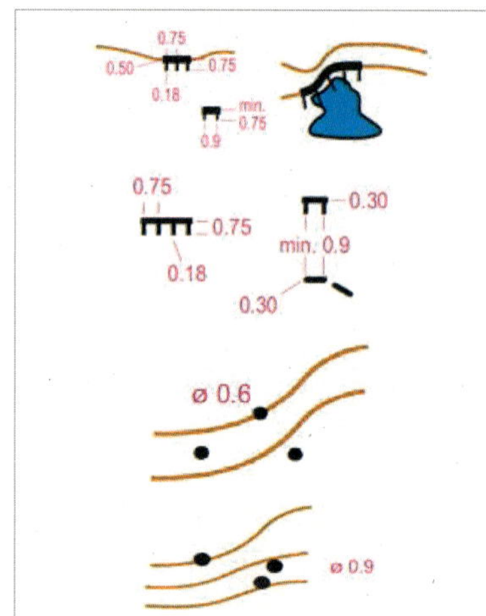

다) ISSprOM2019 물과 습지

303 물구덩이

304.1 지나갈 수 없는 수역(통행금지)

⊘ **주의 통과하면 실격 처리**

305.1 통행 가능한 수역

306 통과 가능한 작은 물줄기

307 작은 물줄기

308 좁은 습지

309 습지(통행금지)

⊘ **주의 통과하면 실격 처리**

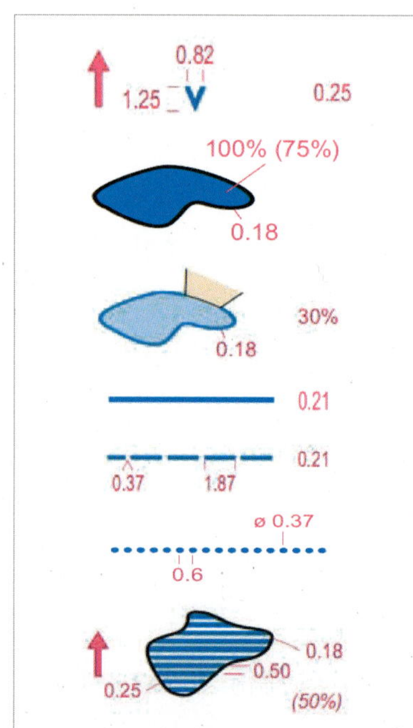

310 습지(통행가능)

311 불명료한 습지

312 작은 샘 또는 우물

313 샘(수원)

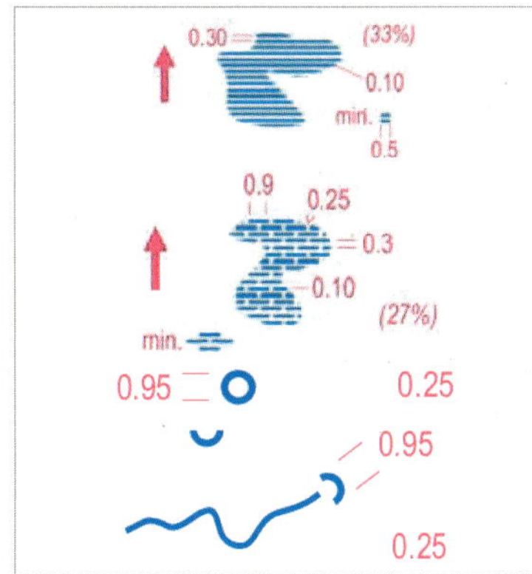

라) ISSprOM2019 식생계

414 명료한 경작 경계

416 명료한 초목 경계

418 확실한 나무

419 숲 또는 나무

420 확실한 식생 특징물

421 지나갈 수 없는 식생(통행금지)

⊘ **주의** 통과하면 실격 처리

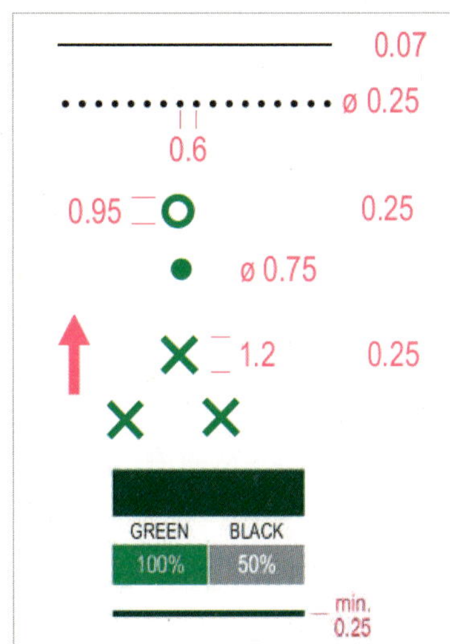

마) ISSprOM2019 인공 특징물

506.1 포장되지 않은 보행로

507 작은 포장되지 않은 보행

508 불분명한 작은 소로

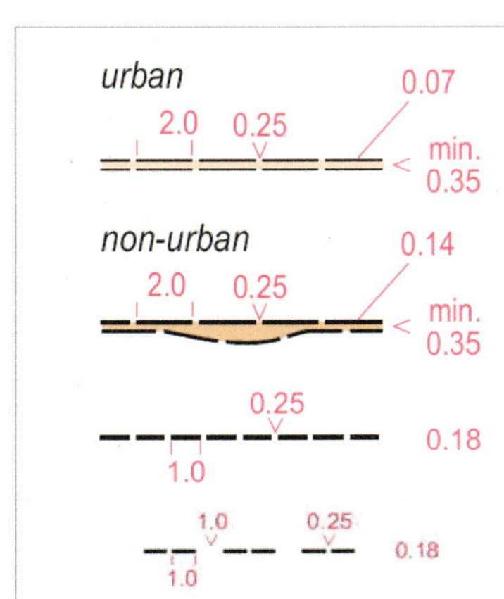

512.1 교량

515.1 철도

515.2 전차 궤도

518.1 지하도 또는 갱도

519.1 통과 가능한 벽

521.1 통과 불가능 벽(통행금지)
주의 통과하면 실격 처리

522 난간 또는 방책(통과)

524 난간 또는 방책(통행금지)
주의 통과하면 실격 처리

525 통과점

526.1 건물
주의 통과하면 실격 처리

526.2 차양

528.1 접근 금지 지역(통행금지)
주의 통과하면 실격 처리

529 포장된 지역

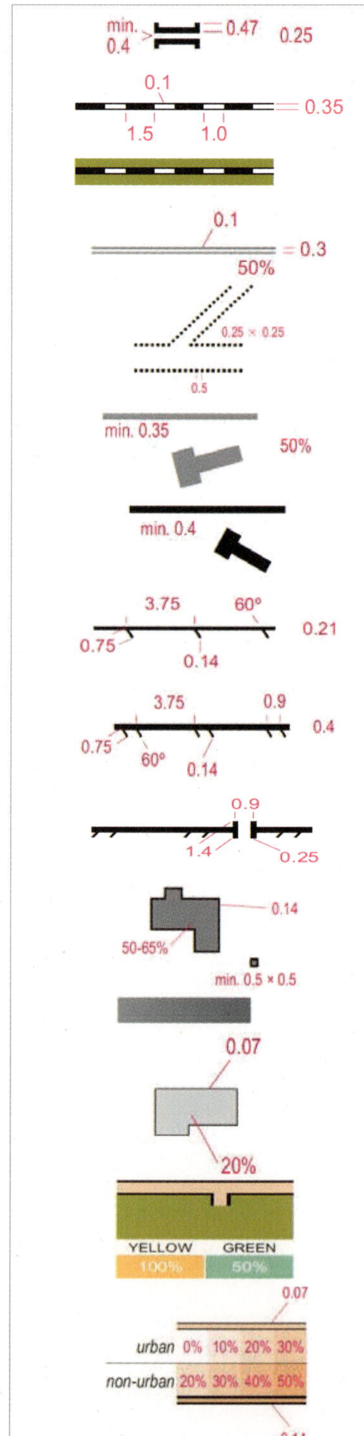

537 돌무덤, 기념탑(소형) 또는 경계석

539 명료한 인공 특징물

540 명료한 인공 특징물

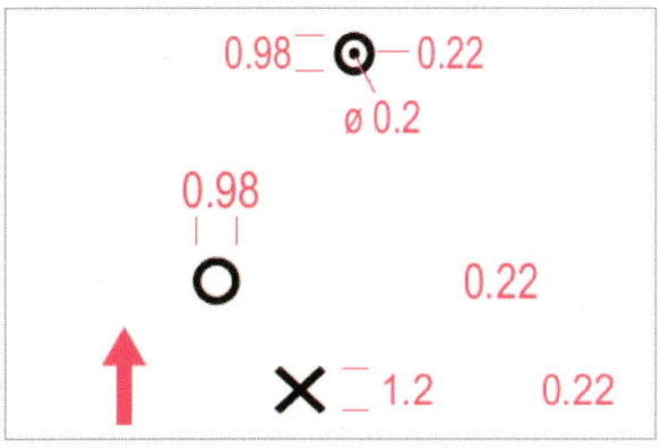

바) ISSprOM2019 특수 기호

601 자북 선(흑색, 청색)

사) ISSprOM2019 코스 기호

708.1 교차 지역

709 영구 제한 구역

주의 통과하면 실격 처리

712 의료 지점

713 식수 지점

714 가건물 또는 폐쇄 지역(통행금지)

주의 통과하면 실격 처리

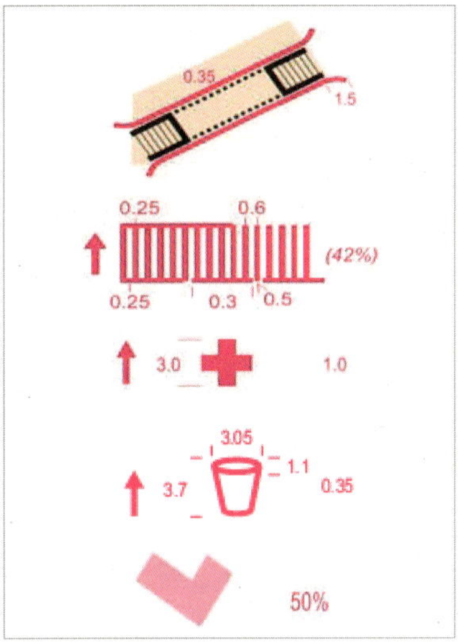

3: Trail-O 축척과 등고선 간격

가) 축척은 1:4,000을 사용한다.

나) 등고선 간격은 2.0, 2.5m이다.

4: Trail-O Map

가) 경기용 지도

〈Trail O 경기지도/2009 한국〉

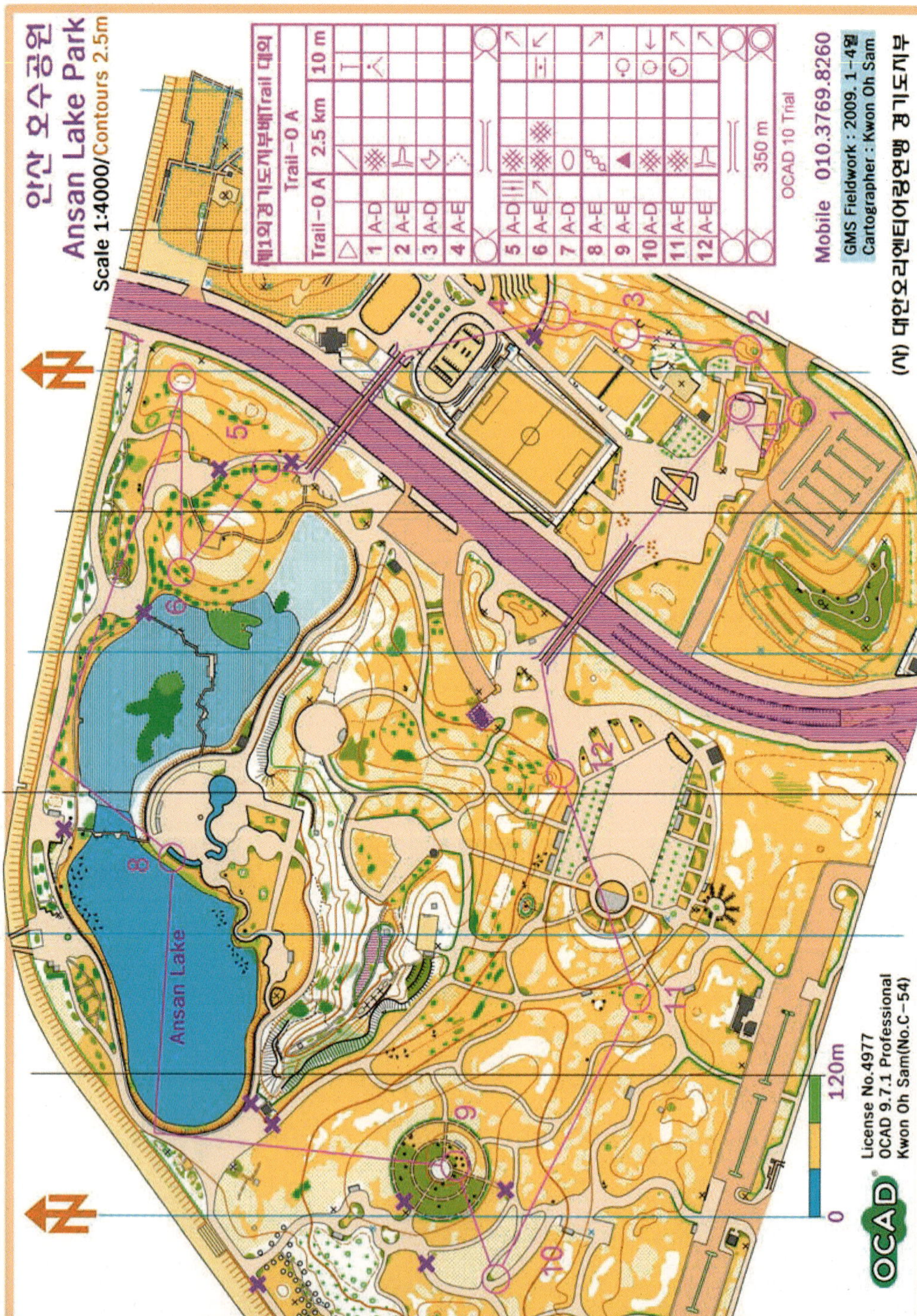

나) 시간측정 컨트롤용 지도

〈국내/2009〉

시 간 측 정 용 Map
(Timed control)

2009 Trail－O Forum 1
2009. 6. 27－28

축척 1:5,000 등고선 간격 5m

TC	A-E		⩘				

경 기 도 지 부

A B C D E

다) Sprint 오리엔티어링 Map(ISSOM2007 적용)

〈국내/2009〉

라) Sprint 오리엔티어링 Map(ISSprOM2019 적용)

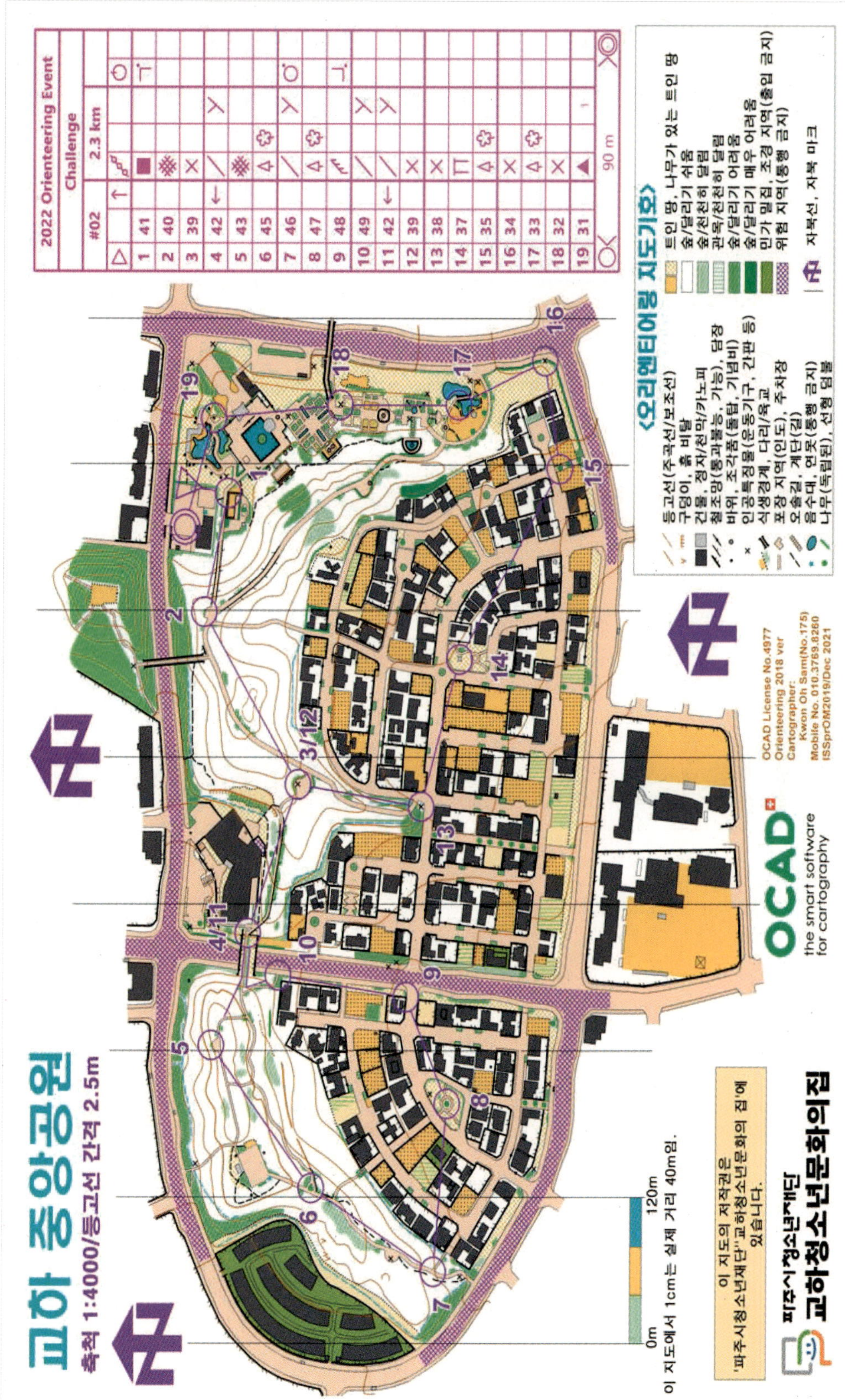

오수공원
산
Ansan Lake Par
Ansan Lake
N

PART:4

코스 공격법

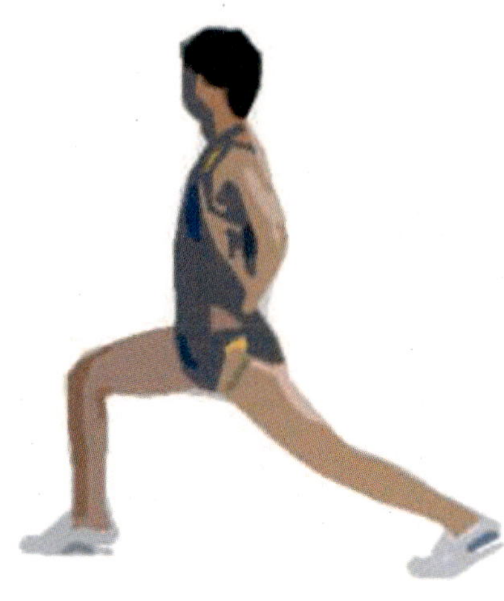

1. 체력단련 훈련
2. 코스의 공격
3. 루트 공격의 실제
4. 경기에서 발생할 수 있는 부상 사례
5. 경기에 사용하는 부상 예방용 재료

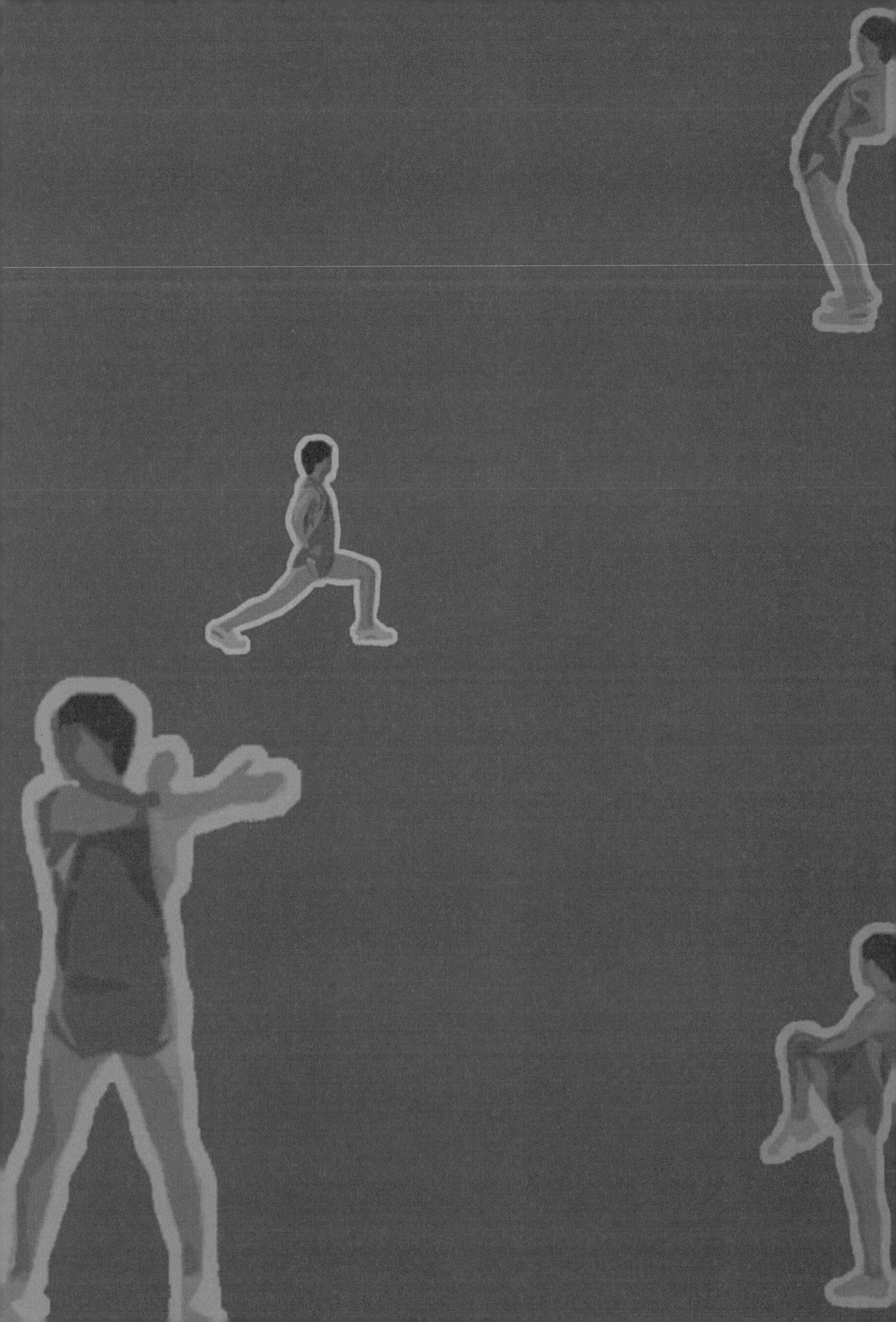

오리엔티어링에 있어서 코스의 공격법이라 하면 하나의 전술에 속하는 내용이라서 '이것이다, 저것이다'라고 단정하기가 매우 어렵다.

여기 기술한 코스공격법은 지도읽기와 나침반조작법이 완전히 습득되었다는 가정하에 기술하고자 한다. 한편 이 이론을 다 배웠다하여 오리엔티어링의 엘리트에 속하지는 않는다. 오리엔티어링은 행동하는 스포츠이기 때문에 **진정한 오리엔티어링은 실전(연습)경험을 통해 자신의 실력을 쌓아 가야**하기 때문이다.

1 체력단련 훈련

1 체력강화 프로그램

1: 준비운동(10-15분 정도)

본 운동을 시작하기 전에는 체온을 1 ° 정도 높이고 관절과 근육을 부드럽게 만드는 과정이다. 준비운동은 부상을 예방할 수 있다.

2: 관절풀기 및 스트레칭(10분정도)

준비운동이 끝나 몸이 약간 더워져서 몸이 부드러워지면 스트레칭(근육을 늘려주는 운동)을 실시한다. 그리고 스트레칭과 함께 각 관절부위도 움직여서 풀어준다.(예)-어깨 돌리기, 발목 돌리기 등

3: 근육강화운동(30분 정도)

근육강화운동은 근육부위에 집중적인 자극을 주는 운동이기 때문에 똑같은 근육부위를 매일 자극하면 신체는 오히려 피곤해져서 몸을 상하게 된다.

4: 정리운동(가볍게 걷기 10분정도)

정리운동은 운동 중에 몸속에서 발생된 젖산같은 피로물질을 없애주는 역할을 한다. 만일 정리운동을 거르게 되면 그 다음날 심한 피로감을 느끼고 발생한 독소물질에 의해 신체가 많이 상하게 된다.

2 본 운동 훈련 프로그램

오리엔티어링은 달리는 경기로 코스 중 70-80%는 달리거나 빠른 경보를 해야 한다. 그래서 평지달리기, 야외달리기, 오리엔티어링지형(야산)달리기 등을 꾸준히 하는 것이 좋다.

1: 조깅하기(준비운동)

시작하는 날부터 무리하게 먼 거리를 정하여 뛰는 것보다는 1주일 단위로 500m, 800m, 1,000m 등으로 서서히 늘려 나가고, 일반적인 오리엔티어링 경기의 코스거리를 감안하여 계획을 세워 진행한다.

2: 평지달리기

조깅훈련 후 숨이 덜 차고 달릴 수 있는 체력이 되면 평지에서 일정한 거리와 시간을 정하여 천천히, 빨리 달리는 것을 반복한다. 반복횟수는 개인 체력에 따라 조정한다.

(1분을 천천히 달림 - 1분을 빨리 달림 - 1-2분을 천천히 달림)

3: 야외달리기

약간씩 오르막과 내리막이 있는 공원이나 유사지형에서 실시한다.

능력과 장소에 따라 일정한 거리를 정하고 내리막을 빨리 달리기와 천천히 달리기를 하거나 반대로 오르막을 빨리 달리기와 천천히 달리기를 한다. 지구력을 기르는 훈련이므로 가급적 장거리를 연습한다.

4: 오리엔티어링 지형달리기(경기 장소와 유사한 곳)

평지에서부터 달리기, 오르막 100-200m 달리기, 장거리(내리막과 오르막 복합)달리기를 하면서 필요한 부분에서는 체력 안배를 위해 천천히 도보(경보)를 하면서 약 2시간 정도 훈련한다.

3 대회당일 준비운동

1: 달리기를 15분 정도 한다(운동장이나 도로 이용).

2: 스트레칭을 하여 근육을 풀어 준다(아래 그림 참조).

3: 간혹 근육에 무리가 있으면 미리 물파스 등을 이용하는 것도 좋다.

4: 집결지에서 출발점까지 이동시에도 걷지 말고 천천히 달려간다.

5: 도착하여서도 조금은 정리운동이 필요하다.

4 오리엔티어링에 권하는 스트레칭 종류

1: 몸통 스트레칭

한쪽 다리는 몸 앞으로 접고 반대쪽 다리를 몸통 뒤로 뻗은 채 한 손은 바닥을 짚고 다른 한 손은 위로 들어 몸통 전체를 뒤로 젖히며 실시한다.

접은 다리를 번갈아가며 10초간 1회씩 실시한다.

2: 어깨 스트레칭

가) 왼팔을 어깨 높이로 들어서 반대편 손으로 왼팔의 팔꿈치 부위를 걸어서 오른쪽으로 10초-15초 정도 당겨주며 고개는 반대편으로 향하게 하며 반대쪽 팔도 동일하게 시행한다.

나) 바로 선 자세에서 오른쪽 팔을 머리 위로 올려 팔꿈치를 구부린 후 왼손으로 구부린 오른쪽 팔꿈치를 천천히 안쪽으로 10초-15초 정도 당겨 준다. 반대쪽 팔도 동일하게 시행한다.

3: 옆구리 스트레칭

양손의 손바닥이 안쪽을 향하도록 하여 들어 올려 머리 위로 쭉 편다. 옆구리에 약간의 텐션이 느껴질 정도로 왼쪽과 오른쪽을 번갈아가며 움직이고 각각 15초 동안 정지한다.

4: 허리 스트레칭

양손을 양쪽 허리부분에 대고 허리를 앞으로 내민다. 약 10초씩 정지하여 4회 반복한다. 또는 허리를 좌우로 부드럽게 회전시킨다.

한쪽 다리를 들어 양손으로 잡아 몸 쪽으로 잡아 당겨 약 10씩 정지한다. 반대편 다리도 실시한다.

5: 장딴지 스트레칭

한쪽 다리를 들어 반대편 발의 바깥쪽에 놓고 허리를 굽혀 손을 양 발에 닿도록 굽히기 약 4회 반복한다.

6: 대퇴부 스트레칭

허리를 잡고 한 발을 앞으로 뻗어 체중을 앞 다리 쪽에 실어주는 방법이 있으며 한쪽 다리를 뒤로하여 손으로 발목을 잡고 가볍게 엉덩이 쪽으로 반복하여 당겨주는 방식이 있다.

7: 발목 스트레칭

의자에 앉아 발가락부위를 반복하여 끌어 올리는 방법과 발을 뒤로 하고 발가락 부위를 땅에 대고 좌우로 돌려주는 방법이 있다.

2 코스의 공격

1 경기에 임하는 요령

1: 출발지점을 미리 확인하고 이동한다.

2: 지도를 보기 이전에 출발지점에서 간단히 북쪽을 확인하여 둔다.

3: 출발을 하면 **지도잡기**(Holding), **지도접기**(Folding), **지도진행 방향잡기**(Find Direction), **엄지로 짚어 하기**(Thumbing Leading)를 동시에 운영해야 한다.

가) **지도잡기**(Holding)

지도를 잡기에 편리한 쪽을 선택하여 잡는다(〈그림1〉 참조).

나) **지도접기**(Folding)

어느 정도의 크기라고 지정할 수 없지만 진행할 컨트롤 2-3개정도를 볼 수 있는 크기로 접는다. 그리고 그 2-3개 컨트롤을 통과했으면 다시 동일한 방법으로 접는다(〈그림1〉 참조).

〈그림1〉 지도 잡기, 접기

다) **지도진행 방향잡기**(Find Direction)

오리엔티어링 경기는 방향 찾기와 주력으로 컨트롤 구간을 운영하게 된다. 그래서 내가 진행하는 방향의 지형을 나의 앞면에 놓고 달리는 것과 같은 위치로 지도를 돌려 잡아야 한다.

주의하여야 할 점은 지도를 접고 운영하게 되니 북쪽 방향을 잃을 확률이 있다. 이때 가장 좋은 방법은 컨트롤 순번을 보고 확인할 수 있다. 예로 5번이면 ↑ 북쪽을 향해 글을 쓰게 되어 있기 때문이다.(〈그림2〉 참조)

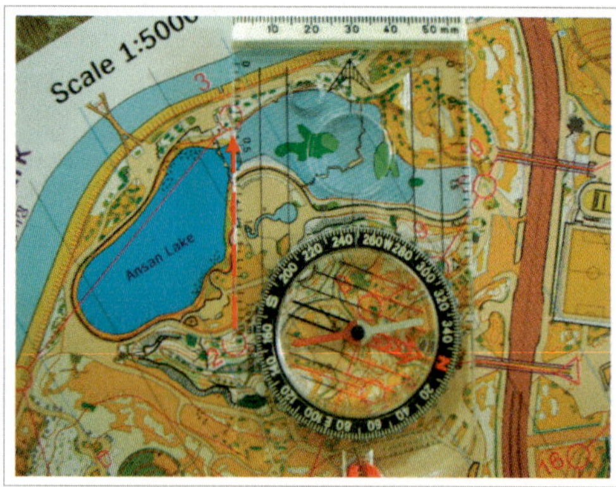

〈2번에서 3번〉

〈3번에서 4번〉

〈그림2〉 지도방향잡기(경기자의 위치 표시 맨 아래에 위치)

라) 엄지로 짚어 하기(Thumbing Leading)

통과하면서 확인되는 지점을 엄지손가락이나 나침반의 화살표부분(아래 그림의 경우)으로 짚어가며 진행하는 것을 말한다. 이것은 경기 루트를 지도에서 확인하며 가는 방법으로 오류를 줄일 수 있는 최선의 방법이다(〈그림3〉 참조).

〈2-3번 운영 중 연못 확인〉

〈3-4번 운영 중 삼거리 확인〉

〈그림3〉 엄지로 짚어 가기

마) 컨트롤을 찾았으면 5번 컨트롤, 해당 컨트롤기호(55번)를 확인한다. 이 2개의 상황이 맞아야 정상으로 찾은 것이다(〈그림4〉 참조).

〈그림4〉 컨트롤의 순번과 설명표의 내용 확인

바) 마)의 내용을 먼저 확인하고 맞으면 컨트롤카드 해당 칸에 정확히 펀칭하여야 한다. (〈그림5〉 참조)

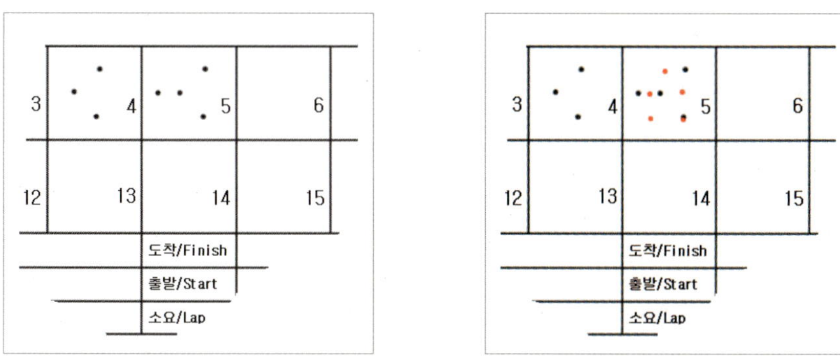

〈그림5〉 펀칭 모습과 실격(2중 펀칭)의 경우 펀칭 모습

2 루트선택

컨트롤을 찾아나가는 과정을 어떠한 방법으로 가느냐가 루트선택이라 한다. 루트 선택이야말로 오리엔티어링의 독특한 묘미이며 이 루트 선택에 따라 경기 성적도 좌우된다. 따라서 오리엔티어링 경기에서 가장 중요한 능력이 루트선택이라고 할 수 있다.

루트를 선택할 때에는 다음 사항을 고려하는 것이 좋다.

- 루트를 선택할 때에는 지도를 보고 지형의 상황을 고려하여야 한다.
- 나의 체력과 지형을 고려하여 신속하게 결정한다. 즉 식생 상태의 통행가능 정도를 판단해야 한다.
- 한 번 정한 루트는 가급적 변경하지 말고 그대로 진행한다.
- 루트를 결정하기 복잡한 지형에서는 가장 안전하다고 생각되는 루트를 선택한다.
- 내가 있는 지점이나 컨트롤에서 가장 가까운 지점부터 다음 컨트롤까지의 상황을 점검하고 선택한다.

1: 신속한 선택

정지한 상태가 아닌 계속 진행하며 지도의 상황을 빨리 읽고(지도읽기) 안정성, 신속성, 어택법을 결정한다. 그리고 나면 무조건 그 컨트롤까지 빨리 도달하는데 최선을 다한다.

2: 단순화

루트선택은 안정성과 속도에 비례한다. 일반적으로 짧은 코스는 난이도가 있으며 긴 코스는 쉽게 설정되는 것이 관례다. 그래서 많은 선택의 여지가 있지만 하나의 루트를 선택함으로써 다른 복잡한 지형을 생각할 필요가 없어지므로 오직 하나의 루트만이 존재한다고 보면 된다. 다음 그림을 비교해 보면 어느 것이 더 경기하기가 좋은지 알 수 있다(〈그림6〉 참조).

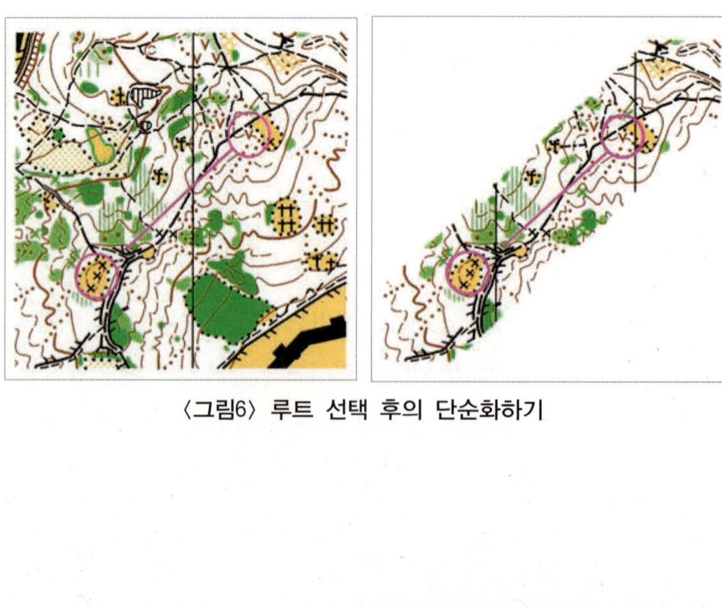

〈그림6〉 루트 선택 후의 단순화하기

3: 특징물 이용하기

오리엔티어링경기에 있어 가장 기본이 되는 것으로 선형(도로, 하천, 담, 철조망 등), 점형(묘지, 흙봉우리, 바위 등), 지역(호수둘레, 경작지 주위 등) 특징물 등을 확인할 수 있는 한 활용한다(〈그림7〉 참조).

4: 길의 이용과 크로스 컨트리

가급적 길을 이용하면 안정성과 속도에서 유리하다. 지도의 통행도나 지형의 형태를 보아 직접 크로스 컨트리 할 수도 있다(〈그림8〉 참조).

〈그림7〉특징물 이용하기

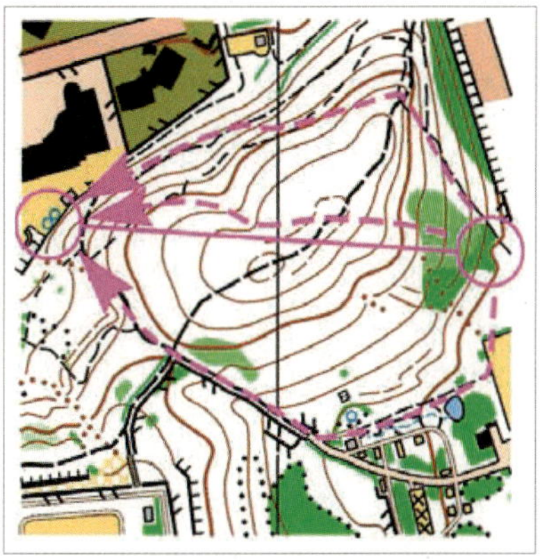

〈그림8〉길과 그 외 방법

5: 골짜기와 언덕의 구간

지형의 형태를 보아 본인의 체력, 컨트롤의 위치와 공격 방향, 길의 유무, 통행가능 정도를 고려하여 해결한다(〈그림9〉 참조).

6: 등고선 이용하기(Contouring)

이 방법은 단순하고 통행가능도가 높은 지역에서 사용해야 한다.

등고선이 너무 복잡하거나 통행상황이 좋지 않은 지형에서 하면 체력 소모가 매우 심하다(〈그림10〉 참조).

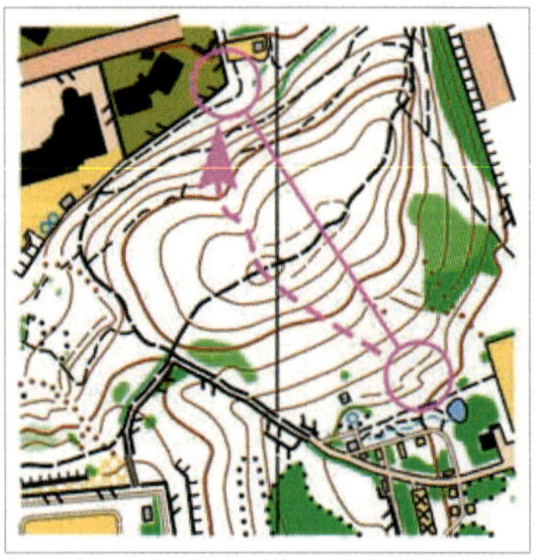

〈그림9〉골짜기와 언덕

〈그림10〉등고선 이용하기

7: **체크 포인트**(Check Point)

오리엔티어링에 있어서 자기위치파악은 매우 중요하다. 경기에서나 확실한 선형, 점형 특징물을 확인(체크 포인트 표시부분)하며 전진하는 과정이다(〈그림11〉참조).

8: **핸드레일**(Hand Rail)

철조망, 철로, 담 등을 따라 전진하는 방식이다(〈그림12〉참조).

〈그림11〉체크 포인트

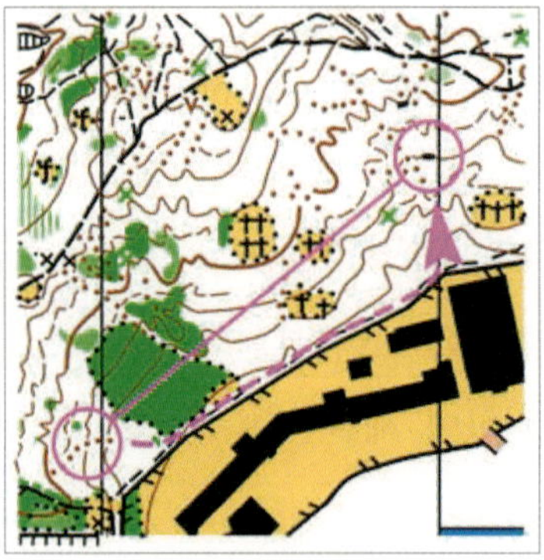

〈그림12〉핸드레일

3 정확한 전진기술

루트를 선택 했으면 이제는 시간을 최대한 단축시키는 행동이 있어야 한다. 앞에서도 언급

했지만 공격에 있어 정답이 있는 것이 아니라 본인의 체력, 코스의 난이도, 지형의 상황, 통행도 등에 따라 그 방법이 다를 수 있다. 그래서 경험이 필요하다는 이야기이다.

1: 지도읽기

지도에 담긴 정보를 얼마나 빨리 읽어내는가 하는 것은 오리엔티어링 경기 능력을 좌우하는 중요한 기능이다. 아래 설명한 내용은 이를 향상 시킬 수 있는 방법들 중의 하나이다.

가) 지도 위에 코스를 그려 보는 법(타인과 비교해 보면 더 효과적임)과 그 코스를 도상에서와 실제 지형에서 실행하여 차이점을 분석해보는 것을 권장한다.

나) 지도제작에서의 현장 조사를 해 보는 것이다. 현장조사 시 특징물의 방위각과 거리를 재고 여러 지형의 상관관계를 비교하는 과정이 되풀이되기 때문에 이는 지도 읽기 능력을 한 단계 향상시키게 된다.
물론 초보자에게는 무리이나 오리엔티어링의 개념을 이해하고 약간의 경험이 있다면 가능하다.

다) 여러 경기방식을 위한 경험을 통해 지도 읽기 능력을 향상 시킬 수 있다. 예로 코리도올, 윈도우, 등고선, 맵 메모리방식, 지도이용 퍼즐게임 등이 있다.

2: 보측이나 목측

오리엔티어링지도는 1:15,000, 1:10,000, 1:5,000 등이 주로 사용된다.

경기 시 지도상에서의 거리를 구하면 실제 그 거리를 측정할 수 있어야 하는데, 이 때 보측을 사용하게 된다. 따라서 경기자는 사전에 자신의 보측을 알고 있어야 한다.

가) 50m나 100m를 복보수(2보를 한 개의 수로 계산)로 반복해서 측정을 한다.

0 m  --- 50 m

복보수 1 **복보수** 2 **복보수** 3

나) 10m의 보측을 해 놓으면 가장 편리하다. 지도에서 거리(cm)를 구하여 10m 보측수로 곱하거나 나누어 주면 된다.

다) 보측은 경사도에 따라 그 보측 수가 달라지는 것을 주의해야 한다. 그러나 경사도와 사람의 보폭수에 따라 천차만별이므로 경기자 개인의 보측거리의 개념을 갖아야 할 것이다.

라) 목측(目測)도 매우 편리하다. 즉 눈으로 거리를 재는 것(측정)이다. 상태에 따라 다르므로 단거리 측정용으로 사용해야 한다.

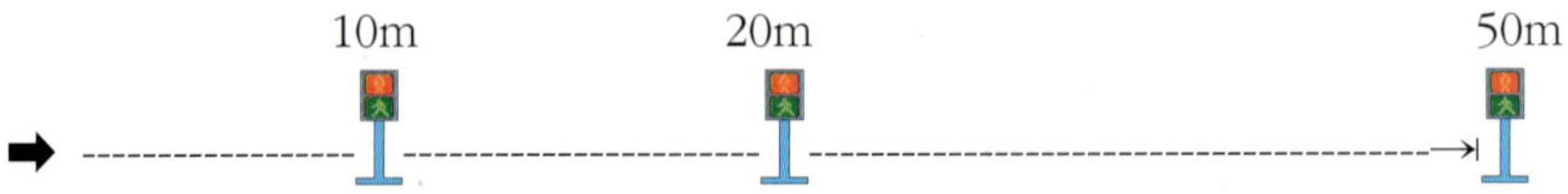

설명 거리설정지점을 표시하고 그 거리를 기억해 두는 것으로 지속적으로 사용해 봐야하는 부담이 있다. 목측은 경기보다는 현장 조사에서 많이 쓰인다.

3: 라프(Rough)콤파스 방법(간략하게 측정)

경기 중 항상 나침반을 정확하게 세팅해야 하는 것으로 아는데 그렇게 되면 시간 손실이 많다. 그래서 일반적으로 경기 중에는 대략적으로 방향을 측정하고 주로 지도 읽기를 충실히 하며 진행하게 된다.

4: 파인(Fine)콤파스 방법(정확하게 측정)

특별한 특징물이 없는 지역에서 어택포인트를 잡아 공격할 경우나 지형이 너무 복잡하여 보측이 어려울 때 정확하게 측정한 후 공격하는 방법이다. 숙달되면 달리면서도 할 수 있도록 한다.

5: 어택 포인트(Attack point)

지표면 아래의 특징물(구덩이, 함몰지 등)이 컨트롤일 경우 그 주위 가까이 있는 특징물이 어택포인트가 되며 거기에서 파인 콤파스법으로 공격한다. 이때 가급적이면 컨트롤의 특징물보다 큰 것이나 뚜렷한 것으로 해야 한다(〈그림13〉 참조).

6: 에이밍 오프(Aiming off)

도로의 굽어진 부분, 분기점 등의 선상특징물을 찾아갈 경우 직접 그 지점에 다다르고자

하면 실패할 수 있다. 어느 한쪽 방향으로 미리 치우쳐 가서 도로를 만나면 거기에서 내가 정한 방향으로 가는 방법이다(〈그림14〉 참조).

〈그림13〉어택 포인트

〈그림14〉에이밍 오프

7: 지형에 따른 전진법

가) 등고선을 보고 내리막과 오르막을 알 수 있다(〈그림16〉 참조).

(봉우리 부분 ⬇ 내리막 부분 ·····▶ 오르막 부분 ⟶)

나) 등고선으로 경사를 알 수 있다.

등고선의 간격이 좁으면 경사가 심하며 간격이 넓으면 완만한 경사이다. 그래서 루트를 선택할 때 등고선의 경사를 고려할 수 있다(〈그림16〉 참조).

(경사가 급한 곳 ·····▶ 경사가 완만한 곳 ⟶)

〈그림15〉오르막과 내리막

〈그림16〉등고선의 경사

다) 골짜기와 능선을 빨리 판별해야 한다.

다음 그림을 참고해 본다(〈그림17, 18, 19〉 참조).

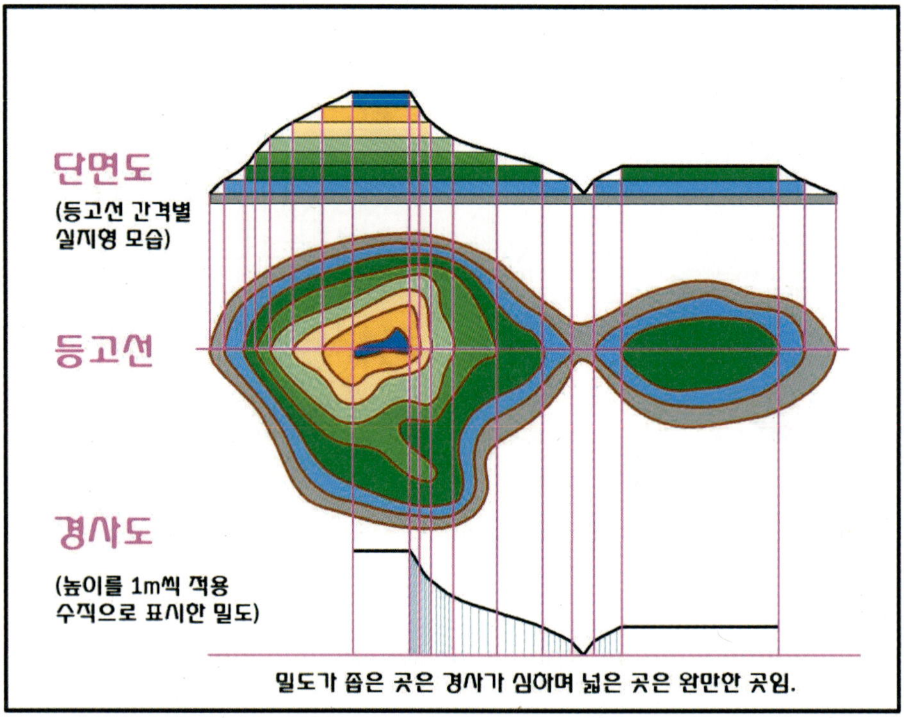

〈그림17〉 등고선의 표현과 경사도

〈그림18〉 골짜기

〈그림19〉 능선

8: 그 밖의 상황

가) 제 1 컨트롤을 신중하게 찾아야 한다.

1번 컨트롤에서 문제가 생기면 당황하여 제대로 경기를 하기가 어려워지기 때문에 1번 컨트롤은 신중하게 찾는다.

나) 잘못을 알았을 때는 아는 데(체크포인트)까지 되돌아간다.

지도읽기와 엄지로 짚어가기를 제대로 하지 않았거나 특징물이 없는 긴 구간에서는 지도상에서의 자신의 현재 위치를 잃게 되는 수가 있다. 진행해 온 루트로 돌아가 현재 위치를 확인할 수 있는 그 지점에 서부터 다시 시작해야 한다.

다) 컨트롤이 안 보일 때에는 당황하지 말고 다시 한 번 생각한다.

컨트롤에 도착했다고 생각했는데 컨트롤 플랙(마커)이 보이지 않으면 당황하게 된다. 지도상에 내가 있는 지점을 항상 알고 있어야 한다.

라) 다른 사람의 경기운영에 신경 쓰지 말라.

경기장내에는 여러 코스가 있기 때문에 여러 사람을 만날 수 있다. 따라서 다른 사람에 의지하거나 나의 루트를 바꾸거나하는 방법은 옳지 않다.

3 루트 공격의 실제

1 지형과 루트선택 (축척 1:10,000)

1: 적색 루트

가) 루트 운영 : 왼쪽 계곡의 달리기 쉬운 루트를 선택하여 오르고 반대의 달리기 통행하기 좋은 식생 경계를 따라 진행 계곡의

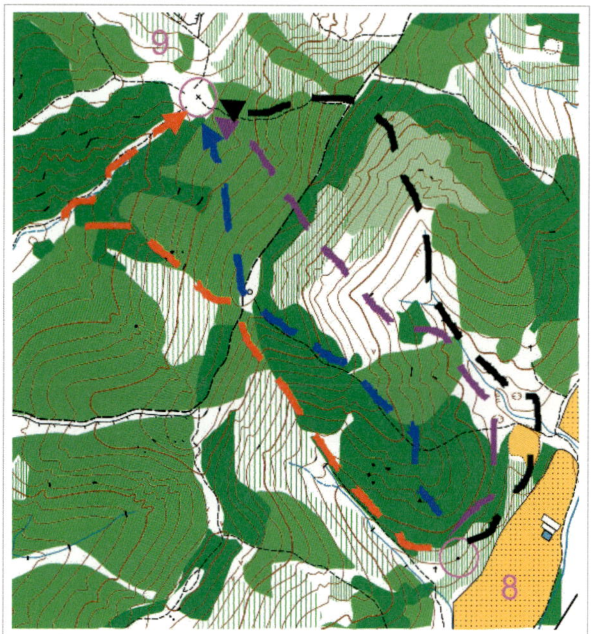

〈그림20〉 지형과 루트 선택 보기

길을 이용하여 공격한 루트이다.

나) 루트 평가 : 주어진 루트를 빠르게 진행한 경우이다. 가장 좋은 루트로 본다.

2: 청색 루트

가) 루트 운영 : 짙은 녹색 약 150M를 올라 능선상의 계곡을 만나 그 오솔길을 이용하여 돌탑을 확인하고 반대편의 60% 녹색지역을 직접 공격한 경우이다.

나) 루트 평가 : 먼저 짙은 녹색 지역의 선택은 문제로 본다. 물론 그 이후 이어진 오솔길을 이용한다는 장점이 있다. 체력이 소모가 심하다. 돌탑에서 60%녹색도 여름 경우라면 매우 힘든 운영이 된다.

3: 보라색 루트

가) 루트 운영 : 오른쪽 계곡의 비교적 통행도가 좋은 식생 경계를 따라 특징물을 확인(체크포인트)하며 능선에 올라 바로 횡단하여 얕은 계곡을 이용하여 공격한 루트이다.

나) 루트 평가 : 경사가 완만하고 통행도도 양호하여 빠른 진행을 한 경우이다.

4: 흑색 루트

가) 루트 운영 : 오른쪽 계곡의 개울을 따라 올라 간 코스로 오솔길 삼거리 지점을 염두 해 두고 찾기 쉬운 계곡을 활용한 경우이다. 삼거리에서는 오솔길을 따라가면 된다.

나) 루트 평가 : 경사가 완만하고 통행도도 양호하나 시간은 더 소요한 경우이다.

이와 같이 경기의 경험, 기술 인지 능력에 따라 루트는 다르게 정하게 되며, 거기에 지도에서 보는 지형의 상태를 감안하게 된다. 따라서 루트란 경기자의 능력과 지형의 상황에 따라 변할 수 있는 것이므로 정답이 없다는 것이다.

2 오리엔티어링 경기의 실제

1: 집결지에서 Start 컨트롤

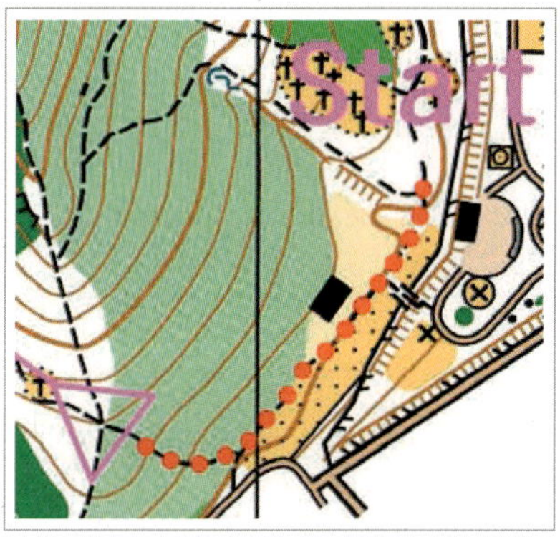

〈그림21〉 집결지-Start 컨트롤, 출발 Lane

가) 용어 설명

- 집결지－대회의 주 장소로서 집결, 현장 등록, 골인, 시상 등의 업무가 이루어지는 장소이다.
- 출발지점－실제 출발과 지도 상 출발이 있다. 출발 구역은 3칸(출발시각 3분, 2분, 1분 지역으로 구분)
- 유도구간－출발지역에서 출발컨트롤까지 경기 중간 구간, 도착지역 유도 구간이 있다.
- 컨트롤－경기자가 돌아와야 하는 지점에 지도에는 6mm 원으로 표기되며, 현장에는 플랙(마커)과 펀치기가 설치된다.
- 출발컨트롤－출발하는 지점을 표시한 곳으로 컨트롤 플랙(마커)만 있으며 펀치기는 없다. 지도에 7mm 정 삼각형으로 표시.

나) 경기 운영

－출발지점(대기장소)에서 간략하게 북쪽을 확인하여 둔다.

－출발 진행의 순서에 따라 출발 1, 2, 3 구역으로 이동한다. 출발 신호에 따라 오리엔티어링 지도를 빠르게 챙긴다.

–유도구간을 따라 출발컨트롤까지 가서 지도의 삼각점에서 1번 컨트롤의 방향을 잡는다.

오리엔티어링은 달리면서 행동하는 스포츠(경기)이다.

2: Start control-3번 컨트롤

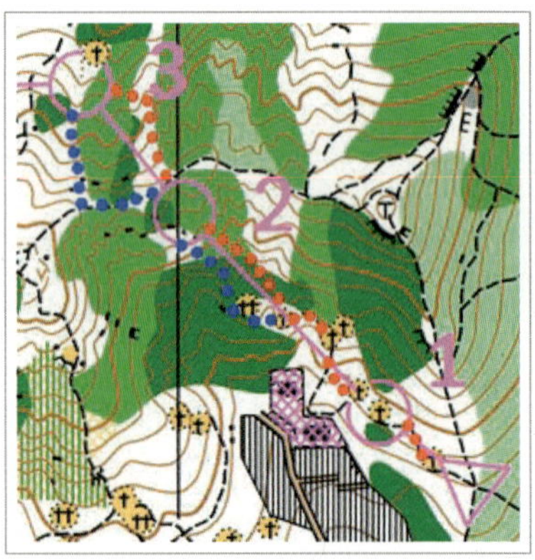

3th Gyeonggido O-Event							
M E							
# 01			5.5 km			200 m	
▷			⁄	⁄	✕		
1	307		†			♀	
2	329	→	⋂				
3	248		⋂				

〈그림22〉 Start-3번 컨트롤, 컨트롤위치설명

가) 용어 설명

- 컨트롤위치설명표(Control Deacription)–코스에 대한 정보를 제공해주는 안내표이다.
- 나침반 조작법–오리엔티어링에서 가장 기본이 되는 기술로서 일정 지점에서 목적지점의 방향을 설정하는 방법이다.
- 컨트롤 기호–컨트롤 마다 각기 다른 기호를 설정하게 된다.
- 컨트롤카드–경기자가 주어진 규정대로 경기를 하며 확인된 컨트롤을 펀치기를 이용 확인해왔다는 증빙이다.
- 펀칭–9개의 핀으로 이루어지나 그 배열이 서로 다르다.
- 체크포인트–지도에 표기된 특징물(또는 부분)을 현장에서 확인하는 기술적 부분이다.

나) 경기 운영

–S-1번 310도 90m 307번 묘지의 남쪽

출발지점에 이르면 '나침반 조작법'을 이용하여 1번의 방향을 잡고 달려간다. '컨트롤기호'를 확인하고 '컨트롤카드'에 '펀칭'한다.

–1-2번 310도 240m 329번 동쪽 골짜기

1번에서 120m 떨어진 묘지에서 청심이, 홍심이는 서로 다른 길을 선택한다. 이 지점을 '체크포인트'라 한다.

–2-3번 310도 120m 248번 골짜기

2번에서 올라 길을 횡단하여 각기 다른 방향으로 진행한다. 그것은 식생이 통과가 어렵기 때문에 경기자의 판단으로 각자의 방향을 정한 것이다.

오리엔티어링은 정확한 나침반 조작과 지도 읽기, 운영의 집중력이 필요한 경기로 육체와 정신을 함께 계발시킬 수 있는 스포츠이다.

3: 3번-5번 컨트롤

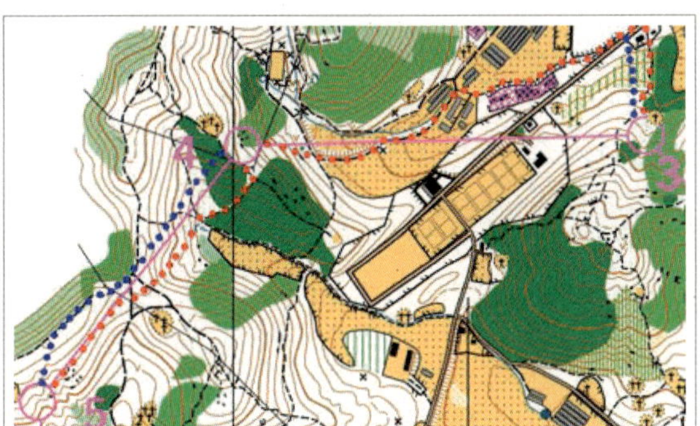

〈그림23〉 3번-5번 컨트롤, 컨트롤위치설명

4	354				1.5		
5	344						

가) 용어 설명

- 핸드레일(Handrail) – 선상특징물(길, 철조망, 도랑 등)을 따라 경기하는 것이다.
- 식생계 – 경기자의 통행의 가능성 정도를 4단계 6종으로 구분하여 놓은 통행가능도의 부분이다.

- 화인콤파스법(Fine Compass) – 어느 지점을 정해 목적지점의 방위각을 정해 정확히 찾아가는 방법.
- 섬리딩 – 여러 특징물을 엄지손가락으로 짚어가며(확인) 진행하는 과정이다.
- 컨투어링 – 어느 지점의 등고선을 확인하여 그 높이의 등고선을 유지하여 진행한다는 의미의 기술이다.

나) 경기 운영

–3-4번 270도 직선거리 260m 354번 골짜기.

앞에 놓여진 철조망 관계로 북쪽으로 120m 지점으로 내려가 왼쪽 길을 따라 진행한다. 이런 것을 "핸드레일"이라 한다.

–4-5번 220도 450m 344번 골짜기.

청심이는 짙은 '식생계'을 통과하여 두개의 길(체크포인트)를 지나 길이 만나는 지점까지 진행하여 오솔길을 이용하여 조그만 봉우리에서 각도를 재고(화인콤파스법) 진행한다. 즉 '섬 리딩(Thumb Leading)'을 충실히 이행한 경우이다.

반면 홍심이는 오솔길을 따라 진행하여 옹달샘을 확인(체크포인트)하고 '컨투어링(Cotouring)'에 충실한 경우이다.

오리엔티어링은 내가 루트를 선택하고 그 선택한 루트(공격하는 길)를 여러 방법으로 운영하며 확인하여 가는 것으로 판단력과 통찰력, 추리력을 기르는 스포츠이다.

4: 5번-7번 컨트롤

가) 용어 설명

- 지도방향잡기 – 경기하는 방향(5번에서 6, 7번이 볼 수 있는 형태)을 다음 컨트롤 몇 개를 이어서 볼 수 있게 지도를 진행 방향과 동일하게 운영해 나가는 방식이다.
- 어택포인트 – 찾고자하는 특징물이 지면 아래의 특징물(구덩이, 함몰지 등)일 경우 그보다 크다고 생각되는 근처의 특징 물을 정해 진행하는 방식이다.
- 라프콤파스법(Lough Compass) – 간략한 방향을 정하여 진행하는 방식이다.

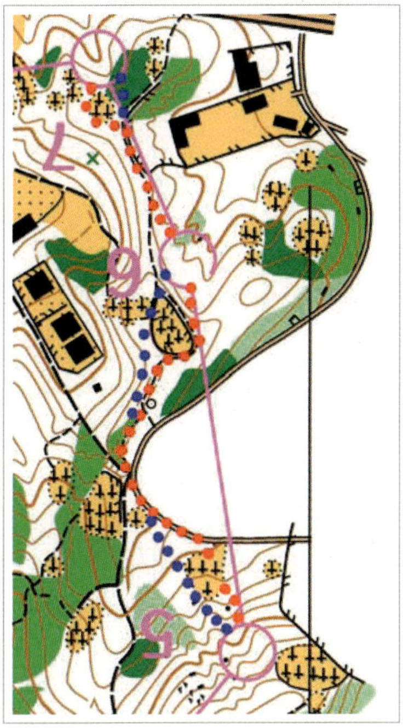

〈그림24〉 5번-7번 컨트롤, 컨트롤위치설명

6	346	→	⋂				
7	235		⋂				

➾ 위 그림은 5번에서 7번으로 이동하는 과정으로서 이해를 돕기 위하여 그림을 뒤집어 놓은 것입니다.

나) 경기 운영

–6번 170도 380m 346번 동쪽 골짜기.

두 경기자 모두 핸드레일 형식으로 진행하며 묘지 지점에 이르러(어텍포인트) 골짜기 방향을 정하고 진행한다.

–7번 152도 180m 235번 골짜기.

이런 경우는 나침반 조작법을 활용하기 보다는 간단히 방향을 정하고(라프 콤파스법) 진행하면 된다. 출발 ➡ 도로나 철조망 확인 ➡ 식생100% ➡ 골짜기 이런 방식으로 진행한다.

운영에 있어 현장에 있는 특징물을 보면 지도에서 그 것을 확인해 가는 것을 습관화해야 한다.

5: 7번-9번 컨트롤

〈그림25〉 7번-9번 컨트롤, 컨트롤위치설명

8	350		⊓⊓	∵	2	⊓	
9	240		V				

가) 용어 설명

- 식생계 백색－달리기 속도로 설명하면 1km를 5-6:15분(대략 시속 10km). 경기자가 마음껏 달릴 수 있는 곳.
- 식생계(숲, 관목) 30%－6:15-8:20분/1km 천천히 달릴 수 있는 곳이며 관목 수직 넓은 녹색선으로 표기한다.
- 식생계(숲, 관목) 60%－8:20-25:00분/1km 60-80% 정도로 속도 감속되는 걸어서 통과할 수 있는 정도이다. 관목은 수직 좁은 녹색선으로 표기한다.
- 식생계(숲) 100%－25:00분이상/1km 통행이 매우 어려운 곳이다.

나) 경기 운영

－8번 86도 600m 350번 2m바위벽/바위 많음/바위벽 위

직선으로 운영하지 않고 길을 이용하여 진행했다. 그러면 왜 직선거리로 운영하지 않았을까? 바로 놓여진 '건물외곽의 철조망 ➡ 경작지 ➡ 마을지역(생략부분) ➡ 100%녹색지역 ➡ 60%녹색지역' 등 통행의 악조건 때문이다. 그러나 핸드레일로 운영하여 인접한 곳에서 컨트롤의 위치를 찾아가는 것이 더 용이하기 때문인 것이다. 이렇게 '식생계의 의미'는 매우 중요하다.

－9번 6도 260m 240m 구덩이

60% 식생계를 택해 묘지까지 확인 후 백색지역을 이용하여 진행한다.

루트선택에 있어 나의 체력의 정도를 감안하여 선택할 필요가 있으며 또한 평소에 체력의 향상을 위한 트레이닝이 필요하다.

6: 9번-10번 컨트롤

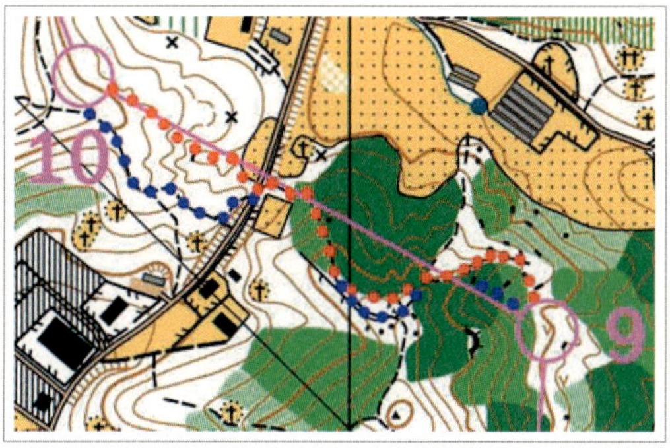

〈그림26〉 9-10번 컨트롤, 컨트롤위치설명

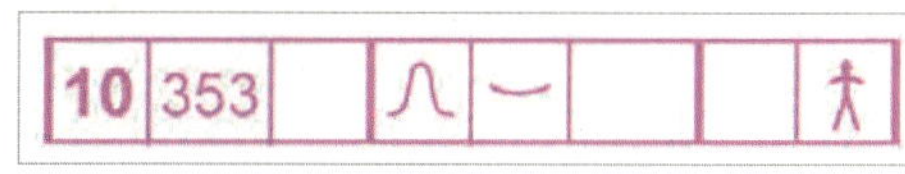

가) 용어 설명

- 루트 선택 – 경기자가 자신의 능력(경험, 지도로 본 통행도, 주력 등)을 감안하여 진행하는 과정을 말한다.

나) 경기 운영

–9번 298도 440m 353번 **얕은 골짜기/有人컨트롤**

홍심이, 청심이가 같이 길을 이용하다가 홍심이는 골짜기를 이용했으며 청심이는 계속 길을 이용한 진행방식이다. 홍심이의 골짜기는 거의 비슷한 고도의 차이며 청심이는 약간 오르는 형태의 길을 이용했다. 홍심이는 체력 소모는 적으나 달리기에 조금 어려울 것이며, 청심이는 체력 소모는 많으나 달리기에서 유리했으리라 본다.

루트 선택은 시간이 적게 소요되는 방법으로 운영해야 한다.

7: 10번-12번 컨트롤

가) 용어 설명

- 단순화 – 루트 선택 부분만을 있는 것으로 범위를 좁혀 운영하는 방식이다.
- 급수컨트롤 – 경기 중 물을 마실 수 있는 곳. 샘이나 별도로 음료수를 공급하기 위해 임의로 설치한다.

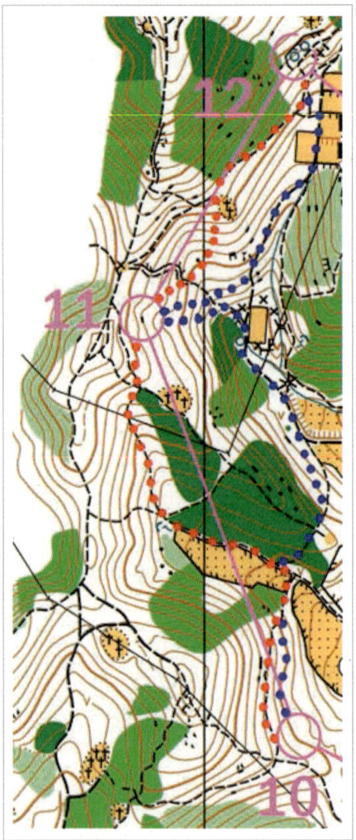

〈그림27〉 10번-12번 컨트롤, 컨트롤위치설명

11	355				1		
12	256	←					

나) 경기 운영

－11번 340도 직선거리 490m 355번 1m높이 바위벽/발치.

홍심이는 일정 지점에서 고도가 있는 지점으로 가 오솔길 사거리에서 진행했으며 청심이는 내리막으로 하여 서서히 오르다 인접해서 고도가 높아지는 경우이다.

－12번 32도 320m 256번 왼쪽에 있는 샘/급수컨트롤.

홍심이는 컨투어링과 핸드레일을 이용하여 진행했으며 청심이는 다시 내려가 도로를 이용한 방법으로 진행했다.

각자의 판단을 하여 보자.

오리엔티어링은 두뇌의 스포츠이다.

8: 12번-14번 컨트롤

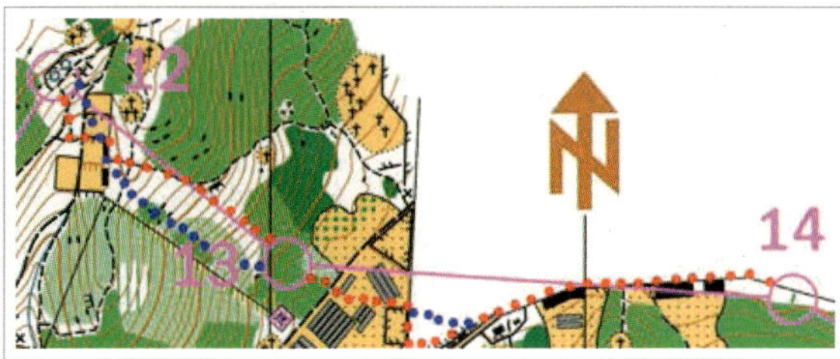

〈그림28〉 12번-14번 컨트롤, 컨트롤위치설명

13	245	→					
14	325						

가) 용어 설명

- 식생의 트인 땅－황색으로 표기되는 지역이다. 경작지. 과수원, 정원 잔디밭, 나대지 등으로 구분한다.

나) 경기 운영

－13번 130도 300m 245번 **오른쪽 골짜기/위부분.**

'트인 땅 지역'을 지나 내리막 골짜기를 따라 진행한다. 아래 있는 골짜기를 확인한다.

－14번 94도 530m 325번 **선형 식생계/남쪽 모퉁이.**

황색지역은 통행여부를 꼭 확인하고 하여야 하며, 섬 리딩에 충실 한 운영이면 된다.

경작지(황색+검은 점), 과수원(황색+녹색 점), 정원(황색 100%)은 직접 들어가면 안된다.

9: 14-15번 컨트롤

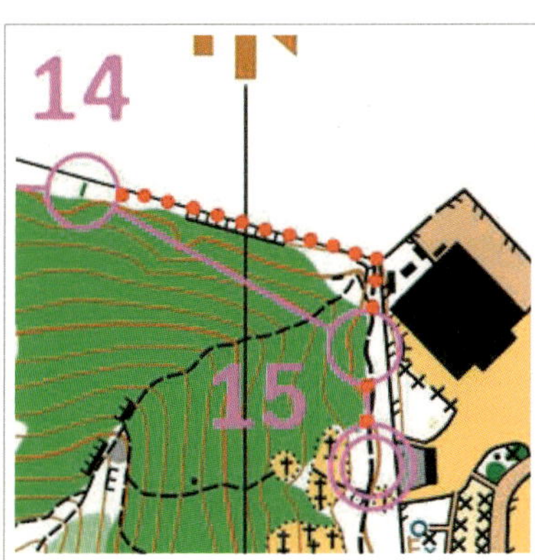

〈그림29〉 14번-15번 컨트롤, 컨트롤위치설명

14	325						
15	777						

가) 용어 설명

- 유도구간－실은 마지막 컨트롤에서 골인 구간의 유도구간이다. 위 컨트롤위치설명표의 하단부분의 내용.
- 중간구간(Leg)－컨트롤 구간을 연결해 주는 선(구간)이다.
- 보측－두 걸음(복보)을 하나로 하여 나의 복보의 거리를 사전에 확인하여 두고 경기에 적용하는 방법.
- 기록게시소－경기자의 경기 결과를 공지하는 곳이다.

나) 경기 운영

－**15번** 114**도** 230m 777**번 길 굽은 곳.**

도로를 따라 오다 오른쪽으로 들어서면서 확인한다. 이때 거리를 측정하는 것도 필요하다. 즉 '보측'을 활용할 수 있다.

－Goal

유도 구간이므로 기술이나 진행 방법을 사용할 의미는 없다.

테이프로 유도 없음과 포크형으로 유도하는 경우도 있다.

〈그림30〉15번에서 골인점까지 90m 구간을 테이프로 유도.

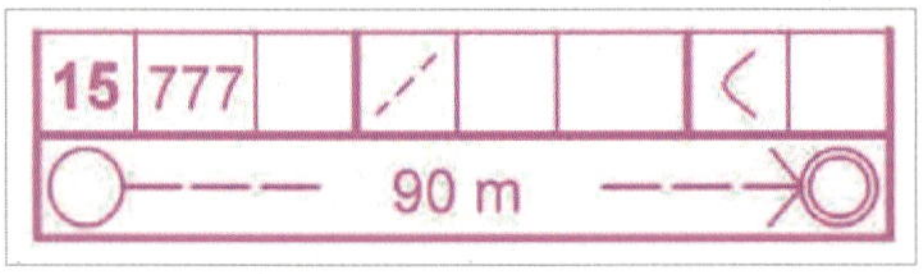

오리엔티어링 경기는 동호인의 우정을 나누는 장이 되어야 한다.
그리고 다음 경기의 실력 향상의 계기로 삼는다.

4 경기에서 발생할 수 있는 부상 사례

1 **쥐가 났을 경우** – 피로가 원인이 되어서 갑자기 근육이 뭉치는 현상이므로 수축된 반대 방향으로 쭉 펴주고 1분 동안 주물러 주면 없어짐.

2 **염좌**(捻挫) – 직접 혹은 간접적으로 폭력이 관절에 작용하였을 때 생기는 손상이며, 무리한 관절 운동으로 인하여 관절을 유지하고 있는 인대가 부분적 혹은 전면적으로 손상되는 경우를 말한다.

염좌에는 몇 분 동안 고통이 계속된 뒤 통증이 그치는 가벼운 정도로부터 인대가 터져서 완치까지 여러 주가 걸리는 심한 정도까지 있다. 빨리 전문적인 치료를 받도록 한다. 일반적으로 손상이 바로 생겼을 때에는 '냉찜질'을 하고, 2~3일 후에는 '온찜질'을 한다.

3 **탈구**(脫臼) – 관절이 어긋나 뼈가 제자리에서 물러난 상태이다. 뼈를 연결하는 인대 및 관절을 둘러싸 움직임을 쉽고 부드럽게 하는 액랑이 부분적 혹은 전면적으로 파손된다. 전문 의료요원이 아닌 사람이 탈구를 바로 잡으려고 해서는 안 되며, 부상한 부위를 될 수 있는 한 편하게 하고 찬물 찜질을 하여 아픔을 가라앉히고 붓는 것을 막아야 한다.

4 **찰과상**(긁힌 상처) – 가장 일반적인 상처로서 피부가 스치거나 벗겨져서 생긴다. 먼지나 다른 물질이 상처 안으로 쉽게 들어갈 수 있으므로 심하지 않은 상처의 경우에는 비누나 물로 깨끗이 씻어 내면 된다.

비누에는 해로운 박테리아를 제거하는 성분이 들어 있다. 일반적으로 봄과 여름에는 상처를 개방하고 겨울에는 상처를 거즈나 붕대로 감싸준다.

5 **코피**(3가지 방법)

1: 코를 막고 고개를 앞으로 숙이고 앉아 코피를 조절한다.

2: 콧등에 얼음주머니를 대거나 코 밑 윗입술 위에 압박을 가한다.

3: 코끝을 두 손가락으로 막고 입으로 숨 쉬면서 3~5 분간 참는다.

6 **치아**(빠지거나 부러진 경우) – 빠진 자리에 무균 드레싱을 물고 치아는 거즈에 싸거나 혹은 혀 밑, 식염수 등에 보관하여 1~2시간 이내로 병원으로 급히 간다.

7 **독충**(뱀이나 말벌)

1: 뱀 : 독사는 바위, 통나무, 습지 등에 살면서 밤에는 매우 활동적이다. 우리나라 독사에는 코브라 같은 신경독이 아닌 혈액독을 가진 뱀들이므로 1~2시간 이내로 병원에 가서 해독제를 맞으면 생명에는 큰 위험이 없다. 위급 상황일수록 물린 자국이 심장보다 낮게 하며 가능한 지혈대는 사용하지 말고, 독성분을 빨리 퍼지게 하는 얼음찜질도 해서는 안 된다. 건드리지 않으면 물지 않는 법이다.

2: 말벌 : 달아나거나 수건 등으로 휘둘러서는 안 되며, 기다리는 마음으로 버티면 위기를 모면할 수 있다. 물렸을 때에는 찬물로 식힌 후 병원으로 간다.

3: 기타 : 벌레의 침은 고통스럽지만 치명적이지는 않으므로 손톱이나 플라스틱 카드 혹은 핀셋을 사용하여 침을 제거하면 된다.

8 **풀독 및 알레르기** – 독성 식물의 수액은 공기에 노출되면 몇 분 내에 갈색으로 변하고 다음날에는 검게 된다. 독성 식물에 노출된 피부는 즉시 깨끗이 닦고, 가려움이나 발진 증세가 있으면 비누와 찬물로 나무진을 씻어 내고 충분한 양의 알코올로 닦아 낸다. 예방 차원에서 숲이나 풀이 우거진 장소로 갈 때에는 긴 소매 상의나 긴 바지를 입도록 하고, 바지는 양말이나 신발 속으로 밀어 넣으면 신체 접촉을 피할 수 있다.

9 **칼 · 유리 · 금속 조각** 같은 물질이 상처 안에 박혀 있다면 제거하지 말고, 그것이 움직이지 않도록 드레싱을 대고 붕대로 감아라. 만약 제거했을 때에는 수축 작용으로 인하여 혈액 분출 가능성이 있으므로 응급의료기관으로 곧장 가서 치료받는 것이 좋다.

5 경기에 사용하는 부상 예방용 재료

1 테이핑 종류

CramerUnderwrap

폴리우레탄 폼 소재의 밴드, 반복되는 테이핑 등으로 일어날 수 있는 피부 트러블 방지를 위해 사용 아주 얇고 공기의 통풍이 양호하여 손으로 찢어서 사용함.
색상(Red / Blue / Yellow / Orange)

Rehabily Tape

면(Cotton)과 탄성섬유(Spantex)로 된 살색의 상하 신축 접착성 밴드, 신체 상해를 예방하고 기 발생된 부상을 빠르게 회복시켜 주는 보완테이프 피부와 근육의 공간을 늘려주어 혈액 및 림프액, 조직액의 순환을 증가시켜 통증을 완화 피부적인 자극을 통해 통증을 완화함.

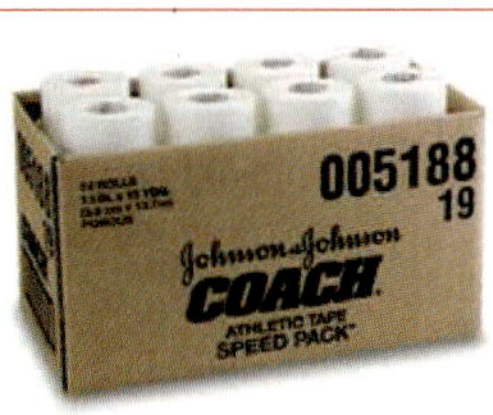

Coach5188

100% 면(Cotton)으로 이루어진 산화아연고무 접착성 테이프 상하좌우로 절취되는 높은 인장력과 산화아연 고무 접착력을 가진 비신축성의 접착성 테이프 고정 및 활동 각 제한용 테이프 예방적 드레싱(혹은 치료)을 위해 사용함.

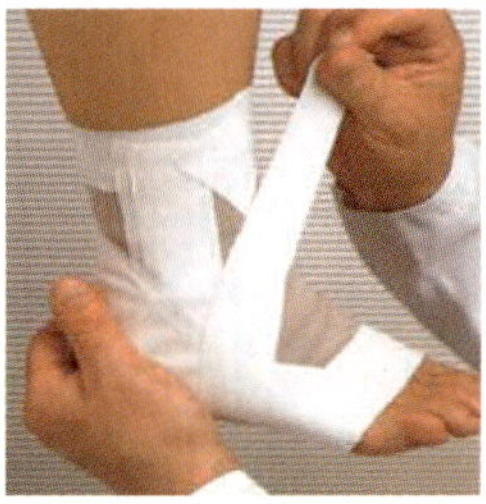

Poro Tape

100% viscos로 이루어진 산화아연고무 점착성 테이프, 상하좌우로 절취되는 높은 인장력과 산화아연 고무 접착력을 가진 비신축성의 접착성테이프, 고정 및 활동 각 제한용 테이프, 예방적 드레싱(혹은 치료)을 위해 사용함. 규격 : 3.8cm×10m,

2 통증 완화제

PERSKINDOL GEL

인대, 무릎, 발목, 관절통증, 뻣뻣한 목, 테니스 엘보, 근육통, 타박상(멍), 접질림(삠), 근육경련(쥐) 등에 통증을 감소시키고 회복을 촉진함. 만성적인 통증과 아픔을 일시적으로 제거하는 효과와 냉기로 통증을 즉시 완화시키고 신진대사의 활성화로 근육 기능의 강화 부드러운 아로마 향기가 있으며, 피부 표면에 아무것도 남기지 않고 빠르게 흡수 함.

Cooler

레저, 스포츠 활동 시 심하게 열이 나는 부위나 피부 표면의 열을 식혀주는 냉각 분사제 응급처치용으로 사용되며, 냉각시켜 통증을 감소시키는 역할을 함.

1676
1634
SILVA
ARIES

Day 1
2.0km
1 A-E
2 A-E
3 A-E
4 A-E
5 A-D
6 A-E
7 A-E
8 A-E
9 A-D
10 A-E
11 A-E
12 A-E
13 A-E
14 A-D
15 A-E
16 A-D
17 A-E
70m
100m

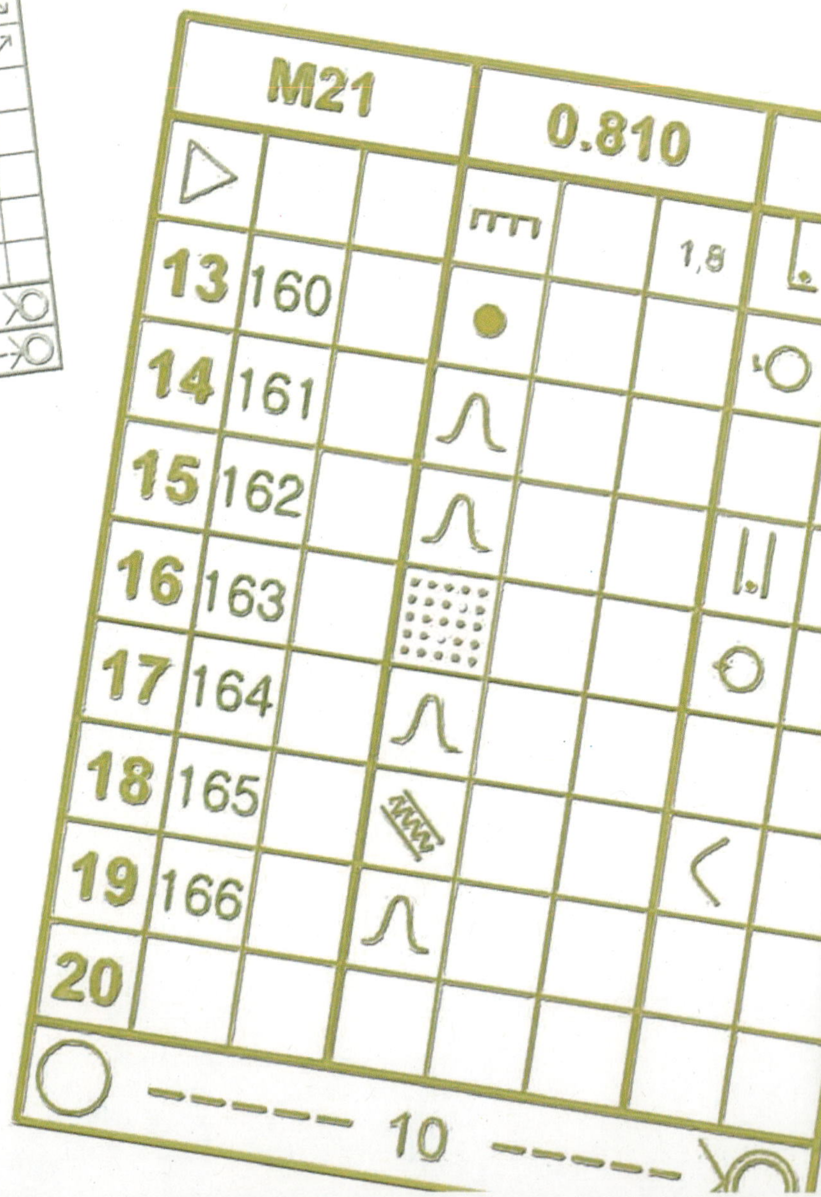
M21
0.810
1,8
13 160
14 161
15 162
16 163
17 164
18 165
19 166
20
10

PART:5

컨트롤 위치 설명표의 이해

1. 컨트롤위치설명표의 이해
2. 컨트롤위치설명표의 적용
3. 다른 종목의 컨트롤위치설명
4. 컨트롤위치설명표의 작성법

▷					1,8	
13	160					
14	161					
5	162					
6	163					
7	164					
	165					<
	166					

1 컨트롤위치설명표의 이해

1 컨트롤위치설명표(Description)란?

오리엔티어링 경기에 있어서 나침반과 오리엔티어링지도(지도 또는 O-map)가 필수 도구인데 특히 지도에는 코스가 인쇄되어 있으며, 코스의 중요한 정보를 국제적으로 통일된 기호(IOF 컨트롤위치 Symbol)로 공정하게 경기자에게 안내해 주게 되어 있다. 이 기호가 담겨있는 표를 '**컨트롤위치설명표(Description)**'라 한다. 보통 지도에 인쇄하거나 별도로 지급한다.

IOF에서는 2018년 'IOF Description Symbol'을 발표 사용하고 있다.

2 컨트롤위치설명표의 특징

아주 낯선 곳으로 여행을 한다고 가정할 때 우리는 막연히 가는 것이 아니라 목적지의 교통편, 환경, 풍습이 어떠한지를 미리 알고 가는데, 이것이 시간적, 경제적으로 많은 도움이 된다는 것을 경험을 통하여 알고있다.

오리엔티어링에 있어서도 미지의 지형인 지도에 코스만 그려져 있고 설명이 없다면 굉장히 비효율적이며 답답할 것이다. 컨트롤 개개마다 컨트롤위치설명표의 내용(기호)을 확인하여 그 내용(특징물)이 바위라면 바위만, 골짜기라면 골짜기만 찾게 된다면 매우 효율적으로 경기를 할 수 있는 것이다.

컨트롤위치설명표는 경기에 있어서 매우 중요한 이정표의 역할을 하며 주최 측에서 지도에 부착(인쇄)하거나 별도로 제공한다.

1: 컨트롤위치설명표 양식(Form)

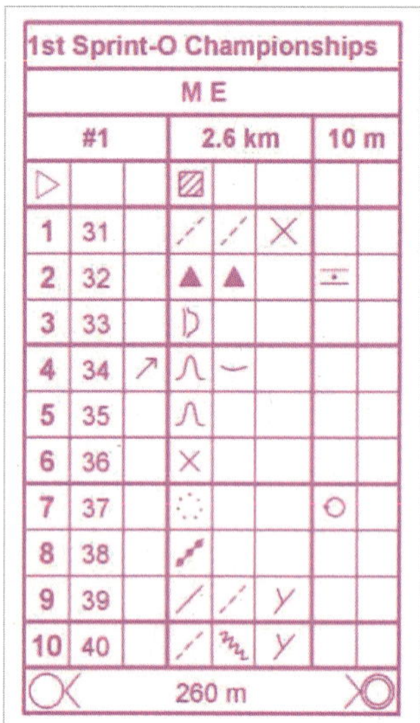

*가 로 : 대회명칭, 클래스, 코스코드, 거리, 등행거리, 컨트롤 순번별 정보(A-H란).

*세 로 : 컨트롤번호, 기호, 각 란의 정보(개별 C-H란)

*중간, 밑 : 중간 유도, 마지막 컨트롤에서 도착까지의 유도 및 거리 정보

*칸 크기 : 전체의 크기는 컨트롤의 수에 따라 변경되므로 사각형의 크기만 있다.
한 변이 6mm를 기준하며 상황에 따라 변경하여 사용한다.

*식별선 : 가로로는 3번째 칸 우측 줄과 6번째 칸 우측 줄은 좀 더 굵게 표시하며 세로로는 컨트롤번호 3개마다 굵게 표시하는데 무시되는 경우도 있다.

*색 상 : 원래 색상은 자주색(Purple)이다.

2: 기호를 통한 표기의 통일

국제오리엔티어리연맹(IOF)에서는 통일된 Symbol을 정하여 사용하고 있다. 통일된 심볼이 있기에 우리가 외국에 가서 또는 외국인이 우리나라에 와서 오리엔티어링을 할 수 있는 것이다.

3: 정보의 공정성

코스설정법에서 언급한 바와 같이 오리엔티어링은 공정성을 생명으로 하고 있는바 양식의 규격화와 통일된 심볼을 사용함으로써 누구에게나 공평한 자기 등급의 정보를 제공받을 수 있는 것이다.

〈오리엔티어링 지도와 컨트롤위치설명표 보기〉

4: IOF **컨트롤위치설명** Symbol(부록 별첨)

2 컨트롤위치설명표의 적용

1 컨트롤위치설명표의 해설

1: 전체 양식(Foot-O기준)

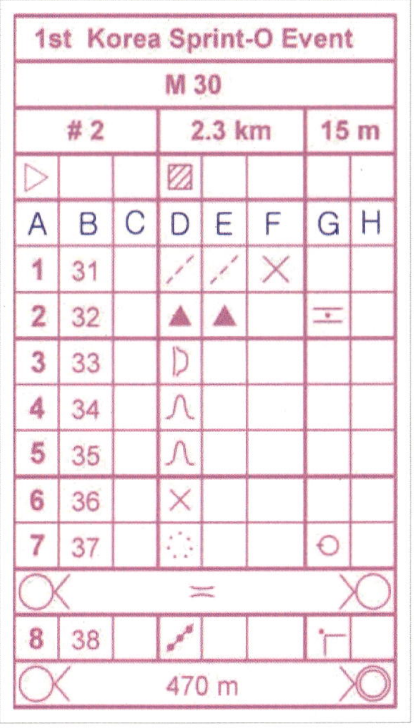

대회명칭 란

클래스(등급)명 란

코스코드/코스거리(km)/등행거리(m)

△ : 출발(Start) 컨트롤

A : 컨트롤 순번

B : 컨트롤 기호

C : 컨트롤(○)안에 2개 이상 동일 특징물의 표기

D : **특징물(부)**

E : 특징물의 상태(외양)

F : 특징물의 치수(크기/높이), 결합(X, ⋎)심볼

G : 컨트롤이 원의 중심에 없을 때 그 위치 표시

H : 그 밖의 기타사항

컨트롤 구간 통과지점 유도(중간 유도)

마지막 컨트롤에서 도착지점까지 유도정보(470m)

2: 컨트롤위치설명표의 설명

가) A, B, C, D, E, F, G, H **란**

① 「A 란」컨트롤 순번

- 경기자가 통과해야 하는 순번이다.

② 「B 란」컨트롤 기호

- 31이상의 숫자나 문자로 표시한다.
- 혼동될 수 있는 숫자는 피한다(66, 99, 68, 89, AE, AF 등).
- 위의 번거로움을 피하기 위해 보통 100, 200, 300번대 단위를 많이 사용한다.

③ 「C 란」컨트롤(○)안에 동일특징물이 2개 이상 있을 때 표시

- Symbol C # 0.1(↑), 0.2(↘) 기호 등의 방향표기는 8방위로 한다.
  - 8 방위란 동, 서, 남, 남동, 남서, 북, 북동, 북서쪽을 말한다.
  - 묘지, 흙봉우리, 바위(벽), 도로분기점 등에 적용한다.

1	31	→	•			○	

동쪽 흙봉우리

〈지도의 상황〉 〈컨트롤위치설명표 표기〉

- Symbol C # 0.3, 0.4, 0.5 기호는 동일특징물이 2-3개일 때 사용된다.

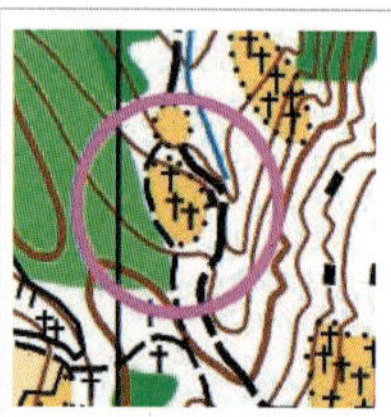

2	32	⦀	+				

중간의 묘지

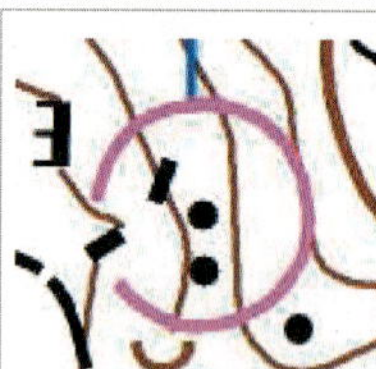

3	33	═	▲		3		
4	34	↑	▲		3		

북쪽의 바위

〈지도의 상황〉 〈컨트롤위치설명표 표기〉

④ 「D 란」 특징물(부)

- 경기자가 찾는 특징물(부)의 기호 표기이다. 따라서 빈 칸이 없는 것이 원칙이나 Micro-O 에서만 빈칸이 허용된다.

- IOF Description Symbol 의 D란 해당 심볼을 적용해야 한다.
- 기존의 Symbol을 이용하되 정해진 Symbol이 없으면 교체하거나 부득이 한 경우 합의하여 국내적으로 사용할 수 있는 심볼을 정할 수 있다.
- 지형물, 바위(돌), 물과 습지, 식생상태(계), 인공특징물, 일부 국가에서 사용되는 기호, 선형특징물의 결합 등으로 구분된다.
- 특징물과 특징물 사이에 설치할 때에는 D, E에는 해당특징물을 G 란에는 (G # ⊡ 11.15)를 기입한다.

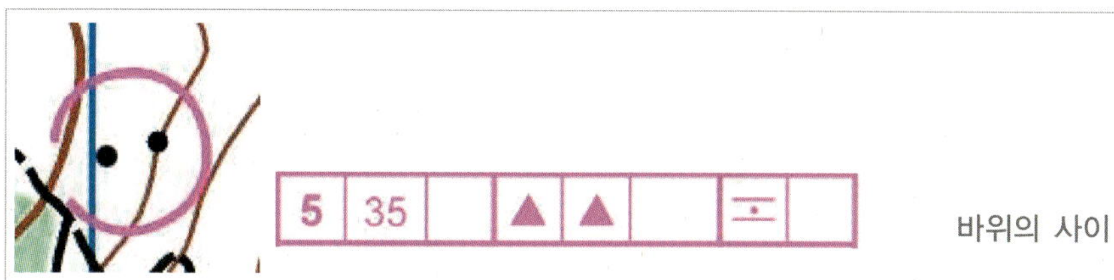

- 길, 길과 도랑 등의 선상 특징물이 교차할 때에는 D+E+F 란을 동시에 사용하며 F란에 X, Y를 기입한다(심볼10.1, 2참조).

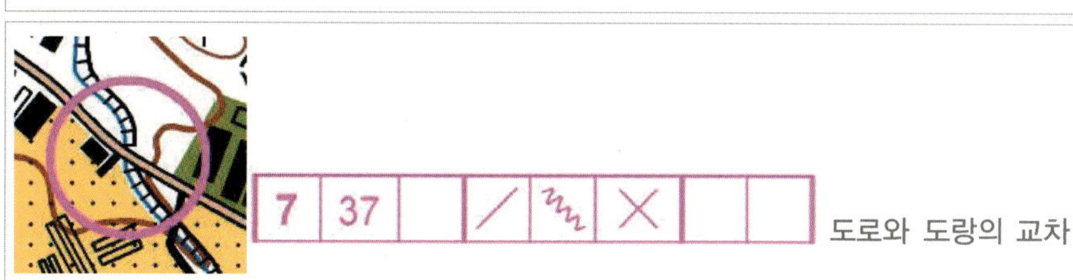

〈지도의 상황〉　　　　　〈컨트롤위치설명표 표기〉

⑤ 「E 란」특징물(부)의 외양과 상태, 그 외의 정보

- 특징물(부) 주변의 상태를 의미한다.
- 기호의 뜻을 이해하고 설정된 특징물(D)의 내용과 조화를 이루어야 한다.
  - Symbol E # 8.1은 언덕, 8.2기호는 주로 골짜기에 사용된다.

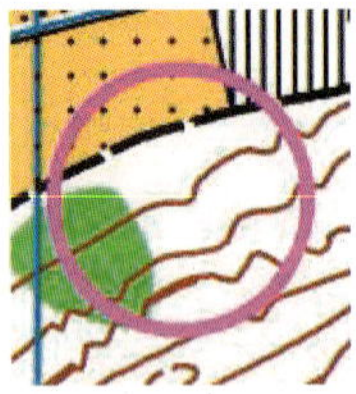

8	38		⋀	◡			

얕은 골짜기

〈지도의 상황〉 〈컨트롤위치설명표 표기〉

－E # 8.6 경우

9	39	ǀǀǀ	▲	∴			

바위, 바위많음

〈지도의 상황〉 〈컨트롤위치설명표 표기〉

－E # 8.9, 8.10 경우

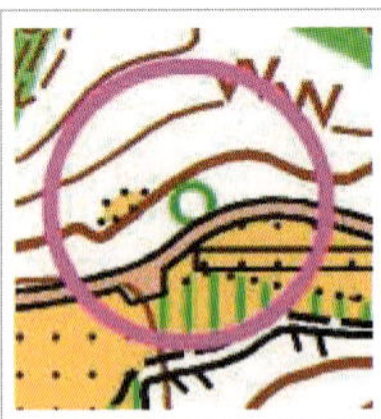

10	40		♤	♧			

독립수, 침엽수

〈지도의 상황〉 〈컨트롤위치설명표 표기〉

－선상특징물의 결합 사용 시는 그 중 하나가 기입된다.

11	41		／	／	╳		

도로의 교차

⑥ 「F 란」 특징물(부)의 치수(크기, 높이), 결합 심볼

- 특징물(부)의 크기(넓이), 높이, 가로x세로(장x단) 등의 정보를 나타낸다.
- 바위(벽), 흙벼랑(둑) 등은 단순 높이(2.0), 경사진 곳에 있을 때는 고, 저의 높이(1.5/2.0), 두 개의 특징물이 있을 때는 2개의 높이($^{1.5}$ $_{2.0}$)를 표시한다.

12	42	ǀǀǀ	▲	∴	2		

바위 높이 2m

- 숲속의 빈터, 트인 땅, 연못, 흙봉우리, 갱, 구덩 등 평면체인 경우는 장단변의 길이(5x3)를 기입한다.

13	43		•		5x3		

흙봉우리 장단 길이 5m와 3m

- D란과 E란을 이용한 선상특징물의 결합 시는 F란에 X, Y가 표시된다.

14	44		/	/	Y		

도로의 분기

- 굽어진 부분(< : F # 11.1)

도랑, 담, 도로, 울타리 등의 굽어진 부분에 적용한다.

21	51		/		<		

도로의 굽은 곳

⑦ 「G 란」컨트롤이 원의 중심에 있지 않을 때의 8방위나 또는 위치

- 설치된 컨트롤 플랙(마커)이 특징물의 어느 쪽에 위치해 있는지의 정보를 8방위 또는 어느 부분(쪽, 가장자리, 모퉁이, 위, 아래 등)에 있는지의 정보이다.

(참고) C 란과 혼동하기 쉬운데 'C 란은 원안에 동일 특징물이 2-3개 있을 때 표시이며, G 란은 컨트롤 플랙(마커)이 특징물(D란에 표기된)의 어느 부분에 위치해 있는지의 정보를 알려 주는 것'의 차이이다.

- 심볼의 해설

ㄱ. 쪽 (O· : G # 11.1)

8 방위로 표시하며 묘지, 흙봉우리, 건물 등과 같이 측변이 지표면에 닿는 곳으로 특징물에서 약간 떨어져 있는 개념이다.

15	45		•			·O	

흙봉우리 서쪽

ㄴ. 가장자리 (Q : G # 11.2)

8 방위로 표시하며 식생계, 경작(개활)지 등의 경계, 연못, 숲속의 빈터, 습지 같은 평면적 특징물의 경계, 구덩이 같은 특징물이 지표면과 접하는 부분이다.

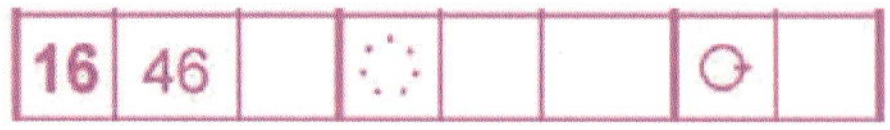

공터 동쪽 가장자리

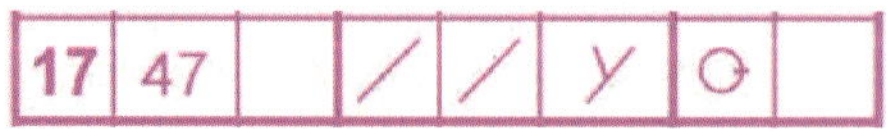

도로 분기 동쪽 가장자리

ㄷ. 부 분(⊙ : G # 11.3)

8 방위로 표시하며 숲 속의 빈터, 함몰지, 구덩이 등의 중심도 가장 자리도 아닌 부분이다.

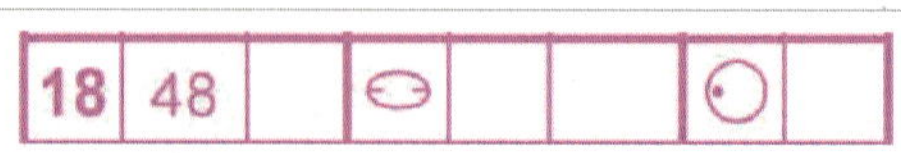

함몰지 서쪽 안쪽

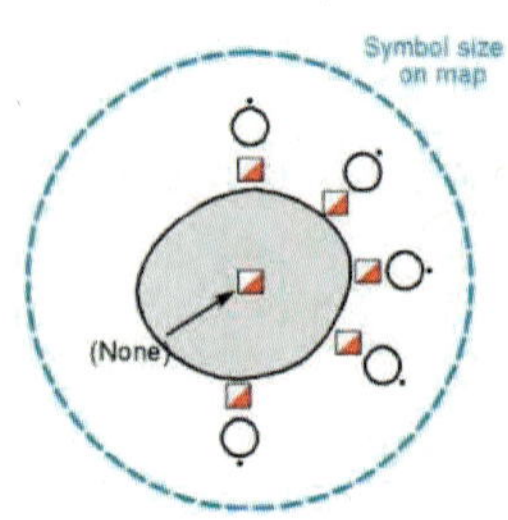

〈점상특징물의 쪽 표현〉

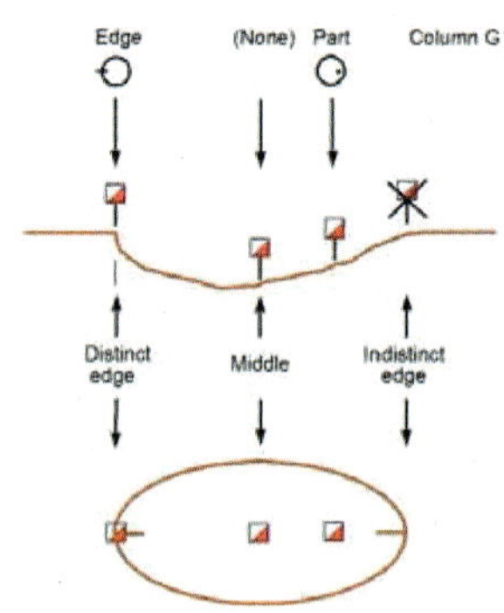

〈함몰지 경우의 가장자리, 안쪽 표현〉

ㄹ. 모퉁이(> 안쪽 : G # 11.4, ∨ 바깥쪽 : G # 11.5)

8 방위로 표시하며 쪽이나 가장자리 부분이 45˚이상 135˚사이의 각도로 굽은 부분으로 식생계, 경작(개활)지, 건물, 숲속의 빈터, 담 등에 주로 쓴다.

식생 경계 동쪽 안쪽 모퉁이

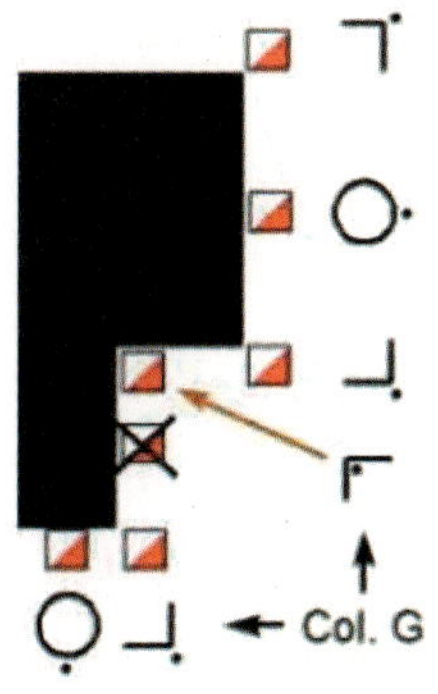

〈건물의 모퉁이, 쪽 표현〉

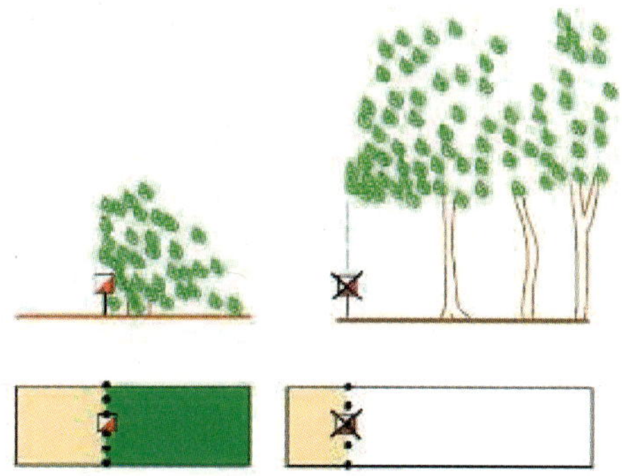

〈식생의 표현〉

ㅁ. 돌 단 (: G # 11.6)

8 방위로 표시하며 쪽이나 가장자리가 45 °미만의 각도로 굽은 부분이며 울타리, 돌담, 식생계에 주로 쓴다.

20	50						

철조망의 동쪽 돌단

ㅂ. 끝 (: G # 11.8)

8 방위로 표시하며 도랑, 도로(길), 벼랑의 끝 등에 사용된다.

22	52						

도로의 북서쪽 끝

ㅅ. 위, 아래쪽(: G # 11.9, : G # 11.10)

골(골짜기)에 사용된다.

23	53						

골짜기의 아래

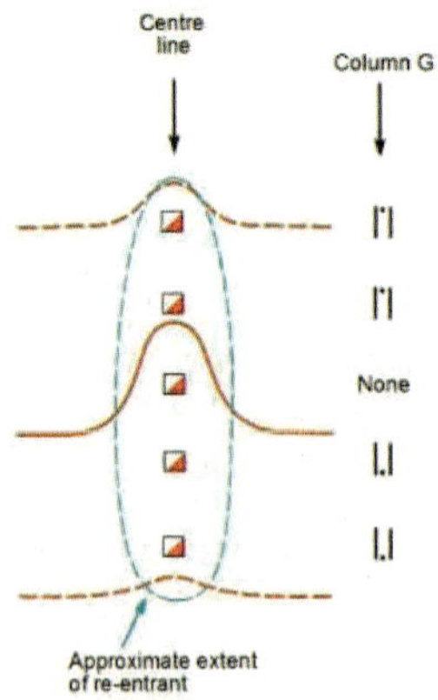

〈골짜기의 위, 아래 표현〉

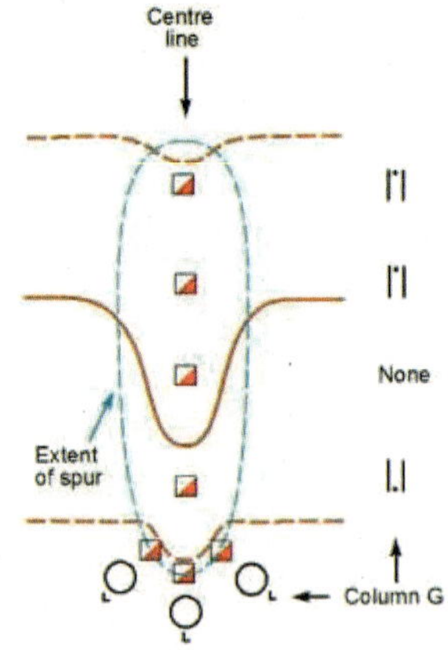

〈등성이의 위, 아래 표현〉

ㅇ. 꼭대기(: G # 11.11)

바위벽, 흙벽, 봉우리(언덕)에 사용한다. 묘지에 사용치 않는다.

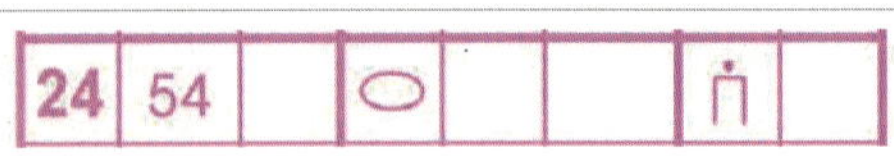

흙봉우리의 꼭대기

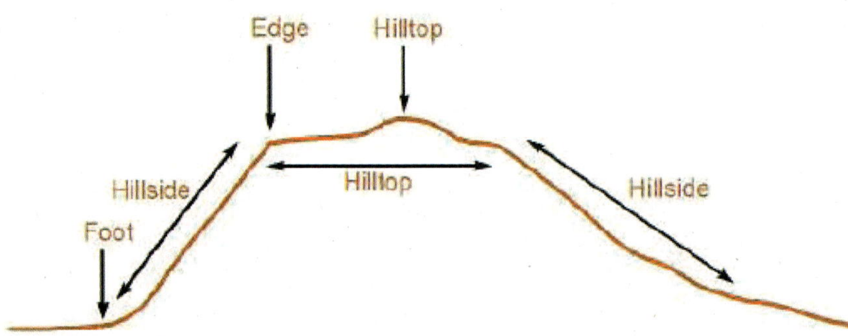

〈언덕의 위, 가장자리, 발치 표현〉

ㅈ. 발치(방향지시 없음 : G #11.13, 방향지시 있음 : G #11.14)

방향지시가 있을 때에는 8 방위로 표시하며 바위벽, 독립바위, 벼랑, 흙봉우리 등에 사용한다.

25	55		▲		4		
26	56		●				

바위 남쪽 발치, 흙봉 발치

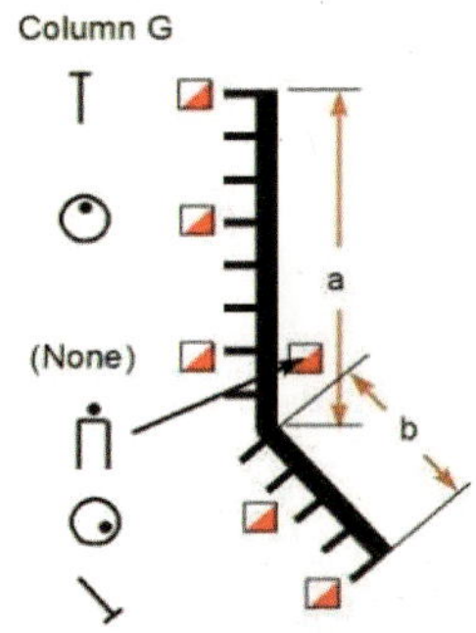

〈바위벽의 '꼭대기' 표현〉

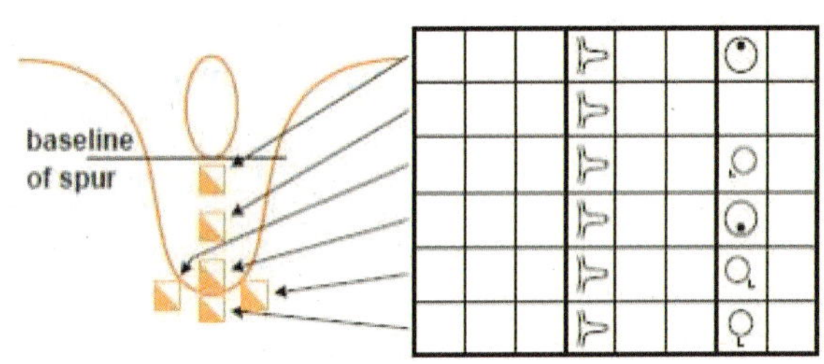

〈등성이의 '발치' 표현〉

ㅊ. 안쪽(밑) (: G # 11.12)

송유관 등의 밑 부분에 설치되는 경우 사용한다.

27	57						

송유관 밑

ㅋ. 사 이(: G # 11.15)

D란에 동일 특징물 2개 또는 다른 형태의 특징물 2개의 사이에 설치할 때 사용하며 묘지, 흙봉우리, 바위사이 등에 주로 사용한다.

2개 특징물의 가장 가까운 부분의 중간에 설치되어야 한다.

28	58		●	+			

흙봉우리와 묘지 사이

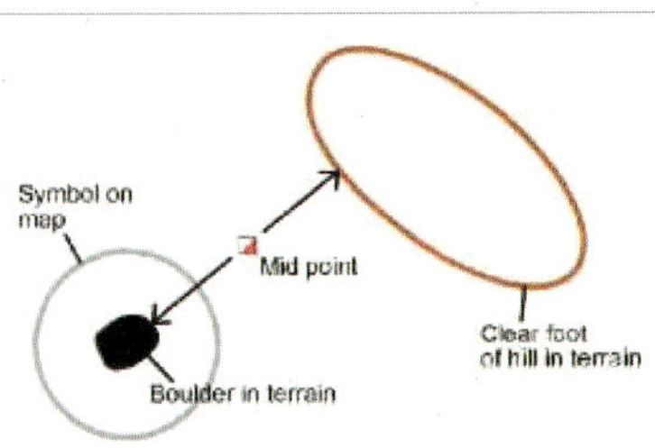

〈바위와 봉우리의 '사이' 표현〉

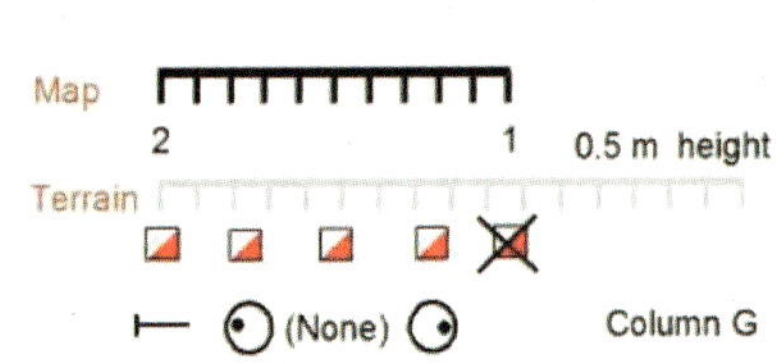

〈바위벽의 설치 표현〉

- 8 방위의 선택

  경기자의 예상 루트와 특징물의 형태에 따라 G란의 방위 선택을 신중하게 해야 한다. 즉 D란의 특징물을 확인한 다음 G란을 이용하여 컨트롤 설치 지점을 확인하게 된다.

-'가' 위치에서 공격 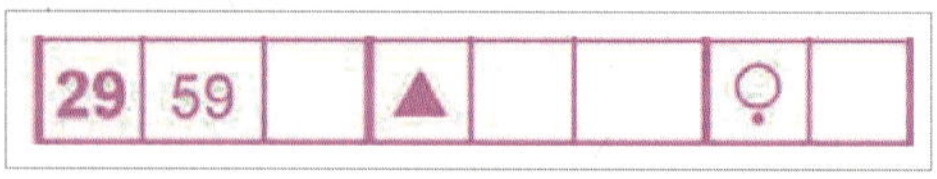

-'나' 위치에서 공격 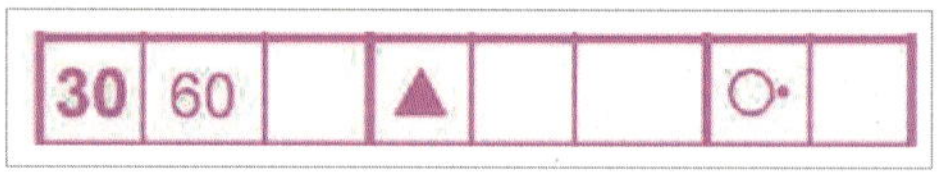

-'다' 위치에서 공격 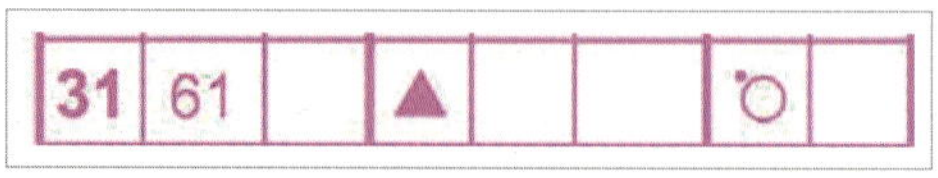

-'라' 위치에서 공격 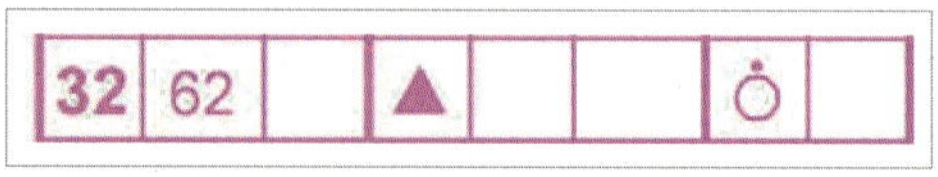

⑧ 「H 란」그 밖의 특기사항

- 주최 측에서 필요하다고 인정되는 경우 운영한다.
- 급수, 통신.TV, 유인, 구급컨트롤을 운영하는 경우 표시한다.

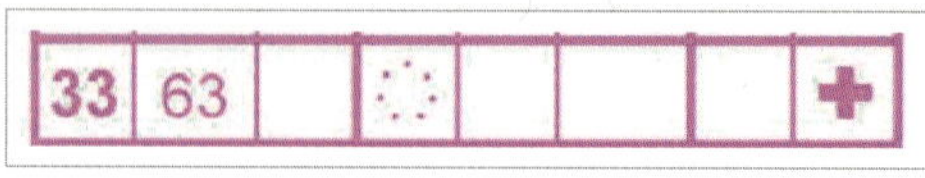

공터, 의료 컨트롤

나) 유도구간

① 「중간 유도구간」 컨트롤 구간 중 루트를 유도하는 경우

- 2개의 컨트롤 사이 전 구간을 유도, 다음 컨트롤까지의 일부분 유도, 일정 특징물(통과부분, 다리, 터널 등)을 유도하는 경우, 지도교환 시 교환 장소의 표기 등이 있다.
- 유도구간 표기의 해설

ㄱ. 다음 컨트롤을 향해 테이프로 유도

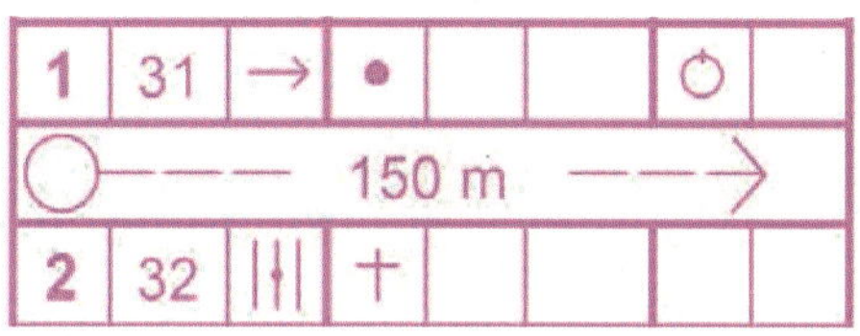

1번에서 150m 테이프

ㄴ. 두 컨트롤 사이 전 구간 테이프로 유도

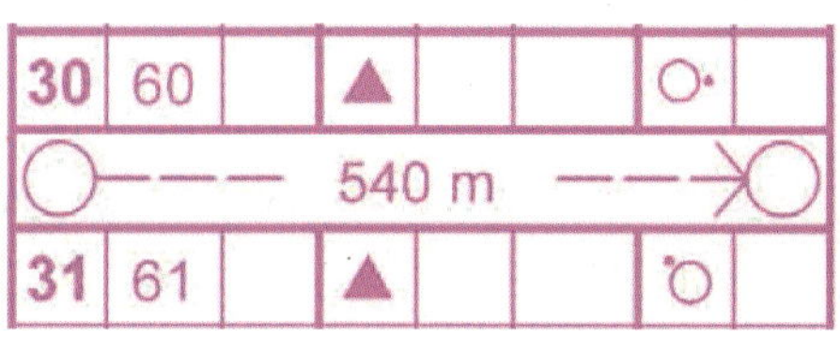

컨트롤 전 구간 540m유도

ㄷ. 통과지점 유도 테이프 없이 이용 지시

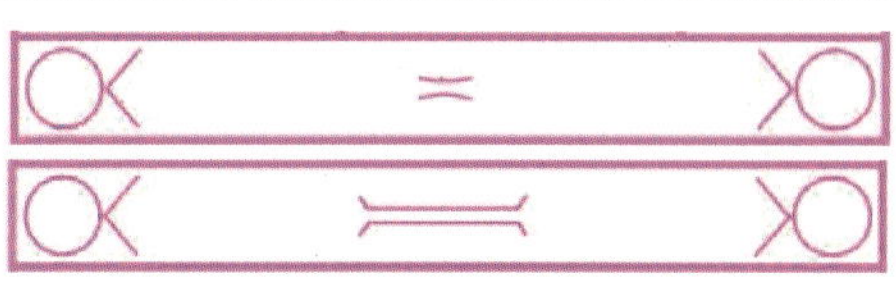

통과 구간 지시

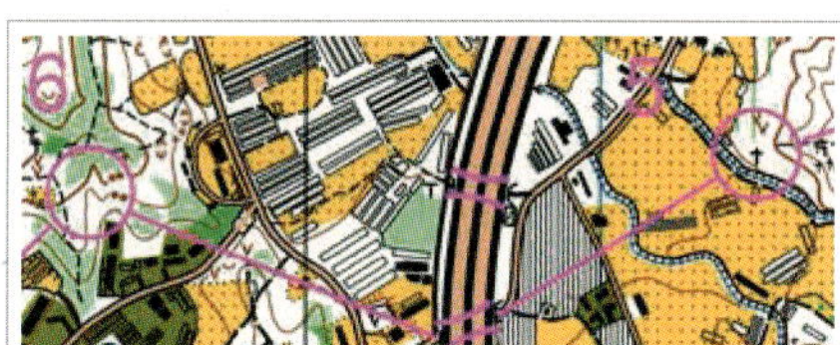

지도에 표기된 모습

ㄹ. **지도교환(소)의 안내 유도**

별도의 장소. 즉 컨트롤에서의 표시한 거리에 지도교환(소)의 장소임을 안내 한다.

100m에 지도교환소 있음

② 「도착 유도구간」마지막 컨트롤에서 도착지점까지의 정보

마지막 컨트롤에서 도착지점까지의 유도를 어떠한 형식(모양)으로 운영하는지의 정보를 제공하는 것이다.

유도된 내용(주로 테이프 끈으로 설치)대로 진행하면 된다.

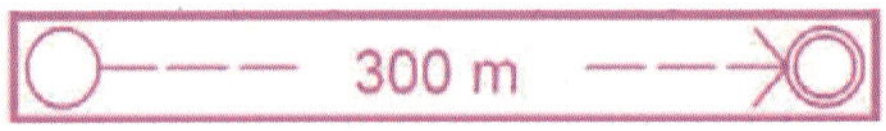

테이프로 300m유도

3 다른 종목의 컨트롤위치설명

Ski-O, MTB-O는 빠르게 움직이는 경기이므로 위에서 설명한 컨트롤위치설명표를 보면서 경기하기는 사실 불가능하다. 그래서 기본적으로는 표를 사용치 않는다. 지도에 컨트롤번호(순번) 옆에 컨트롤기호(14-31)를 표기한다.

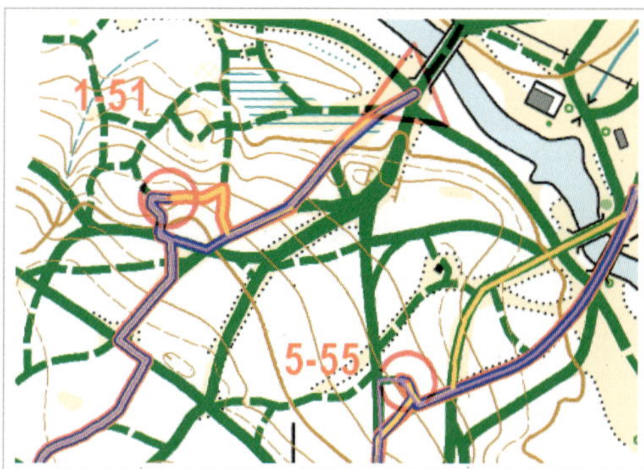

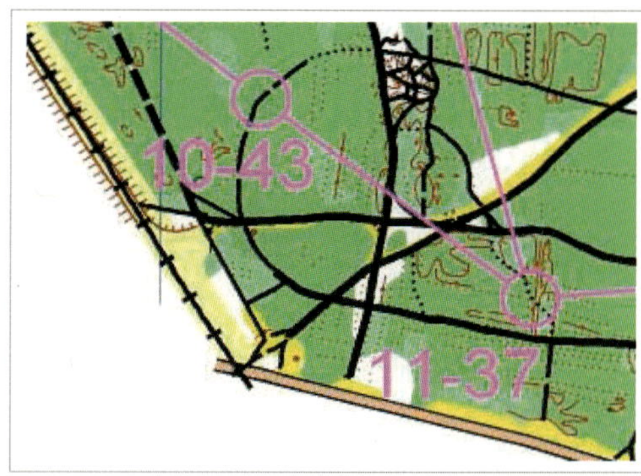

〈Ski, MTB-O의 지도 표기〉

1 Ski, MTB 오리엔티어링

컨트롤 순번의 옆으로 기호를 적는다.

2 Trail 오리엔티어링

Foot-O와 동일하게 사용되나 B, H란만이 다른 개념으로 사용된다.

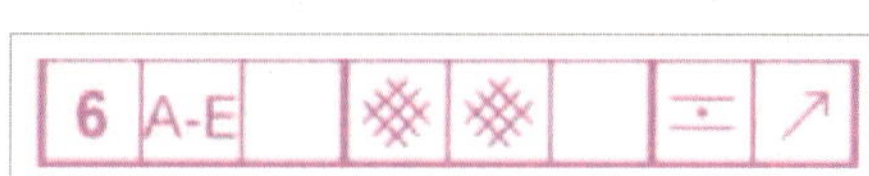

1: B란 : 컨트롤 플랙(마커)의 수(최대 5~6개)

A-C, A-D A-E 표기는 컨트롤에 설치된 플랙(마커)의 숫자이다. 경기장에 설치한 선

택할 수 있는 컨트롤 플랙(마커) 3개, 4개, 5개 의미이다. PreO에서는 5개까지 설치하며, TempO에서는 6개까지 설치가 가능하다.

2: H란 : 관측 방향

동일 선상특징물(도로 등)을 이용할 때 양쪽의 컨트롤 설치 지역을 이 표시로 해당 특징물이 보이는 방향을 나타낼 때 사용한다.

〈Trail-O Solution Map의 지도〉

4 컨트롤위치설명표의 작성법

클래스별로 코스를 계획(예비코스)했으면 시주(설정된 코스를 미리 진행해 보는 것)를 통하여 수정 보완하여 등급별 코스를 확정하게 되는데 단독코스(E 클래스는 기본)와 복수코스를 확정하여 All Control을 준비한다.

1 작성의 기본 원칙

1: 지도와 컨트롤위치설명표의 내용 동일성 점검

2: IOF Symbol 적용의 정확성

3: 인쇄 상태의 확인

2 컨트롤위치설명표 작성 프로그램

Clue Sheet, OCAD 프로그램이 사용된다.

3 컨트롤위치설명(표)의 이해

〈지도 표기〉 +

〈현장 설치〉

5	63		▲		2		

컨트롤위치설명표

4 컨트롤위치설명(표)의 작성

1: 지도 읽고 기입하기(기호 기입)

11								
12								
13								
14								
15								

2: 컨트롤위치설명표 읽기(글로 적기)

1st Sprint-O Championships							
M E							
#1			2.6 km			10 m	
▷							
1	31						
2	32		▲	▲			
3	33						
4	34						
5	35						
6	36						
7	37						
8	38						
9	39						
10	40						
260 m							

3: 컨트롤위치설명표에 기입하기

* 제100회 한국오리엔티어링선수권대회
* 클래스/남자 엘리트
* 코스코드 #1/거리 3700m/등행거리140m
* 출발컨트롤 설치
1. 111 동쪽 바위벽/높이 4m/남서쪽 발치
2. 112 골/아래부분
3. 113 우물/바위 많음/급수컨트롤
4. 114 비탈/유인 컨트롤
5. 115 바위/높이4m/꼭대기
6. 116 습지/크기 5x3m/남동쪽 부분 안쪽
* 골인 포크형 테이프로 유도 250m

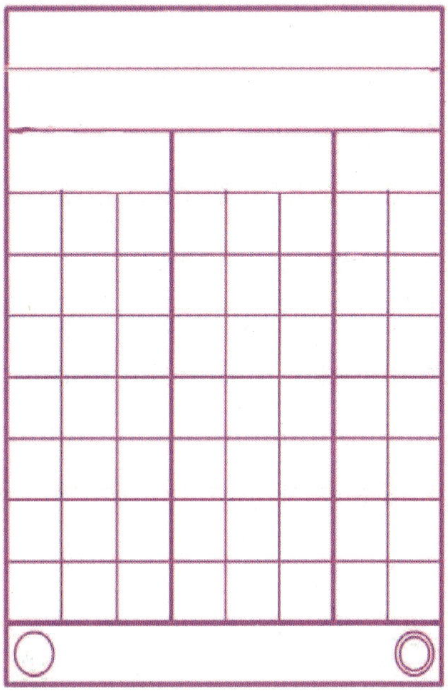

중미산
축척(Scale) 1:5,000
등고선간격 5m
화장실 , 기타
Gms
Family
Family 1.8 km
30 m
OCAD
경기도지부
ORIENTEERING

중미산
축척(Scale) 1:5,000
등고선간격 5m
화장실 , 기타
Gms
OCAD
경기도지부
ORIENTEERING

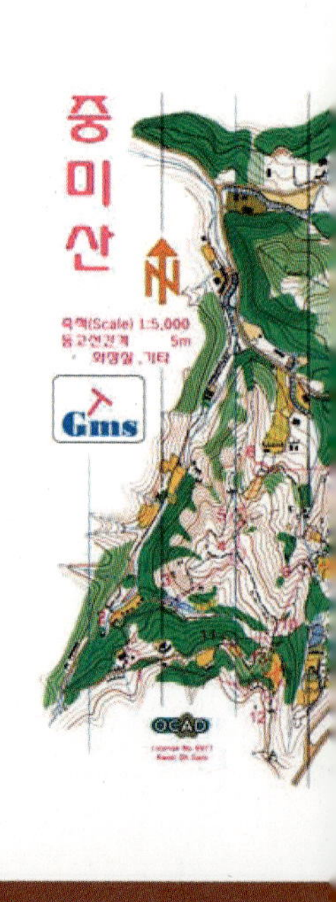
중미산
축척(Scale) 1:5,000
등고선간격 5m
화장실 , 기타
Gms
OCAD

PART:6

코스 설정법

1. 코스설정의 기본
2. 코스설정의 이론
3. 코스별 설정의 실제 및 주의사항
4. 컨트롤 플랙(마커) 설치법

오리엔티어링 코스는 『**IOF 국제대회경기규칙**』, 『**국제오리엔티어링 지도제작 규정**』, 『**컨트롤위치설명에 관한 규정**』과 관련하여 스포츠로써의 특유의 성격과 경기 공정성 확립이란 개념에서 이루어져야 한다. 즉 오리엔티어링 스포츠의 핵심이 되는 '**방향결정기술**'과 '**주력**'이 같은 비중으로 반영되도록 설정되어야 한다.

1 코스설정의 기본

1 코스설정의 3대 조건

1: 좋은 경기장

오리엔티어링경기장의 조건을 충족하며 고도가 100-200m정도인 곳이 경기장으로 적당하다.

2: 잘된 지도

지도제작 규정에 맞게 철저히 조사하여야 한다.

3: 훌륭한 코스설정자

오리엔티어링의 본질을 이해하며 애착을 갖고 풍부한 경험을 바탕으로 참가자의 능력이나 전체적인 흐름을 잘 아는 사람이 적당하다.

2 경기장의 선택

오리엔티어링 특유의 성격에 맞게 경기자의 방향 탐지 능력과 주력을 시험할 수 있고 교통수단이 용이한 곳이 좋다.

1: 적합한 경기장

가) 나무가 우거져 숲을 이루고 앞이 잘 내다보이지 않는다.

나) 분명히 눈에 띄며 오밀 조밀하다.

다) 작은 특징물이 많으며 길이 많지 않고 표고차가 크지 않다.

라) 경작지가 적으며 자연 그대로의 모습이다.

마) 덤불이 많지 않으며 달리기 좋다.

바) 지형의 변화가 많으며 경기자가 처음 대하는 지역이다.

2: 부적합한 경기장

가) 지형이 단조로워 사방이 트여서 멀리 보인다.

나) 특징물이 적고 길이 많으며 선상특징물이나 큰 특징물이 많다.

다) 경작지가 많으며 표고차가 심하다.

라) 마을이나 큰 호수 등이 많고 위험한 곳이 많다.

마) 덤불이 많거나 잘 알려진 지역 또는 자연보호(통제)구역이다.

3 오리엔티어링 지도(O-Map)

1: 오리엔티어링 지도제작 규정에 맞아야 한다.

2: 혹시 코스설정장소(컨트롤지점)로서 적합하지 않다고 생각되는 곳은 가급적 피하거나 수정해 놓아야 한다.

4 코스설정자

1: 코스설정자는 대회 책임자가 임명－출발부터 도착까지의 코스의 전개, 질, 원활한 경기 진행 등에 대한 모든 책임을 진다.

2: 코스설정자는 경기자로서의 풍부한 경험 필요－사전에 경험을 통하여 좋은 코스가 어떤 것인지 알아야 하며 코스설정이론에도 밝아야 하고 클래스별 코스가 어떻게

달라야 하는가를 정확히 알고 처리하여야 한다. 또한 지도나 지형이 경기에 미치는 영향을 여러모로 예측할 수 있어야 한다.

3: 코스설정자는 복수(複數)로 한다.

5 대회감독관(어드바이저, 컨트롤러)

오리엔티어링은 경기장내 코스설정의 정도에 따라 대회의 성패를 가늠하므로 세심한 계획, 설정, 운영이 필요하다. 이를 위하여 대회감독관이 필요하다.

1: 대회감독관은 준비, 운영, 코스설정, 시상 등 전반에 대한 관리 통제의 수행자이다. 특히 코스설정 및 운영에 대한 철저한 점검이 필요하다.

2: 경기 중 있을지도 모를 장비의 분실 또는 파손 등에 적절하고 신속하게 대처하기 위하여 컨트롤러(코스관리자)를 임명한다.

6 코스설정에 대한 IOF의 지침

1: 오리엔티어링 특유의 성격 고려

모든 스포츠는 각각의 특징이 있다. 오리엔티어링은 미지의 지형에서 나침반 운영과 지도읽기만으로 방향을 정하고 달려야 한다. 정확한 지도 읽기, 루트 선택 능력, 나침반 사용 능력, 스트레스 상황에서의 집중력, 결단력, 달리기 능력 등을 필요로 하는 것이다.

따라서 코스설정자는 이런 능력들을 평가할 수 있는 코스를 설정할 수 있어야 한다.

2: 공정성(지도의 정확성)

오리엔티어링 경기에서는 행운이 쉽게 작용할 수 있다. 코스설정자는 여러 요소들을 고려하여 모든 선수들이 코스의 어떤 면에서나 같은 조건으로 공정하게 경기 할 수 있도록 코스 계획과 설정의 매 단계마다 주의를 기울여야 한다.

3: 선수의 즐거움

오리엔티어링의 인기는 선수들이 그들의 경기 코스에 만족할 때만이 증대될 수 있다. 거리, 육체적 · 기술적 난이도, 컨트롤설치 등이 각 클래스에 알맞게 되어야 한다.

선수들이 즐거움을 느낄 수 있는 코스설정은 오리엔티어링의 저변 확대를 위해서도 중요하다는 점을 코스설정자는 인식해야 한다.

4: 자연 및 환경문제

경기장 내에 주거지와 경작지, 야생 동식물 보호지역 등이 포함될 수 있다. 그러나 잘 설정된 코스라면 이들 지역에 피해 없이 경기를 운영할 수 있다. 따라서 코스설정자는 경기장내의 민감한 지역을 미리 알아, 이들 지역에 피해가 가지 않도록 코스를 설정해야 한다.

5: 홍보 및 관중

오리엔티어링이 대중에게 좋은 이미지를 줄 수 있도록 만드는 문제는 코스설정자가 항상 생각해야 할 점이다. 코스 설정자는 관중과 홍보 기자들이 가능한 밀접하게 경기를 지켜 볼 수 있도록 배려해야 한다. 그러나 이 또한 공정성을 깨뜨리지 않는 범위 내에 한한다.

7 코스설정자의 수칙

1: 지형에 대한 이해

코스설정자는 코스 설정 전에 지형에 대한 정보를 완전하게 알고 있어야 한다. 또 경기 당일의 경기장 조건에 대해 코스 설정 당시의 조건과 틀려지는 것에 대해 알고 있어야 한다.

2: 난이도 등급에 대한 올바른 이해

초보자나 아이들 코스를 너무 어렵게 설정하는 경우가 흔히 발생하는데, 코스설정자는 설정자 자신의 기술과 걷는 속도에 맞춰 예상하지 않도록 주의해야 한다.

3: 공정한 컨트롤 사용

컨트롤 플랙(마커)을 너무 깊이 숨겨놓는 경우, 또는 컨트롤위치설명표에서 컨트롤 플랙(마커) 설치 위치 표시와 현장에서의 설치 위치가 다른 경우 선수가 컨트롤 지점에 도착은 했으나 컨트롤 플랙(마커)을 찾지 못해 그 곳에서 계속 시간 낭비를 할 수 있다. 한 선수는 그 곳에서 시간을 많이 소비하다 겨우 찾았는데 뒤따라 온 선수는 이를 보고 금방 펀칭을 한다면 먼저 온 선수는 불리해진다. 코스 설정자는 이런 일이 발생하지 않도록 해야 한다.

4: 컨트롤 플랙(마커)의 설치 간격

컨트롤에 고유의 번호가 있더라고 컨트롤 플랙(마커)을 서로 너무 가깝게 설치해서는 안 된다. 정확하게 컨트롤 지점을 찾아온 선수가 잘못된 다른 컨트롤 플랙(마커)을 펀칭할 수 있기 때문이다. 컨트롤 플랙(마커)의 설치간격은 30m 이상이다.

5: 너무 복잡한 지형 배제

지형이 너무 복잡한 곳은 가능한 컨트롤로 사용하지 않도록 한다. 복잡한 지형으로 인해 루트 선택에 지나치게 시간을 낭비하는 코스는 바람직하지 않다.

6: 체력을 너무 많이 요하는 코스

코스는 일반적으로 선수가 그들의 수준에 맞게 달릴 수 있도록 설정된다. 전체 등행 거리는 가능한 최단 루트 거리의 4%보다 많아서는 안된다. 체력적인 난이도는 선수의 나이에 따라 달라져야 한다. 특히 M70, W65 등급 이상의 코스 설정시에는 체력적인 난이도가 너무 높지 않게 설정하도록 주의해야 한다.

2 코스설정의 이론

1 오리엔티어링 코스의 구성

오리엔티어링 코스는 출발, 컨트롤, 중간구간(Leg), 도착으로 이루어진다.

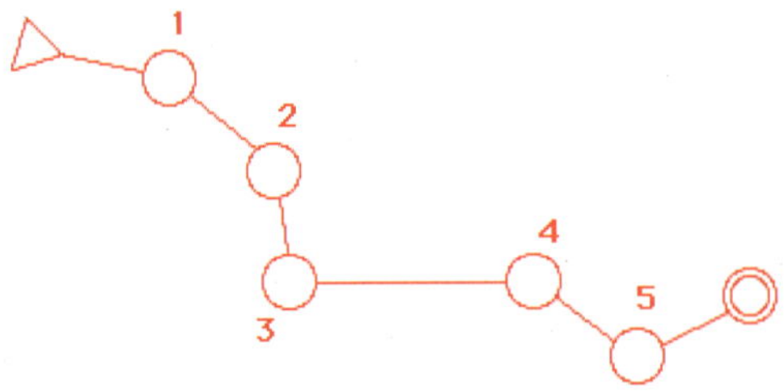

2 출발점

1: 여러 사람이 집결할 수 있는 장소(워밍업, 대기)를 택한다.

2: 출발은 '실제 출발하는 지점'과 '출발컨트롤'을 운영해야 한다. 실제 출발하는 지점에서 1번 컨트롤을 향해 갈 때 먼저 출발한 경기자의 모습을 보이지 않아야 한다.

3: 실제 출발하는 지점과 출발컨트롤 구간은 유도를 하여야 한다.

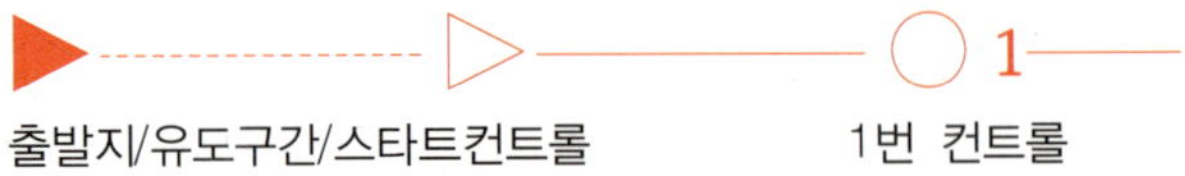

4: 1번 컨트롤은 육체적, 지형적, 기술적으로 어렵지 않게 한다.

3 컨트롤(Control)

1: 컨트롤의 기능

가) 중간구간(Leg)을 설정해 주고 다양한 루트선택이 가능하도록 한다.

나) 컨트롤 사이는 시작과 끝의 연속이므로 신중해야 한다.

다) 컨트롤의 표기는 국제대회 규정에 맞아야 한다(0.35mm굵기, 직경 6mm, MTB는 7.5mm).

라) 1개의 컨트롤에 특별한 사유 없이 중복된 코스를 설정하는 것은 바람직하지 않다.

마) 운영상 필요한 특수컨트롤(급수, 의료, 홍보, 관중)을 운영할 수 있다. 또한 위험지역 등이 있을 때는 의도적으로 유도하는 경우도 있다〈그림1 참조〉.

바) 코스 인쇄 시 표시부분이 경기자에게 장애의 요인이 있으면 부분적으로 생략해도 좋다〈그림2 참조〉.

사) 컨트롤 번호는 ⬆과 같이 북향이 기준이다〈그림1 참조〉.

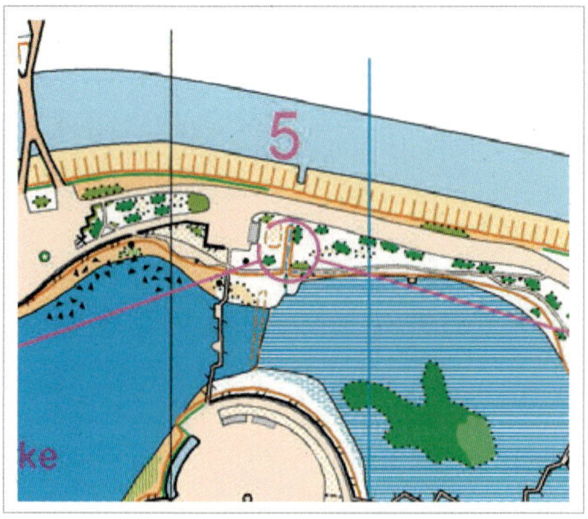

〈그림1〉 컨트롤 표기

〈그림2〉 컨트롤 표기 생략

2: 컨트롤 설치 지역

가) 컨트롤의 위치 또는 근처에 위험요소가 없는 고려해야 한다.

그 위치는 지도에 표시한 특징물에 정확히 표시하여야 하며 주변 지형의 각도, 거리가 정확해야 한다〈그림3 참조〉.

나) 컨트롤을 확인하고 나가는 선수를 들어오는 선수가 확인하여 찾아지는 경우를 검토해야 한다.

다) 지도상에서 확인할 수 있는 공격포인트가 없는 지형의 작은 특징물에는 설치를 금한다.

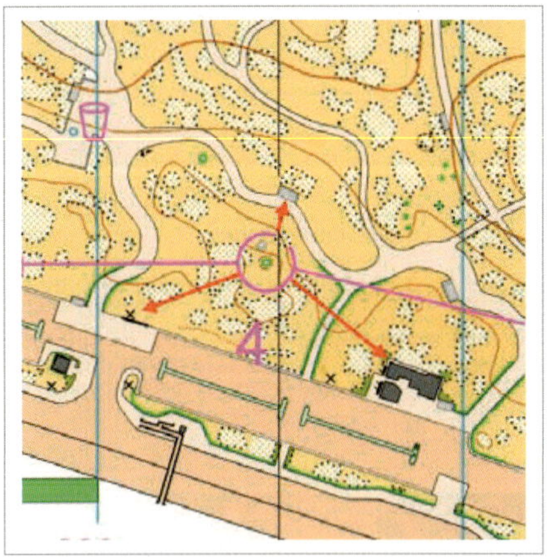

〈그림3〉 컨트롤 위치의 확인

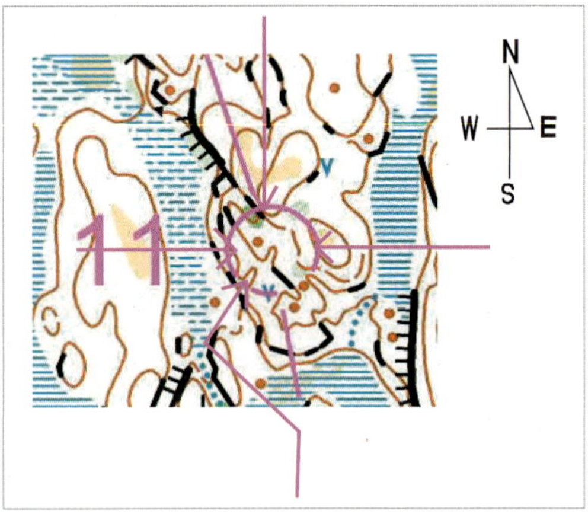

〈그림4〉 컨트롤 설치

3: 컨트롤의 선택

가) 컨트롤마다 경기자가 도착하여 확인 후 다음 컨트롤의 공격루트를 어떻게 설정할 것인가도 생각하여 다음 설정에 반영한다.

나) 컨트롤 플랙(마커)의 설치지점(컨트롤위치설명표의 G란 표시)은 경기자가 공격(예상)해 오는 반대방향 또는 사각지대에 설정해 주는 것이 좋다.

특징물을 먼저 찾고 G란을 참고하여 지점을 확인하도록 설정한다〈그림4 참조〉.

다) 마지막 컨트롤은 쉽고 도착을 용이하게 할 수 있는 안전한 장소를 선택한다.

라) 서로 다른 코스의 컨트롤을 너무 가깝게 설치하면 컨트롤 지점을 정확하게 찾은 선수를 잘못 인도할 수 있다. 컨트롤은 서로 30m 거리를 두고 설치해야 한다.

4: 중간구간(Leg)

가) 어떤 루트를 선택해야 할지 생각하게 한다.

① 다음 컨트롤은 어느 루트를 이용해야 유리한지 판단케 한다.

② 난이도를 주어 습득한 기술과 능력을 발휘하도록 한다.

나) 지도읽기에 충실하도록 한다.

① 선상, 대형특징물을 피하고 지도를 자세히 보도록 한다.

② 여러 클래스가 겹치는 경우가 가급적 없도록 주의해야 한다.

다) 컨트롤 구간에는 가급적 많은 특징물을 두고 나침반 조작이 우선되는 구간은 될 수 있으면 거리를 짧게 한다.

라) 코스표시부분(원과 선)이 혹시 경기자의 경기진행에 장애가 없는지 코스 인쇄 시 생략하는 부분도 고려해야 한다〈그림2 참조〉.

마) 경작지나 출입제한구역, 위험한 장소가 있으면 지도에 표기하고 현장에도 통제선을 설치하여 접근하지 못하게 한다.

① 큰 바위벽, 위험한 수계(호수, 큰 연못, 습지), 경사가 심한 곳

② 군용 사격장, 철도 건널목, 가축사육지.

바) Dog-leg(공격한 코스를 다시 돌아 나오는 코스)이 되지 않도록 설정한다〈그림6 참조〉.

〈그림5〉 중간구간

〈그림6〉 Dog-leg의 예

5: 도착〈그림7 참조〉

가) 최종 컨트롤까지가 경기자의 기술과 운영으로 임하는 것이며 그 뒤부터 도착까지는 힘들이지 않고 갈 수 있도록 한다.

나) 가급적이면 유도테이프(지도에도 표기)를 설치하며 마지막 부분 20m 정도는 직선으로 한다.

다) 경기자의 체력이 많이 소모 되었으므로 자동차나 사람이 많은 곳 등 위험 또는 장애가 있는 곳은 피하는 것이 좋다.

라) 도착지점은 주위가 트이고 넓은 장소를 선택한다(공터, 학교, 야외 운동장 등).

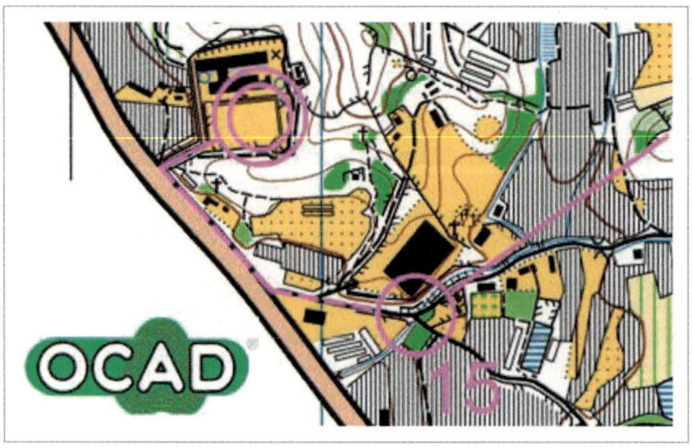

〈그림7〉 유도구간과 도착

3 코스별 설정의 실제 및 주의사항

코스는 행사의 목적과 성격에 따라 다양하게 적용해야 한다. 기본 종목 외에도 트레이닝이나 흥미로 이용하는 스타, 빙고, 윈도우, 맵 메모리, 코리도올, Blank, 등고선, 릴레이 Multi-O등 다양할 수 있으나 여기에서는 Foot-O(기본/포인트 오리엔티어링) 위주의 코스와 타 종목은 간단히 다루기로 한다. **쉬운 코스**, **중간형 코스**, **어려운 코스**, **엘리트 코스**로 분류하고자 한다.

1 기본 코스 설정(Foot-포인트 방식)

1: 쉬운 코스

가) 적용범위 : 처음 접하는 초등학생, 중고등학생, 초보자, 교육 시

나) 중점사항 : 오리엔티어링에 대한 이해와 흥미를 가질 수 있게 한다.
오리엔티어링 지도이해와 나침반의 역할과 사용법의 이해를 돕는다.

다) 코스설정

① 주로 뚜렷한 선형특징물을 이용한다(도로, 도랑 등).

② 나침반에 의존하지 않고도 경기를 할 수 있다.

③ 시야가 탁 트이고 주행이 용이하며 안전한 곳이어야 한다.

④ 구간이 짧아야하며(3±0.5km내외/평균시간 30±10분) 컨트롤 수도 적고 그 주위에 가면 쉽게 찾을 수 있게 한다.

2: 중간형 코스

가) 적용범위 : 3-4개월(3-4회) 경험자, 여30대, 남40대 이상

나) 중점사항 : 기본적 숙지사항을 익힌 최소 3-4개월의 지속적인 경험이 있는 경우로 기술적인 오리엔티어링이 될 수 있도록 한다.

다) 코스설정

① 기본적인 루트선택을 할 수 있는 정도여야 한다.

② 등고선을 이용한 코스(돌출부, 골, 등성이등)를 설정하여 지도읽기에 충실하게 한다.

③ 100m 정도를 추정하게 하며 나침반 조작의 라프, 파인법을 응용하게 한다.

④ 어택포인트, 에이밍 오프를 포함시킨다.

⑤ 가급적이면 돌출 특징물(구덩이보다는 독립바위 등)을 이용한다.

⑥ 시야가 낮지 않은 곳으로 하며 컨트롤위치설명표의 G란을 이용하게 한다.

3: 어려운 코스

가) 적용범위 : 남녀 20대, 남 30대 경험자

나) 중점사항 : 나침반과 지도를 정확히 활용하여 기술을 바탕으로 하는 경기에 임할 수 있는 것이 좋다.

다) 코스설정

① 어떤 루트를 선택해야 하는지 판단을 요하는 구간을 가급적 많이 둔다.

② 지도읽기에 충실하게 하고 방향을 찾아 가는데 많은 생각을 하게 한다. 주력의 구간도 첨가한다.

③ 구간의 거리도 다양하게 하며 특징물의 선택도 다양하게 사용하여 경기자가 방향결정 능력과 주력을 발휘하게 한다.

④ 등고선을 이용한 곳이나 특별히 떨어져 있는 점형특징물은 난이도를 더해 준다.

⑤ 컨트롤위치설명표의 각 란을 가급적 많이 기록하여 먼저 특징물을 찾을 수 있게 하고 설명표의 내용을 확인하게 한다.

4: 엘리트 코스

가) 어떤 루트를 선택해야 하는지 판단을 요하는 구간을 많이 둔다.

나) 지도읽기에 충실하게 하고 방향을 찾아가는데 많은 생각을 할 수 있게 한다.

다) 특별한 경우 아니면 선상특징물은 피한다.

라) 구간의 거리도 다양하게 하며 특징물의 선택도 다양하게 사용하여 경기자가 방향결정 능력과 주력을 발휘하게 한다.

마) 시간을 두고 코스를 여러 번 점검한다.

2 국제 대회 기준 특성

항 목	Sprint-O	Middle-O	Long-O	Relay-O
컨트롤	기술적 쉽게	난이도 높음	각종 기술 적용	각종 기술 적용
루트선택	높은 집중력 필요	소.중 규모의 루트 선택	대규모 난이도적용	소.중 규모의 루트 선택
주행 타입	초고속	기본적으로는 고속형 이지만 복잡한 지형 은 속도 조절 필요	신체적인 과제를 높게 둘 것. 지구력과 페이스 배분	고속 다른 경기자와 빈번히 만남.
경기장 지형	달리기 편한 공원 시내, 산림, 관객이 경기장 진입 허용	기술적으로 난이도를 높임	재미, 흥미로운 루트 선택이 가능하며 신체적 부담이 큰 지형	적절한 루트 선택이 혼합. 난이도 필요 지형
지도 축척	1:4,000, 1:5,000	1:10,000(15,000)	1:15,000	1:10,000(15,000)
우승설정시간	12-15분	30-35분 예선은 짧게	남자 90-100분 여자 70-80분 예선은 짧게	30-60/1인 주자 남자 총 135분 여자 총 120분
IOF 규칙 부록 6 참조				

3 Ski-O, MTB-O의 코스 설정

1: 지도에 코스를 추가로 경기규정에 명시한 대로 추가로 표기한다(현재의 우리나라 실정은 〈Ski-O, MTB-O지도를 제작하지 않음.).

2: 코스 설정은 주 주행로에 설치하는 것보다는 옆으로 빠지는 조금은 판단력을 요하는 곳으로 설정한다.

3: 지도에는 컨트롤 번호와 기호(조금 작게)를 적는다.

4: 컨트롤 플랙(마커)은 스키나 자전거를 탄 상태로 펀칭하기 좋도록 준비해야 한다(어깨 부분). 길에 설정 시는 약간 한 쪽으로 치우쳐야 한다.

4 Trail-O 코스 설정

1: 단순히 동, 서, 남, 북 등 방위의 위치를 선정한 컨트롤 설정은 지양해야 한다.

2: 지도의 상황을 판단하고 컨트롤위치설명표의 내용을 파악하여 답을 결정할 수 있도록 하여야 한다.

가) 특징물의 선정

– 흙 벼랑의 위치의 선정

– 골짜기의 위 아래의 선정

– 도랑 등의 위치 선정

– 식생의 경계 선정

– 답이 없는 것

나) 나침반 조작의 skill

– 나침반을 조작하여야 만 정답을 가릴 수 있는 경우

다) 지형의 상황을 고려한 skill

– 주위의 지형을 보고 판단해야 하는 경우

3: 엘리트 클래스의 설정 예(Solution)

아래 그림은 Trail-O의 설치된 컨트롤의 모습과 그에 대한 설치를 설명하고 정답을 알려준 정답지(Solution)이다. 밑에 기재한 A, B 등은 정답 컨트롤의 순번(결정점에서 왼쪽으로 부터 오른쪽으로 메겨진 A-E 순)이다.

〈봉우리에 설치한 경우와 Solution〉

〈숲에 설치한 경우와 Solution〉

〈등성이에 설치한 경우와 Solution〉

5 클래스별 코스설정의 기준(예)

1: 연령의 구분

클래스＼구분	연령	거리(km)	컨트롤 수	코스설정 시 주의사항 여자	코스설정 시 주의사항 남자
초보자(남,여)	제한없음	3±0.5	6-7	남, 여 구분없이 흥미있게 설정	
초등부(남,여)	초등학생	3±0.5	6-7		
중등부(남,여)	중 학 생	3±0.5	7-8		
고등부(남,여)	고등학생	3±0.5	7-8	상황에 따라 설정, 흥미	
에리트(남,여)	유자격자	7-9	13-15	-거리는 남자보다 2-3km 짧게 설정 -난이도 적게 -별도 코스 제공	-코스의 단독 운행 -루트선택의 기회 제공 -난이도 많이
20 대 (남,여)	20-29세	6-8	12-14	-거리는 남자보다 2-3km 짧게 설정 -난이도 1/3정도 -남자코스와 별도	-코스의 질을 높임 -루트선택의 기회 제공 -난이도 2/3정도
30 대 (남,여)	30-39세	5-7	12-14	-거리는 남자보다 2-3km 짧게 설정 -난이도 15% -체력소모 적게	-코스의 질을 높임 -루트선택의 기회 제공 -난이도 2/3정도
40 대 (남,여)	40-49세	4-6	10-12		-코스의 질을 높임 -루트선택의 기회 제공 -난이도 2/3정도
50 대 (남,여)	50세↑	3-5	8-10	남, 여 구분않고 흥미 유발 필요	

주 1) 남자 M 여자 W 엘리트 E 예) 남자엘리트 ME, 여자엘리트 WE

2) 위의 내용은 절대적인 사항이 아님.

가) 일반적인 한국의 전국 규모의 대회 포인트-O 개인경기 기준임.

나) 현재 등급을 더 세분할 수도 있음. 예)M20을 M20A, M20B, M20C 등

2: 경험의 세분

구분	대상자	코스설정의 유의 사항
경험	N 순수 초보자	루트 선택보다 방향결정, 지도읽기에 익숙토록 하는 것이 가장 중요하다. 가능한 컨트롤은 큰 특징부나 특징물에 둔다.
	C 초보자(처음)	
	B 약간의 경험자	컨트롤의 설치기준은 위와 같이 하고 컨트롤까지의 진로는 지도를 읽고 선택할 수 있는 능력을 기르는데 중점을 둔다.
	A 경험 다수자	컨트롤은 되도록 적게하고 컨트롤 사이의 구간을 길게 잡아서 루트 선택의 기회를 많이 준다.
거리	S (짧은 거리)	일정 클래스를 짧은 거리로 구분하는 경우로서 다른 클래스와의 비교 조정해야 한다.
	L (긴 거리)	일정 클래스를 긴 거리로 구분하는 경우로서 다른 클래스와의 비교 조정해야 한다.

4 컨트롤 플랙(마커) 설치법

1 장비의 점검

1: 반드시 규격 장비를 사용해야 한다.

2: 장비의 구성 내용을 확인(컨트롤 기호, 펀치〈또는 인자기구, 전자감지기〉, 끈, 필요시 안내문 등) 한다.

3: All control이 그려진 지도를 준비하고, 자연물 또는 기둥이 필요한지를 판단하여 필요한 자재를 준비한다.

2 구역의 확인과 분배

여러 명이 동시에 설치할 때 All control 지도에 구역의 구분을 명확히 한다. 정해진 구역에 따라 플랙(마커)을 분배한다.

3 설치의 기본 사항

1: Foot-O

가) 시주할 때 컨트롤 플랙(마커) 설치 지점을 리본 등으로 표시해 놓는 것이 좋으며 설치할 때 그것을 최대한 활용한다.

나) D란의 특징물을 정확히 찾아야 한다.

다) G 란의 위치는 Lough compass법을 이용하여 8 방위를 확인한다.

라) 설치 기준에 맞게 한다.

① 자연, 지형물, 인공 설치기둥(지지대)을 준비한다.

② 플랙(마커) 밑 부분이 지상에서 25cm 높이에 설치한다〈그림8 참조〉.

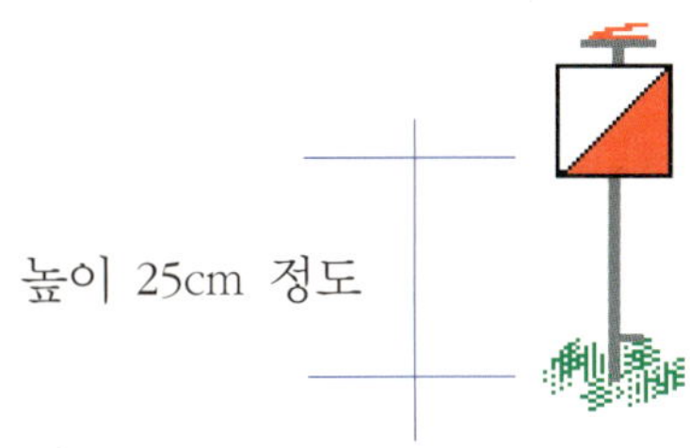

〈그림8〉 컨트롤 플랙(마커) 설치 기준

③ 지도의 표기, 컨트롤위치설명표의 내용, 현장에서의 상황이 일치되어야 하며, 경기자가 특징물을 찾았을 때 눈에 잘 띄게 하여야 한다.

④ 간혹 매듭이 풀리는 경우가 있으므로 이를 감안해야 한다.

⑤ 전자펀칭시스템일 경우 컨트롤 플랙(마커)와 SI system은 'Station', EMIT system은 'Unit'를 같이 설치해야 한다〈그림9 참조〉.

- SI system-

-EMIT system-

〈그림9〉 전자 펀칭시스템 설치

마) 퍼머넌트 코스의 운영

이동식이 아닌 퍼머넌트는 특징물에 미리 컨트롤 플랙(마커)을 고정 설치하여 클래스에 따라 그 컨트롤을 선택하여 코스를 설정할 수 있다.

바) 소, 대형 특징물의 설치 구분

컨트롤은 6mm의 원으로 표시한다. 특징물은 원의 중심에 두게 되어 있다. 선상이나 점상 특징물(소형)은 그 중심에 두는 것은 문제가 없다. 그러나 지역 특징물(큰 습지나 식생계)이나 대형 특징물(건물이나 긴 바위벽)은 설치 및 표기에 주의해야 한다. 이들의 표현은 컨트롤로 사용되는 지점에 원의 중심을 둔다.

〈그림10〉 **대형 특징물의 설치**

2: 다른 종목의 설치 모습

가) Ski-O는 그림과 같이 Foot-O와 다르게 일정한 높이에 설치된다.

〈그림11〉 Ski-O **설치**

나) MTB-O도 Ski-O와 같은 방식이거나 아래와 같이 설치된다.

〈그림12〉 MTB-O **설치**

다) Trail-O 는 그 지점에 여러 개의 컨트롤이 설치〈2-5개〉되어 있으며 그 중 컨트롤 위치설명표의 내용을 보고 정답 컨트롤을 확인하고 컨트롤카드의 맞는 칸〈A-E란 중 1개〉에 펀칭을 하게 되는 것이 좀 다르다. 정답이 없는 경우도 가능하다. 높이는 50cm에서 2m정도의 높이로 설치된다.

〈그림13〉 Trail-O **설치**

라) Micr-Orienteering경우는 여러 개를 설치하는 경우와 기존의 방식대로 하나만 설치하는 경우가 있다.

149

ORIEN
소망팀
ORIEN
의망팀
www.ossp.co.kr
사)대한오리엔티어링연맹 경기

PART:7

오리엔티어링 프로그램

소망팀 의망팀

GYEONG
GI
DO
ORIENTEERING
GYEONG
GI
DO
ORIENTEERING

오리엔티어링 종목도 엘리트 부문과 생활체육으로 또는 흥미를 위한 경기 방식을 필요로 한다. 엘리트 부문은 경기력 향상을 위한 방법으로 진행되어야 하며 생활체육이나 흥미를 위한 방법으로는 기본 방식을 변형한 경기 방식을 도입하여 운영할 수 있다. 기본적인 방법을 숙지하고 현장에서 응용할 수 있으면 한다. 그 방법 중 몇 가지만 소개해 본다.

1 Line-O

1: 지도 상에 라인을 그어놓고 경기자가 그 라인을 정확히 따라 가며 설치된 컨트롤(펀칭 또는 미션 수행 등)을 해결해 가는 형식이다.

2: 경기 경험자이여야 하며 지도 읽기 훈련용으로 매우 적합하다.

3: 트인 지역에서의 초보자 적용, 미션 수행 등 병행.

〈Line-O 지도 모습〉

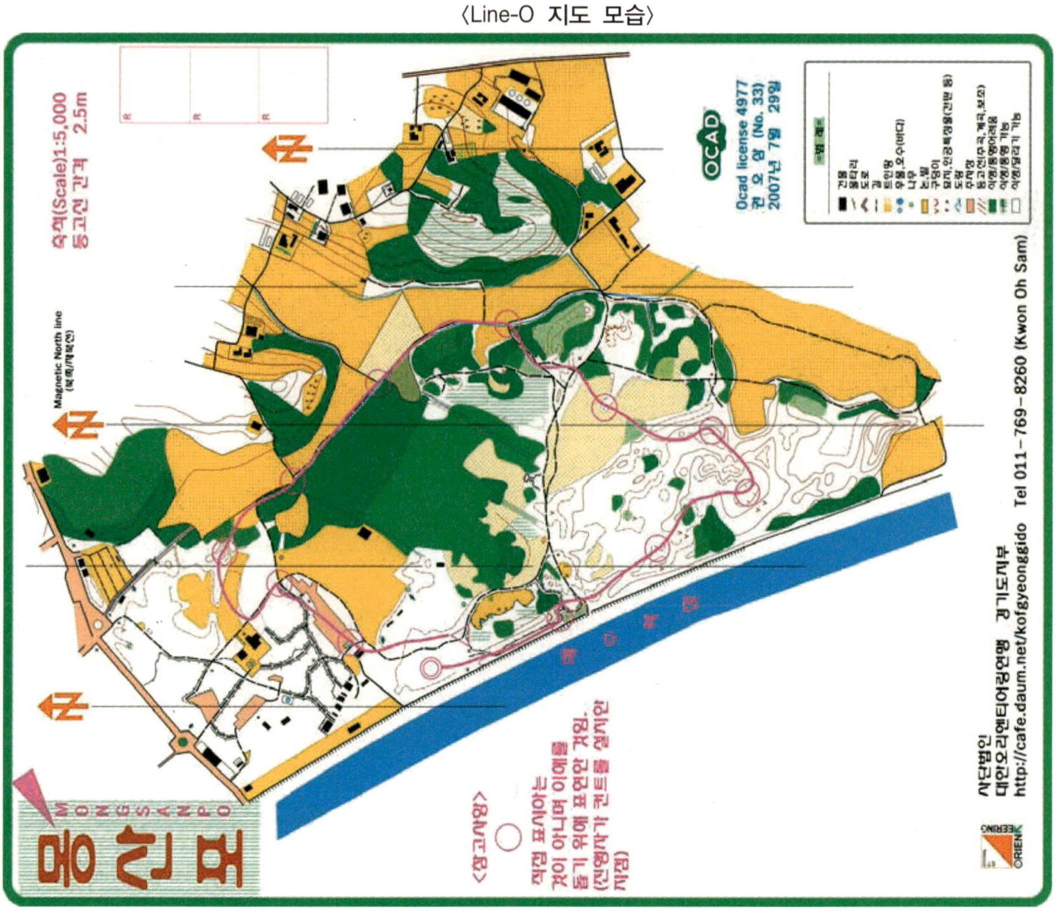

2 Relay-O

1: 지도상에 Point-O방식으로 약 3개의 코스를 만들어 각 팀(국제대회 3인)의 개인이 이어 달리기(바톤 터치)를 하며 종합 시간으로 순위를 정하는 형식이다.

2: 단체에 적용하며 경기력 향상과 협동심을 길러 줄 수 있다.

3: 코스를 쉽게하여 초보자 적용.

〈Relay-O 지도 모습〉

* 3개의 코스를 이미지화 했음.

3 Score-O

1: 여러 지점을 정해 거리와 남이도의 차이에 따라 각각 점수를 부여하여 제한된 시간 안에 많은 컨트롤을 찾아 펀칭해 오면 그 점수를 합하여 순위를 정하는 방법이다.

2: 스스로의 오리엔티어링 기술을 시험해 볼 수 있다. 나침반 조작능력 향상, 지도 읽기 능력 향상.

3: 지도 이해와 나침반의 조작과 기능을 습득하면 초보자도 가능.

〈Score-O 지도 모습〉

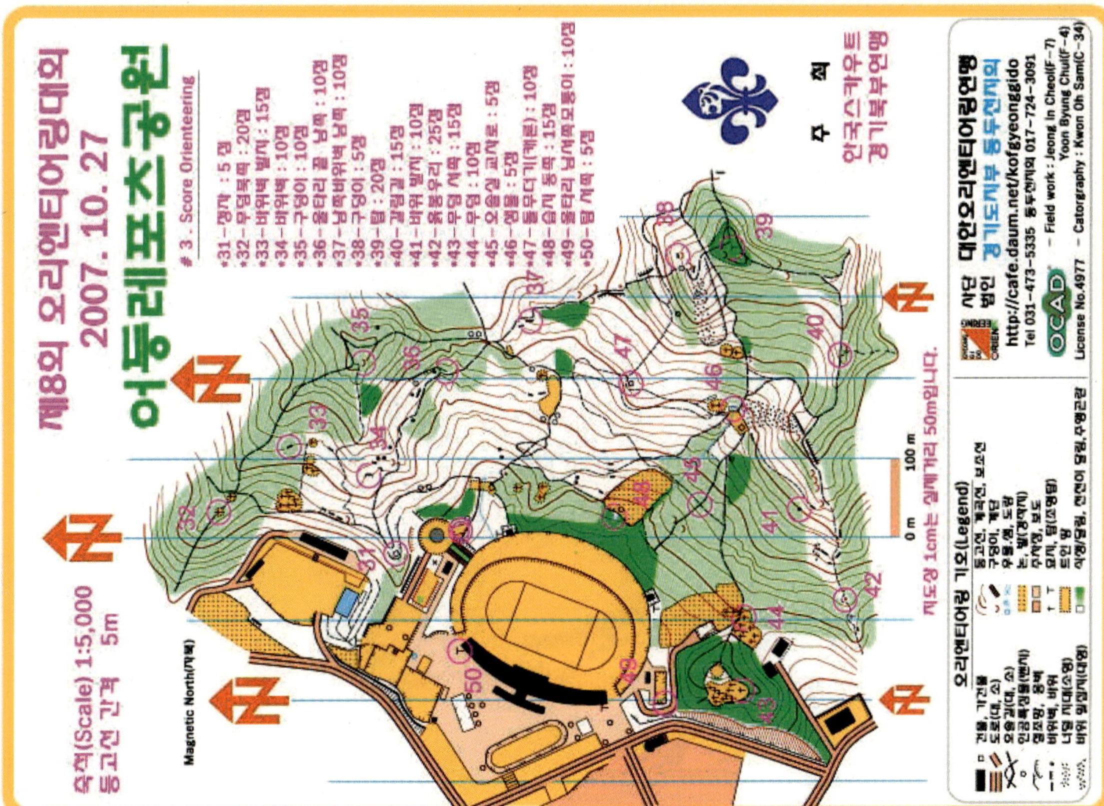

4 Star-O

1: 지도상에 출발점을 중심으로 여러 개의 컨트롤 표시를 하여 개인이 일정의 수를 한 개씩 연속으로 찾는 경기 형식이다.

2: 나침반 조작능력, 방향과 지도의 숙달 훈련에 적합하다.

3: 트인 지역에서 초보자 적용, 성인 나침반, 지도 읽기 훈련 적용.

〈Star-O 지도 모습〉

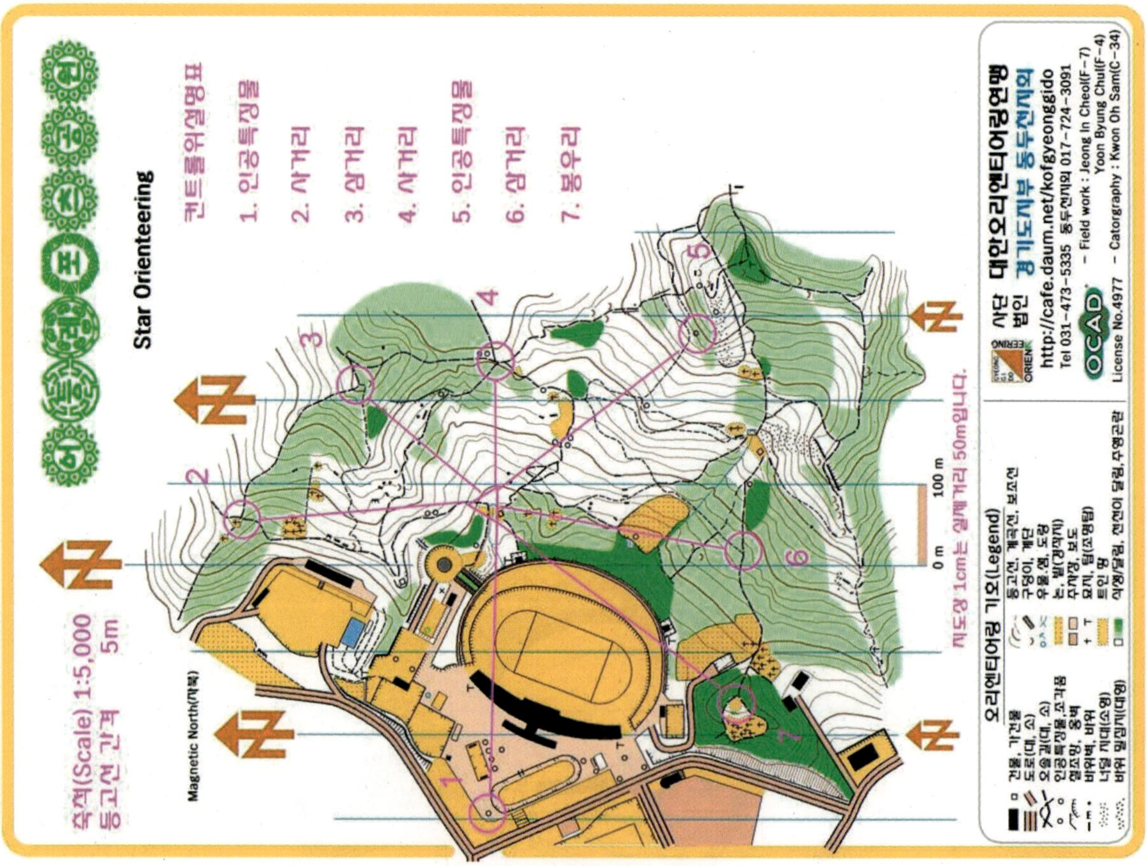

5 Trail-O

1: 지도의 컨트롤을 지도, 나침반, 컨트롤위치설명표를 확인하여 정답인 컨트롤을 찾아 펀칭해 오는 형식으로 점수로 순위를 정한다.

2: 1개 컨트롤구역에는 여러 개의 컨트롤이 설치(집단)되어 있다.

3: 정답을 정하는 결정점(DP/Decision Point)이 있다.

4: 거동 불편한 자, 고령자의 프로그램으로 적합.

〈Trail-O 의 컨트롤 설치 모습〉

〈Trail-O 지도 모습〉

안산 호수공원
Ansan Lake Park
Scale 1:4000/Contours 2.5m
제1회경기도지부배Trail 대회
Trail-O A
2.5 km
10 m
350 m
OCAD 10 Trial
Mobile 010.3769.8260
GMS Fieldwork : 2009. 1-4월
Cartographer : Kwon Oh Sam
(사) 대한오리엔티어링연맹 경기도지부
Ansan Lake
License No.4977
OCAD 9.7.1 Professional
Kwon Oh Sam(No.C-54)
0
120m

6 Bingo-O

1: 지도상에 Score-O 방식으로 여러 개의 컨트롤 표시(원)만 하고 순번이나 기호는 주어 지지 않으며 임무를 수행하고 빨리 골인하는 방법이다.

2: 운영 종류 : ① 숫자를 정하고 그를 다 찾으면 골인하는 형식.

② 문자(문장)를 주고 그를 다 찾으면 골인하는 형식.

3: 초보자의 흥미, 기업체나 단체에 워크숍, 연수 등에 매우 적합.

〈Bingo-O 지도 모습〉

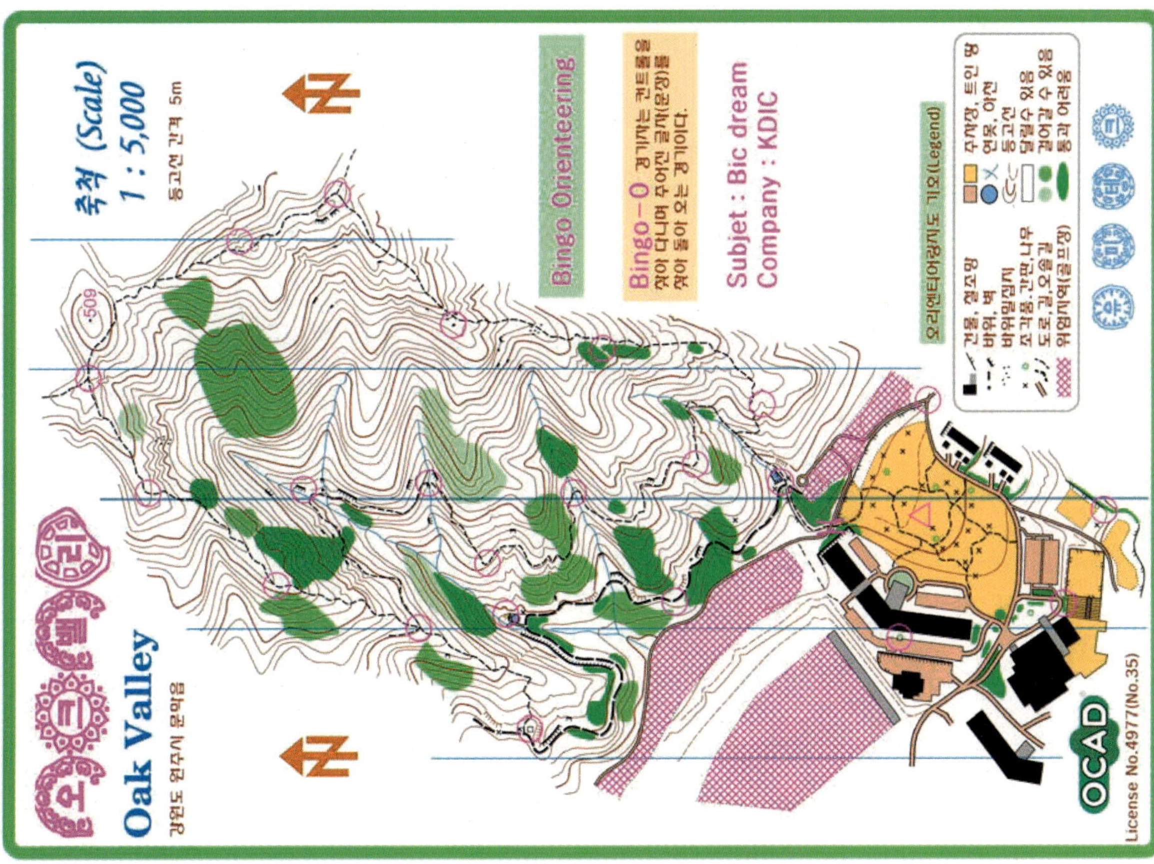

7 Window-O

1: 지도상에 컨트롤 부분만 지도 내용이 보이고 그 외 지역은 가려진 지도를 보고 하는 방법으로 소요시간으로 순위를 정한다.

2: 거리 재기 및 나침반 조작, 지도 읽기 훈련에 적합하다.

3: 미션 수행 초보자 적용.

〈Window-O **지도 모습**〉

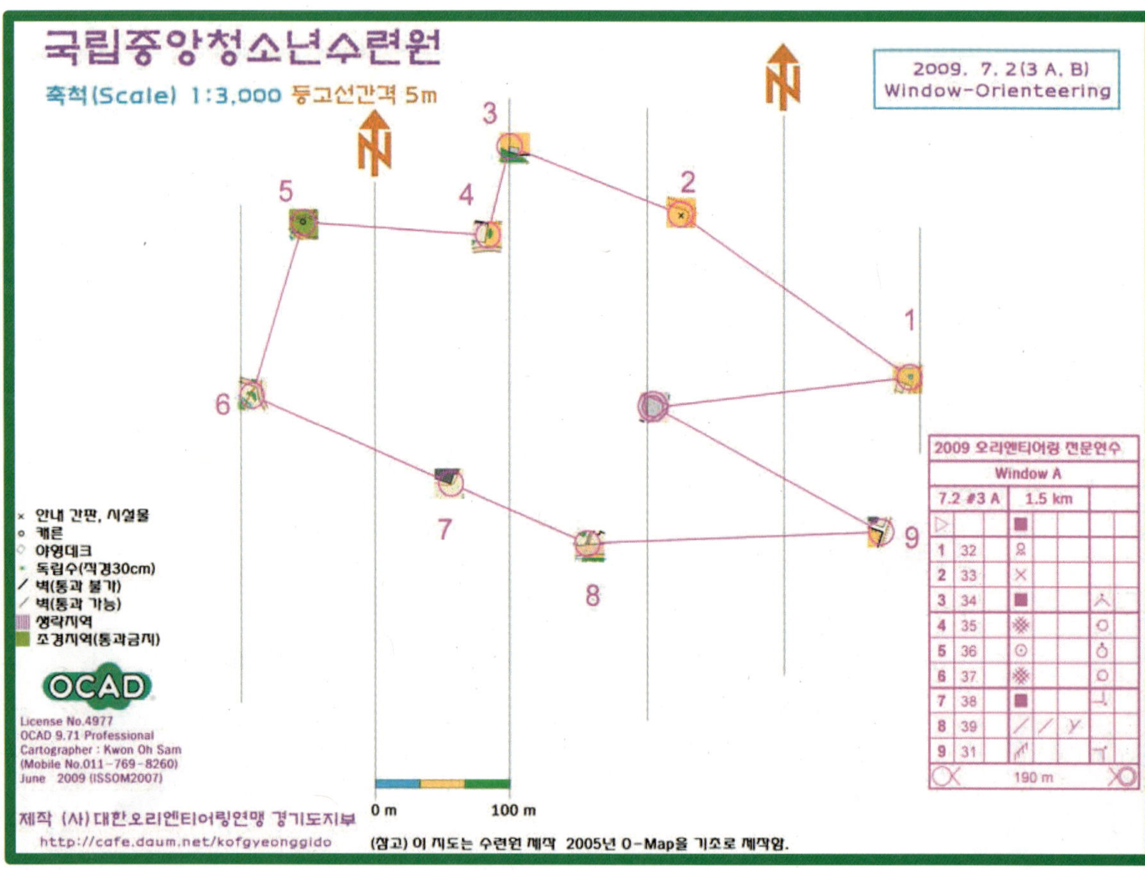

8 Corridor-O

1: 지도 상에 컨트롤과 컨트롤 구간만 지도 내용이 보이고 그 외 지역은 가려진 지도를 보고 하는 방법으로 소요시간으로 순위를 정한다.

2: 거리 재기 및 나침반 조작, 지도 읽기 훈련에 적합하다.

3: 미션 수행 초보자 적용.

〈Corridor-O 지도 모습〉

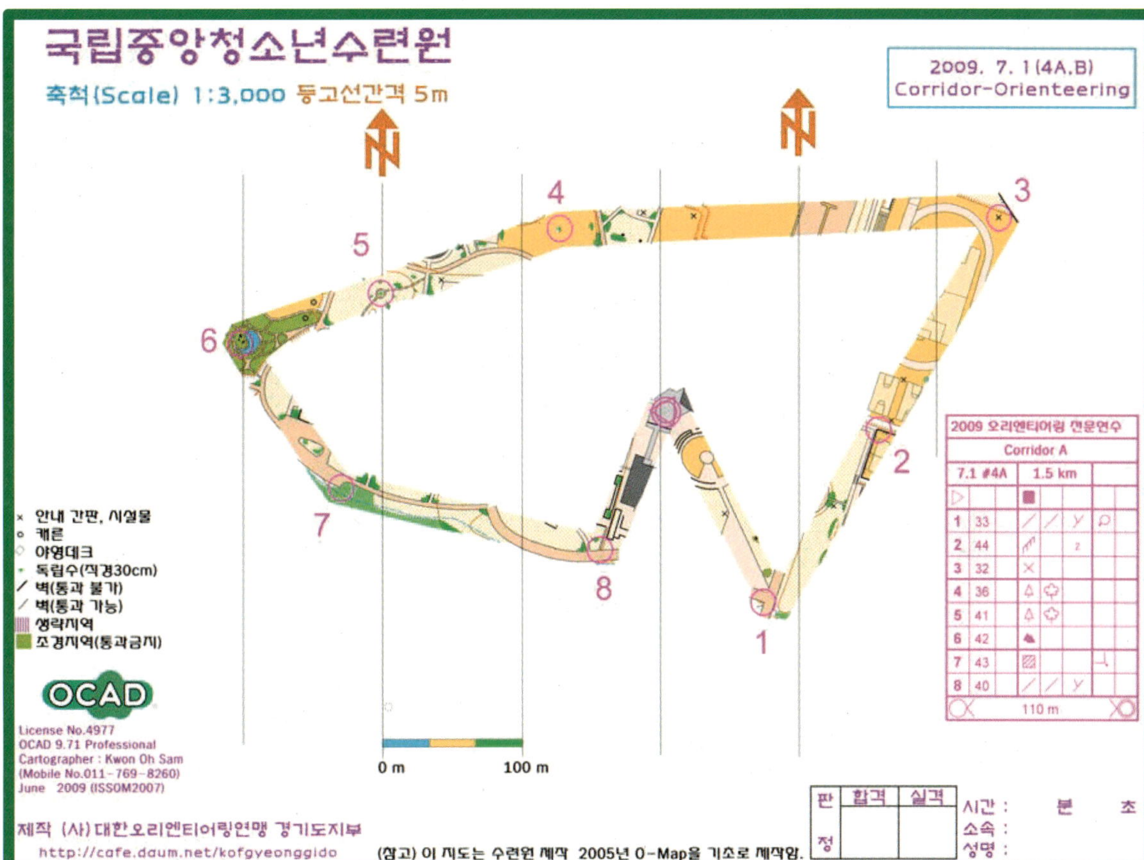

9 Puzzle-O

1: 지도 조각 또는 다른 조각을 완성하는 형태로 운영하는 방식이다.

가) 지도를 조각내어 그를 빨리 찾아 붙여 경기를 시작하는 방식.

나) 어떤 모형이나 그림을 택해 조각을 내어 매 컨트롤에 비치 후 컨트롤 카드에 그림 조각과 동일한 모형을 그려 오는 Bingo형 방식.

다) 스티커 등을 이용하여 어떤 모형, 동물, 그림 등을 붙여 오는 방식(모형 조각 퍼즐).

2: 지도 읽기, 방향 결정, 협동심을 기리는 방법.

3: 청소년에 적합, 성인 흥미용 적용

〈모형조각퍼즐의 조각 비치 모습〉

10 Map Memory-O

1: 경기자는 지도를 소유하지 않고 컨트롤에 비치한 코스를 기억해서 매 컨트롤을 찾아 돌아오는 경기이다. 포인트, 스코어 방식도 가능하다.

2: 전문인이 필요로 하는 방식이다.

3: 트인 지역에서 초보자도 적용 가능, 성인의 모험적인 경기.

〈각 컨트롤에 설치된 다음 컨트롤 안내 지도 모습〉

11 Contour-O

1: 등고선 등 갈색 부분만 그려진 지도를 보고 주어진 컨트롤을 찾아 돌아오는 경기이다.

2: 전문인이 필요로 하는 방식이다.

3: 평지에서 초보자도 적용 가능, 성인의 모험적인 경기.

〈Contour-O 지도 모습〉

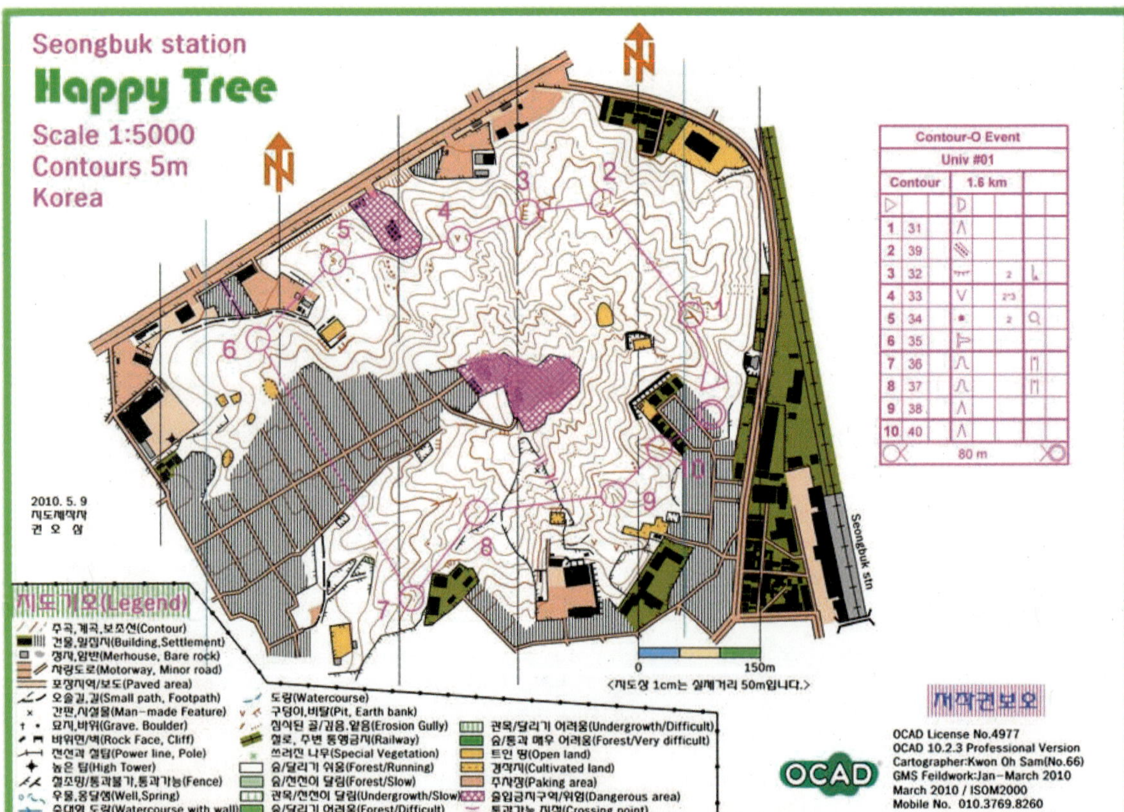

12 Blank-O

1: 백지에 컨트롤을 그려 지도, 나침반, 거리를 확인하며 매 컨트롤을 찾아 돌아오는 경기이다.

2: 나침반 조작능력, 방향과 지도의 숙달 훈련에 적합하다.

3: 초보자 적용은 금물, 경험자에게 적용(공원 등).

〈Blank-O 지도 모습〉

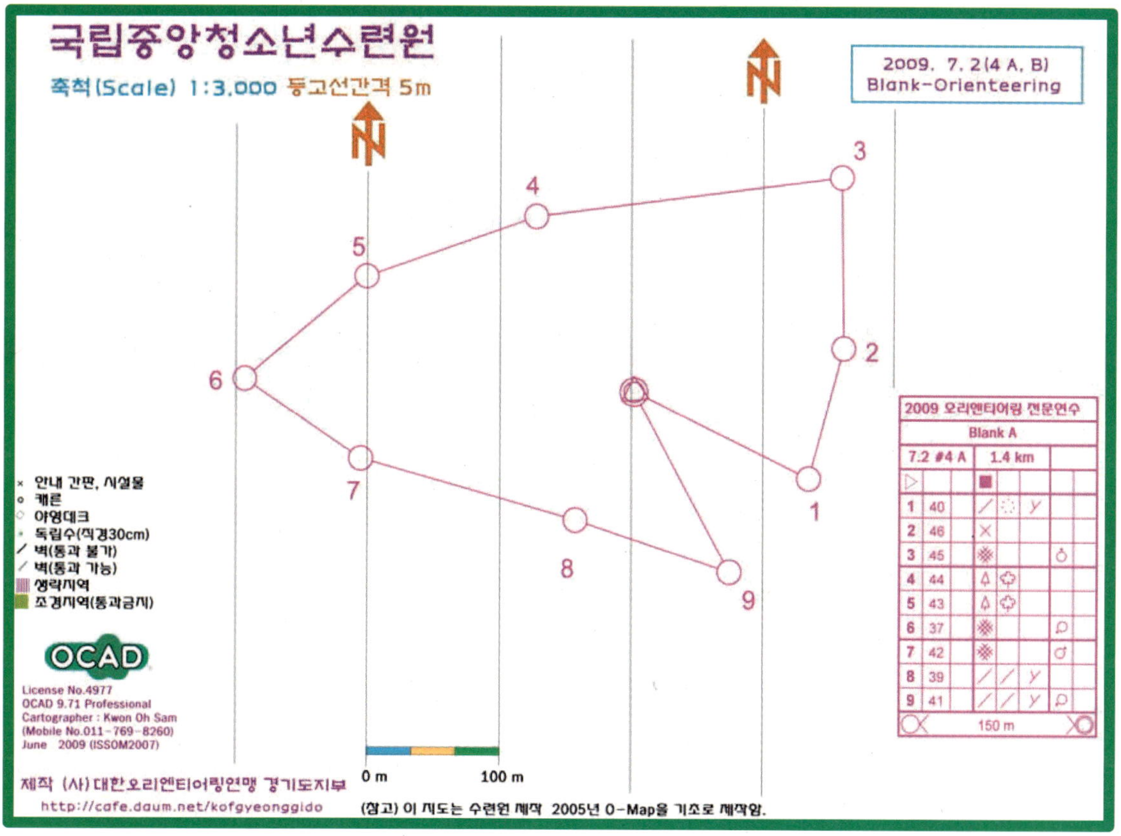

13 Multi-O & Mix-O

1: Multi-O는 서로 다른 오리엔티어링 경기를 혼합하여 연속으로 하는 경기. 3-4경기 정도를 연속 경기(코스 지도 3매/Race 경기)이다.

2: Mix-O는 1개의 코스에 여러 경기를 혼합하여 실시하는 경기방식이다.

3: 프로그램을 이해하고 경험이 있는 자에게 적용.

〈Mix-O 지도 모습〉

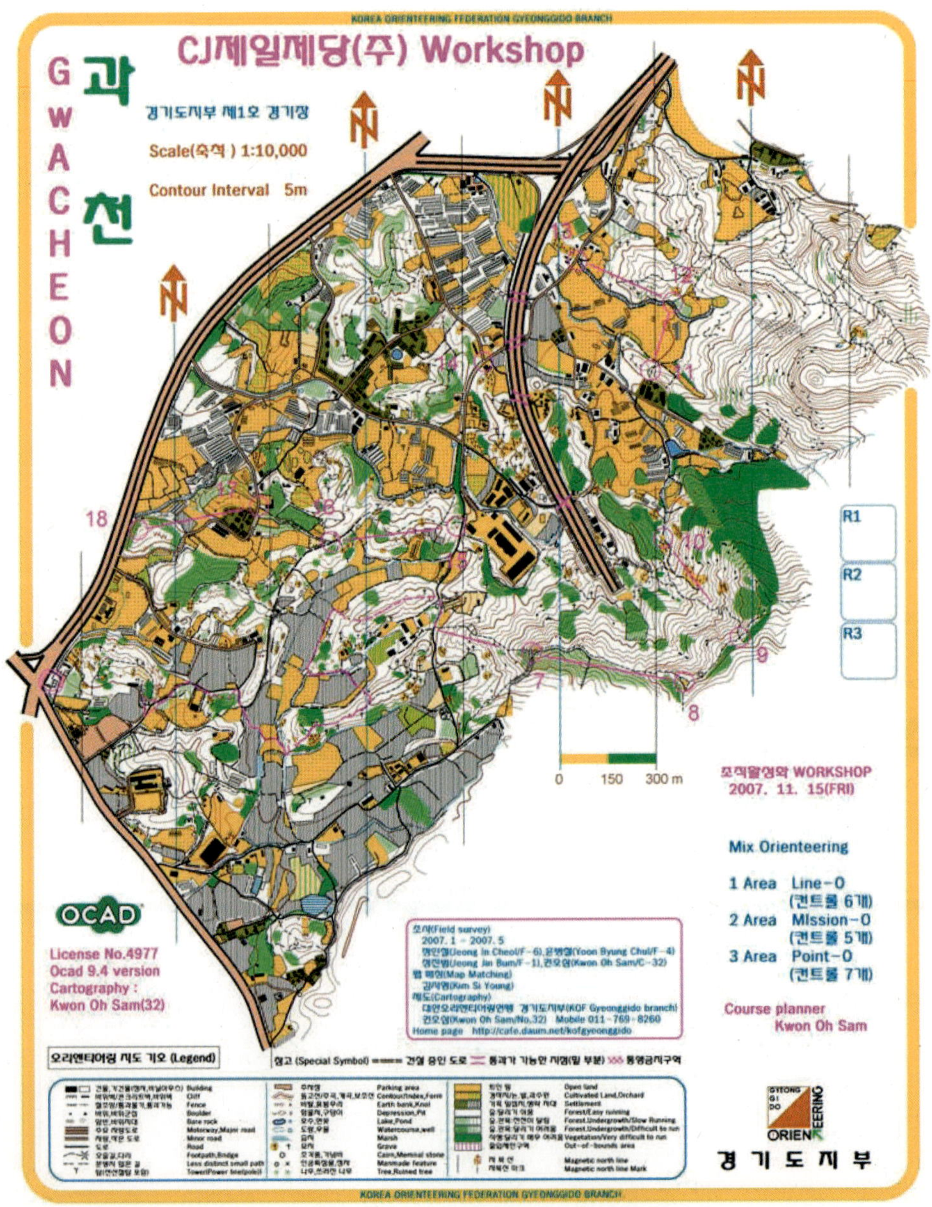

14 Mobile-O

1: 2인 1조의 경기로서 통신 수단(통신기기 등)을 이용한 경기이다.

- 한 사람은 경기(경기자)를 하나 다른 한명은 통신장비로 지도와 코스의 내용을 일러 주며(통신자)하는 경기 방식
- 경기자는 지도없이 하는 경기이다.

2: 협동심 배양, 구성원의 우정을 돈독히 한다.

3: 경험자, 통신회사의 마케팅에 적합.

〈Mobile-O 지도 모습〉

15 School-O/Bingo-O

1: 초 · 중 · 고 · 대학의 학교 현장 내에서 다양한 경기 방식을 응용하여, 체육수업, 교양 · 전공 과목 수업, 청소년 단체 프로그램으로 할 수 있는 방법이다.

2: 학교의 위치를 잘 알고 있어서 '오리엔티어링 프로그램'을 접목할 필요가 있다.

3: Point-O, Score-O, Puzzle-O, Bingo-O 등 방식을 추천한다.

〈School-O/Bingo-O 지도 모습〉

16 GPS-O

1: 퍼스널 GPS에 순서를 정해 미리 좌표를 확인하고 입력하여 지급하고 그 코스를 따라 운영하는 방식이다.

2: GPS 활용법과 지정한 지점을 확인하여 정확한 목표 지점을 도달하는 훈련에 적합하다. 단 GPS의 기초 오차 범위(작은 것이 안전)를 확인하여야 한다.

3: 초보자도 가능하다. 야간에도 가능하며 트랙을 이용한 준비와 운영이 필요하다.

〈GPS-O 지도 모습〉

PART:8

대회 운영 요령

1. 국제대회의 기준
2. 국내 대회 기준
3. 평가 및 보고

FINISH

(사)대한오리엔티어링연맹은 2005. 8월 최초로 '세계선수권대회(2005. 8월 일본 아이치현)' Foot, Trail부분에 대표선수를 파견하였다. 앞으로는 국제대회도 유치가 예상되며 국내로는 전국체육대회 종목으로의 역할이 기대된다. 따라서 이제는 국제대회의 흐름은 어떤 과정으로 진행되며 어떤 준비가 필요한지와 국내 대회의 준비부터 진행까지의 과정은 어떻게 준비되는지를 필히 알아야 할 것이다.

지금부터는 국제대회의 준비 사항의 기본과 국내대회 진행에 대한 과정을 살펴보기로 한다.

1 국제대회의 기준

대회의 종류에 따라 다소 다르게 적용된다.

1 국제대회의 대 분류

- 세계선수권오리엔티어링대회(World Orienteering Championships)
- 월드컵(World Cup)
- 세계쥬니어선수권대회(Junior World Orienteering Championships)
- 세계마스터스대회(World Masters Orienteering Championships)
- 지역오리엔티어링대회(Regional Orienteering Championships)
- 세계랭킹대회(World Ranking Events)

2 국제대회의 적용 규정

- IOF Anti-Doping Rule.
- International Specification for Orienteering Maps.
- Principles for Course Planning.
- IOF Control Descriptions.

- IOF에 6개월 전에 승인을 신청하여 규칙과 기준의 변경을 할 수 있다.

3 대회 요강

1: WOC(World Orienteering Championships)

- 매년 개최된다.
- 대회는 선발경기와 결승경기, 장거리(Long distance), 중거리(Middle distance), Sprint, Relay 경기, 개회식, 종료행사 및 각종 경기로 구성된다.

2: WCup(World Championships)

- 매년 개최된다.
- 개인, 릴레이로 구분하여 여러 개의 경기를 준비할 수 있다.
- World Cup대회는 별도로 개최할 수 있고 다른 대회와 동시에 개최 할 수 있다. 단 다른 대회와 같은 날 개최할 경우 World Cup 대회 경기보다 먼저 또는 나중에 해야 한다.

3: JWOC((Junior World Orienteering Championships)

- 매년 개최된다.
- 장거리, 중거리 선발, 중거리 결승 그리고 시작 행사, 종료 행사로 릴레이 및 각종 경기로 구성된다. 이 대회는 6일 이내로 구성해야 한다.

4: WMOC(World Masters Orienteering Championships)

- 매년 개최된다.
- 두개의 선발 경기와 결승 경기, 연습용 경기 등으로 이루어진다. 이 대회는 5일 이내로 구성해야 한다.

5: RC(Regional Orienteering Championships)

- 대회는 세계 각 지역에서 2년에 한번 정도가 이상적이다.

6: WRE(World Ranking Events)

- IOF World Ranking 대회로 선정된 대회는 IOF에 의해 연간 개최 횟수가 정해지고 IOF에 의해 정해진 규칙에 따라야 한다.

4 대회 신청

1: 각 국 연맹은 IOF대회를 개최를 요청할 수 있다

2: 신청은 연맹에 의해서 IOF 이사회로 전달되며 공식적인 신청 양식이 사용되어야 하고 필요한 모든 자료와 보증에 대한 내용이 있어야 한다.

3: IOF는 IOF 대회에 대해 후원금을 부과할 수 있다. 후원금의 규모는 최소한 대회 개최 신청일 마감 한 달 전까지 결정되어야 한다.

4: 대회 진행자가 규칙과 기준을 따르지 않을 경우, 신청서에 기재한 내용과 상이한 경우, IOF는 대회 개최 승인을 번복할 수 있다. 이 경우 대회 진행자는 어떠한 손해 배상을 청구할 수 없다.

5: 신청 시기

가) WOC : 홀수 해에 있는 경우, 신청서는 Championship 대회 개최 해당 년도 5년 이전 1월 31일 이전 신청해야 한다.

짝수 해에 있는 경우, 개최 해당 4년 이전 1월 31일 이전 신청해야 한다. 12개월 안에 계약으로 확정 한다.

나) WCup : 개최 해당 4년 이전 1월 31일 이전 신청해야 한다. 여러 개의 신청서를 제출할 수 있다. 우선순위로 설정된다.

다) JWOC, WMOC : 대회 진행 연맹은 IOF 협의회에 의해서 같은 해 10월 31일 예비 결정 된다. 6개월 안에 계약으로 확정 한다.

라) RC: IOF는 두개의 예비 선정을 할 수 있다.

마) WRE : 대회 개최 년 1년 이전 3월 31일 이전 신청해야 한다. 같은 해 10월 31일 까지 가부가 결정된다.

5 클래스(Class)

1: WRE : 주요 경기 등급은 W21과 M21 여자부 남자부이다. 각 연맹의 선정한 엘리트 선수로 참가 자격이 제한된다.

2: WOC, WC, RC : 나이 제한없이 남자부, 여자부 하나씩의 등급이 있다.

3: JWOC : 남자부 여자부 하나씩의 등급이 있으면 선수는 W20, M20에 참가할 수 있는 자격이 있다.

4: WMOC : W35, M35, W40, M40, W45, M45, W50, M50, W55, M55, W60, M60, W70, M70, W75, M75, W80, M80, W85, M85. 진행자의 판단에 의해 클래스를 만들 수 있다.

6 참 가

1: WOC, WCup, JWOC, RC

– 선수는 1년 동안 오직 한 연맹(국가)만을 대표할 수 있다.

– 연맹이 속한 국가에 시민권이 있어야 한다.

– 각 참가 연맹은 임원을 정해야 한다. 선정 팀 임원은 필요한 각종 정보를 입수 할 의무를 가진다.

– 사고에 대한 보험은 그들이 속한 연맹에서 전적으로 책임을 져야 한다.

2: WOC

– 모든 선수는 연맹을 대표한다. 각 연맹은 14명까지 팀으로 구성할 수 있다(여자 7, 남자 7). 특정 인원수의 임원을 선정해야 한다.

최대 임원수는 팀별로 같아야 하며 최소한 5명이어야 한다.

– 각 선발 경기에서 각 연맹은 여자 3명, 남자 3명까지 참가 할 수 있다. 결승에는 선발 경기의 15위까지가 참가할 수 있다. A-결승, 나머지는 B-결승으로 진행 한다.

– 릴레이 경기에서 각 연맹은 여자 한 팀, 남자 한 팀까지 참가 할 수 있고, 각 팀은 3 명의 선수로 구성된다.

3: WCup

– 모든 선수는 연맹을 대표한다. 각 연맹은 개인 경기에 여자부 남자부 각 6명씩 출전시킬 수 있다.

– 각 연맹은 릴레이 경기에 남자부 2팀, 여자부 2팀을 출전시킬 수 있으며 각 팀은 3명

의 선수로 구성된다.

– 선수는 동일한 WCup대회에 하나 이상의 연맹을 대표 할 수 없다.

– 선발전에서 17위까지 결승에 진출한다.

4: JWOC

– 각 연맹은 남・여 6명씩 12명으로 구성하며 임원은 4명이다.

– 장거리 경기는 단독 경기로 진행 된다.

– 중거리 경기 선발전을 거친 선수들 중 20번째까지는 A-결승, 나머지는 B-결승으로 진행 한다.

– 만약 연맹에서 릴레이 팀을 만들 수 없다면 불완전한 팀으로 되거나 다른 연맹 선수를 출전시킬 수 있다. 연맹은 남자부 여자부 각 6명까지 출전시킬 수 있다.

5: WMOC

– 선발전에 참가 했던 선수만이 결승에 참가 할 수 있다. 두 번의 선발전을 기준으로 할 때 각 선발전에서의 최고 선수들은 A-결승에 참가하고 그 다음 선수들은 B-결승에 참가 하게 된다.

– 160명 또는 그 이상일 때 각 선발전에서 A-결승에 참가하는 선수의 수는 같아야 하고 80명이 넘지 않아야 한다. B-결승도 마찬가지 이다.

– 20-160명일 때는 A경기를 반 정도하고 A경기와 B경기의 동등하게 분배한다.

– 20명보다 적을 때는 A경기 전원이 한다.

7 비 용

1: 대회 진행 비용에 대한 책임은 진행자가 가진다. 경기 비용을 충당하기 위해 진행자는 참가비를 받을 수 있다. 이 참가비는 가능한 적게 하고 IOF의 승인을 받아야 한다.

2: 각 연맹 또는 개인 참가자는 참가비를 지불해야 한다. 참가비 마감은 대회 6주 이전에 하여야 한다.

3: 마감 후 참가신청에는 부가 요금이 붙을 수 있다. 부가 요금은 IOF대회 관리자에 의해 결정된다.

4: 각 연맹 또는 개인 참가자는 숙박, 교통, 식사비용에 대한 책임이 있고 만약 숙박지에서 경기장까지 교통수단이 운영된다면 참가비에 포함시켜야 한다.

5: IOF의 대회 장소까지의 여비는 IOF에서 지불한다. 대회 장소에서 대회관련 업무 수행을 위한 비용은 진행자가 국내 규정에 의해 지불한다.

6: 주최 연맹에 의해 초청된 IOF대회 관리자의 비용은 주최연맹에서 국내 규정에 따라 지불한다.

7: 선수의 숙박비, 음식은 선택할 수 있게 다양해야 한다.

8 대회 정보

1: 모든 정보와 행사는 최소한 영어로 되어야 한다. 공식 자료는 서면으로 작성해야 한다.

2: WOC, WCup, JWOC

– 진행자나 IOF관리자는 자료를 공고문 형태로 제출해야 한다.

– 공고문는 IOF 홈 페이지에 공표는 IOF에 따라야만 한다. 공고문 3은 참가 팀에 E-mail로 통보해야 한다.

만약 자료가 더 필요하다면 해당되는 연맹에 보내져야 한다.

– **공고문 #1 (기초 자료)** 아래 내용을 포함하고 있어야 한다.

- 진행자, 대회 감독자, 대회 관리자, 운영자의 이름
- 주소, 전화번호, 팩스번호, E-mail 주소, 홈 페이지 안내
- 개최
- 경기 날짜와 형태
- 클래스 및 참가 제한 사항
- 훈련 계획
- 지역 일반 지
- 출입제한 지역
- 대회의 특징
- 출입 제한지역의 최근 오리엔티어링 지도 칼라 복사본(WOC)

– **공고문 #2 (초청)**는 아래와 같은 사항을 포함해야 한다.

- 공고문 #1(초청)에 포함된 모든 내용
- 참가 및 숙박 신청서
- 참가를 위한 기한(날짜) 및 주소
- 선수와 임원 참가비
- 참가비 지불을 위한 기한(날짜) 및 주소

- 숙박 및 식사에 대한 종류 및 비용
- 공식적인 숙박 예약을 위한 기한(날짜)
- 제공되는 교통편 자료
- 입국절차를 위한 자료(비자 등)
- 훈련 기회에 대한 상세 자료
- 지형, 기후 및 위험 지역에 대한 자료
- 축척, 등고선 간격에 대한 자료
- 대회 요강
- 경기 복장에 대한 기준, 필요시
- 코스별 거리 및 예상 우승시간
- 홍보를 위한 주소, 전화번호, 팩스번호, 메일 주소
- 경기장의 타입을 보여주는 최근 샘플 지도
- 팀별 최대 임원 수(WOC)
- 출입 제한 지역의 최근 오리엔티어링 지도 칼라 복사본
- 기자 및 연맹 대표를 위한 등록 절차

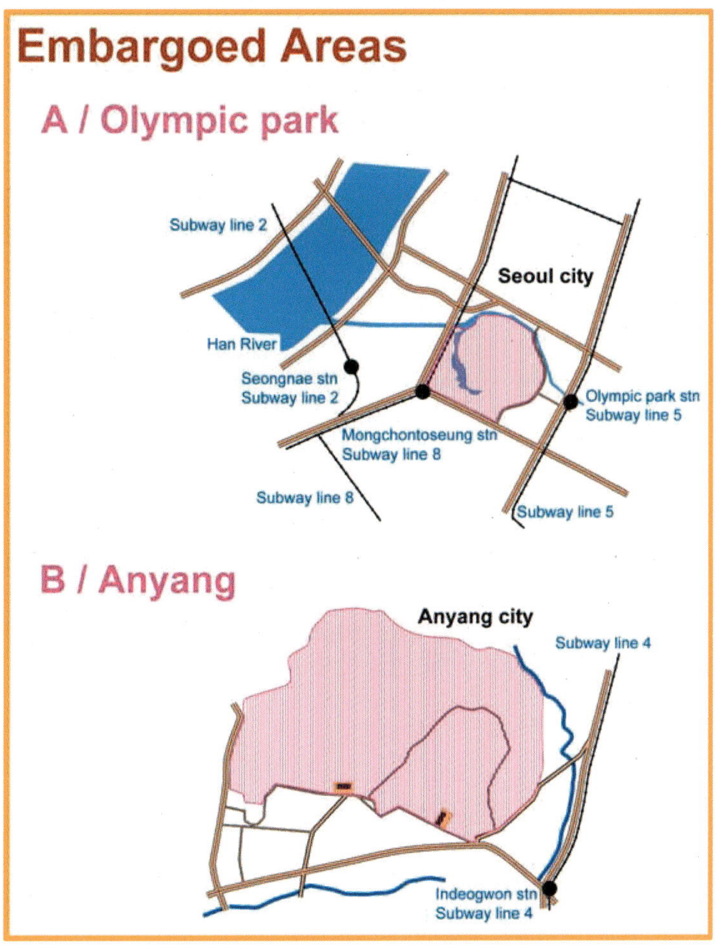

〈출입제한 구역 공지의 예〉

- **공고문 #3 (대회 자료)**은 아래와 같은 자료를 포함해야 한다.
  - 확정 참가자 통보 기한
  - 참가자 이름 통보 기한
  - 대회 상세 요강(출발 등급, 시간, 이름을 포함한)
  - 상세 지형 자료
  - 접수된 선수 요약
  - 변경된 규칙 자료
  - 경기본부의 주소, 전화번호, 팩스번호, 메일 주소
  - 상세한 숙박과 음식
  - 이동 계획
  - 개인별 경기, 릴레이 경기의 거리 및 등행거리 컨트롤 수, 음료수가 설치된 컨트롤 수
  - 팀 임원회의
- **공고문 #4 (부가 대회 자료)**는 선수들이 도착했을 때 최종 대회 상세 자료를 포함해서 배포 한다
  - 도핑에 관한 필요 사항
  - 대회와 관련한 특별 규정
  - 추가된 규정이나 예외 규정
  - 이의 제기 제한 시간
  - 주행 제한 시간
  - 심판관의 이름과 연맹
- 공고문 #1은 대회 2년 전까지 발송해야 하고 공고문 #2는 대회 10개월 전까지 발송하며 공고문 #3은 대회 2개월 전까지 발송해야 한다.

3: WMOC, WRE

- 진행자로 부터의 자료는 두개의 공고문 형식으로 보내진다. 공고문 #1, #2는 인터넷상의 IOF홈페이지를 통해 배포 할 수 있다.

  공고문 #3은 모든 참가자에게 보내져야 한다.
- 공고문 #1, #2는 대회 18개월 전에 만들어져야 하고 공고문 #3은 대회 1개월 전까지 만들어져야 한다(WMOC).
- 공고문 #1, #2는 대회 4개월 전에 만들어져야 하고 공고문 #3은 대회 1주일 전까지 만들어져야 한다(WRE)

－**공고문**#1, #2 (**기본자료 및 초청**)는 아래 자료를 포함해야 한다.

- 진행자, 대회 감독자, 운영자의 이름
- 주소, 전화번호, 팩스번호, 메일 주소, 홈페이지 안내
- 개최지
- 등급 및 참가 제한 사항
- 출입 제한 지역
- 공식 참가 신청서
- 참가비
- 참가비 지불을 위한 기한(날짜) 및 주소
- 숙박 및 식사에 대한 종류 및 비용
- 제공되는 교통편 자료
- 입국절차를 위한 자료(비자 등)
- 지형, 기후 및 위험 지역에 대한 자료
- 축척, 등고선 간격에 대한 안내
- 경기 복장에 대한 기준, 필요시
- 훈련 기회에 대한 상세 자료
- 출입 제한 지역의 최근 지도 복사본(WMOC)
- 경기 날짜와 형태
- 지역의 일반 지도
- 대회의 특징
- 참가 신청 기한(날짜) 및 주소
- 대회 요강
- 예상 우승시간
- 지형을 알 수 있는 최신 지도

－**공고문** #3 (**대회 자료**)은 아래와 같은 자료를 포함해야 한다.

- 상세 지형 자료
- 참가 신청서 접수 현황
- 변경된 규칙 자료
- 대회 운영본부 주소, 전화번호, 팩스번호, 메일 주소
- 이동계획
- 개인별 경기, 릴레이 경기의 거리 및 등행거리 컨트롤 수, 음료수가 설치된 컨트롤 수
- 이의제기 제한시간
- 주행 제한 시간
- 심판관의 이름과 연맹
- 이의 제기할 장소

〈대회 참가자에게 지급된 자료/AsOC2010 일본〉

9 참가 신청

1: 참가 신청은 공고문 #2에 설명된 방식대로 작성, 제출해야 한다. 최소한 각 참가 선수, 성별, 생년, 소속 연맹 등이 나타나야 한다.

2: 선수는 한 경기에 한 등급에만 참가 할 수 있다.

3: 대회 진행자는 참가비를 지불하지 않은 경우 선수나 팀을 출발에서 제외 할 수 있다.

4: WOC, WCup, JWOC

- 공고문 2에 따라 숙박비 등을 지불하여야 한다.
- 선수는 소속된 연맹으로 참가 가능하다.
- 참가 신청에는 성별 선수 수, 릴레이 팀 수, 팀 임원 및 매니저의 이름, 주소, 메일주소, 전화번호, 팩스번호가 늦어도 대회 3개월 전까지 대회 진행자에게 전달되어야 한다.
- 각 선수들의 이름 성별, 팀 임원의 이름은 최소한 대회 10일 전까지 진행자에게 전달되어야 한다.
- 선수들의 이름, 출발 팀, 팀 내 출발 순서 등은 경기하루 전 정오까지 진행자에게 제출되어야 한다.
- 개인 경기에서 경기 하루 전 정오부터 소속 등급의 첫 번째 선수 출발 한 시간 전까지 타당한 이유(예, 사고, 질병)에 의해 대체될 수 있다. 출발 그룹, 최종 선발전이나 첫 번째 경기 후의 복합 경기에서는 어떠한 변경도 불가능하다.
- 릴레이 경기에서 선수 이름의 변경이나 출발 순서의 변경은 최소한 릴레이 출발 1 시간 전까지 진행자에게 제출 되어야 한다.
- 대회 하루 전 정오 이후부터 선수의 대체는 참가한 팀에 의해서만 가능하다(WOC, JWOC).
- 개인 경기에서 각 연맹은 선수를 3개의 출발 그룹으로 나눌 수 있고 각 그룹별로 최대 2명의 선수를 선정 할 수 있다.

  연맹이 그룹별 선수 선정을 하지 못할 경우 대회 진행자가 선정할 수 있다.

Asian Orienteering Championships 2010 Entry form

Contact details

Contact Name	Kwon	Federation / Country	KOF
Address	Gyeonggi-do, Anyang-si, Manan-gu, 00-dong,		
Telephone	000-0000-000	Fax	031-000-000
E-mail	orienteering114@hanmail.net	Club	Gyeonggido Branch

Participants detail

Family name	Given name	federation/club	Sex (M/W)	Date of Birth	Age	Apr 30 Model event	May 1 Sprint	May 2 Middle	May 4 Long	May 5 Relay	EMIT Card No.	EMIT Rental (Yes/No)	Total fees (yen)
Kwon		Gyeonggido	M		52	No	M50	M50	M50	YES	408744	NO	11000
						X	2,000	3,000	3,000	3,000			
Lee		Gyeonggido	M		40	No	M40	M40	M40	Yes	X	Yes120(	12200
						X	2000	3000	3000	3000			
An		Gyeonggido	M		40	No	M40	M40	M40	Yes	X	Yes120(	12200
						X	2000	3000	3000	3000			

Sub total	35400
VISA	X
Total amount	35400

* April 30 (Model event) and Relay: Fill Yes or No
* May1, May2, and May 4: Fill the class name you wish to enter
* EMIT card system is used in all events (NO SPORTident)
* Please add 900 yen on the total cost if you require visa application documents.

〈개인별 참가신청서 모습〉

10 교 통

1: 각 연맹은 스스로 대회장까지 와야 한다.

2: 대회 진행자는 요청에 의해 가까운 국제공항이나 기차역 등으로 부터 대회장 또는 숙소까지 교통수단을 제공할 수도 있다.

3: 숙소와 대회장소, 경기장 또는 기타의 장소까지의 교통수단은 진행자나 팀 자체에서 해결한다. 요청에 의해 진행자는 대회 기간 중 모든 교통수단을 제공 할 수도 있다.

4: 공식적인 교통수단의 이용은 진행자의 승인으로 가능하다.

11 훈련 및 모의 경기

1: 대회 첫 번째 경기 하루 전에 진행자는 지형 형태, 지도 설명, Control 설명 및 설정,

음료 Control설정 그리고 코스의 설정에 대한 자료를 모의 경기로 제공해야 한다.

2: 선수, 임원, IOF 임원, 기자 등은 모의 경기에 참가 할 수 있다.

3: IOF 대회 관리자의 판단에 의해 모의 경기를 경기 당일, 1일 일회이상 개최 할 수 있다.

4: 전체 연맹을 대상으로 훈련 기회는 동등하게 주어 져야 한다. 진행자는 대회 8개월 전에 자료를 주어야 한다. 지형과 지도는 대회의 것과 가능한 한 상이한 것으로 사용한다 (WOC).

12 출발 순서 및 워밍업 장소

1: 출발 간격에 있어 선수들은 하나의 동일한 출발 간격으로 출발 한다. 단체출발에서는 같은 등급의 모든 선수들이 동시에 출발 한다.
릴레이 경기에 있어서 단체 출발은 첫 번째 선수에게만 적용된다.

2: 출발 순서는 IOF 운영자에 의해 승인 되어야 한다. 출발선은 단체 또는 개인별로 설정하고 컴퓨터 또는 손으로 만든다.

3: 출발 목록은 경기 그리고 팀 임원회의(조항 13.1에 의거한) 하루 전에 만들어져야 한다. 만약 선발전이 결승과 같은 날 개최되는 경우 결승의 출발 목록은 결승 첫 번째 출발 한 시간 전까지 만들어져야 한다.

4: WOC, WC, JWOC

- 결승 및 선발 경기의 시차 출발의 출발 순서는 임의로 작성한다.
  미리 작성 시에는 출발 그룹에서 작성하도록 한다.
- 시차 출발에서 같은 연맹에서 출전한 선수들은 연이어서 출발하지 않도록 한다.
- 선발 경기에서는 다음과 같은 조건을 만족하도록 출발 목록을 작성해야 한다.
  - 가능한 많은 선수가 각각의 출발시간에 각 선발경기를 시작하도록 출발 목록을 작성하여야 한다.
  - 같은 연맹에서 출전한 선수는 동시, 연이어 출발하지 않도록 한다.
  - 가능한 각각의 선발경기는 같은 난이도를 가지도록 한다.

- 각각의 선발경기의 선수 배정은 연맹의 선수들을 가능한 각각의 선발경기에 공평하게 분산 시키도록 만들어야 한다.

5: 선발 경기에서 결승의 출발 순서는 선발 경기의 성적에 따라 결정한다. 성적이 제일 좋은 선수는 가장 마지막에 출발하도록 한다.

같은 성적의 선수의 경우 공개추첨을 실시한다.

6: 선발전의 마지막 경기에서 같은 연맹에서 출전한 선수가 연이어 출발하게 되는 경우 출발 순서를 바꾼다.

7: 단체 출발의 경우 각각의 다른 조합의 코스 설정은 출발 순서에 의해 배정되도록 한다. 코스의 조합은 마지막 선수가 출발할 때까지 비밀로 해야 한다.

8: 선발 경기에서 선수의 선발 경기에 대한 배정은 IOF 대회 관리자의 감독 하에 배정하도록 한다.

9: 릴레이 경기에서 참가 하는 팀의 출발 순서는 이전 릴레이 경기의 순위에 따라 정하도록 한다. 이전 릴레이 경기에서 순위가 없는 팀은 알파벳 순서에 의해 적당한 순서를 정한다.

각 팀에 대한 각각 다른 조합의 코스 배정은 IOF 대회 관리자의 감독 하에 배정 한다(WOC, JWOC).

10: 불완전 릴레이 팀이나 한 개 이상의 연맹에서 출전한 선수로 구성된 팀의 출전은 공식적인 릴레이 출발과 동시에 하도록 한다(JWOC).

11: 기본적인 출발간격 시간은 장거리 3분, 중거리는 2분, Sprint경기는 1분이다.

12: 때로 출발 시간 간격은 장거리 2분, 중거리는 2분, Sprint 경기는 1분으로 할 수 있다(WOC, WCup).

13: 장거리 경기의 출발 시간 간격은 2분이다 단 한 등급의 선수가 180명이 넘을 경우 시간 간격을 1.5분으로 줄일 수 있다(JWOC).

14: WMOC

- 선발 경기에서 각 등급 선수들의 각각의 선발 경기 배정은 임의로 정한다. 한 등급에서 각각의 선발 경기는 동일한 규모로 이루어져야 하고 선수는 80명을 넘지 않도록 한다.

–동일 연맹 출전 선수와 최근 WMOC경기 결과에 따른 배정 선수들은 각각의 선발 경기에 공평하게 배정 한다. 다만 마지막 출발 시간은 예외로 할 수 있다.

–선발 경기와 결승 경기의 출발 시간 간격은 2분으로 한다. 단 한 등급의 선수가 50명 이하이면 출발 시간 간격은 3-5분으로 한다.

13 팀 임원 회의

1: WOC, WCup, JWOC에 적용

2: 대회 진행자는 팀 임원 회의를 경기 하루 전에 개최해야 한다.
이 회의는 늦어도 19:00전에 개최 되어야 한다. IOF 운영자가 회의를 주재한다.

3: 경기 자료(배번, Control 카드, 출발 목록, Control Description, 날씨, 교통수단, 최근 자료 등등)는 회의 시작 전에 전달되어야 한다.

4: 팀 임원은 회의 중 질문할 기회를 가진다.

14 지 형

1: 경기 구역 내의 지형은 가능하면 라이브리치 선언에 준하여 대회장과 코스가 준비되어야 한다.

2: 경기 구역으로 결정되면 가능한 빨리 출입 제한 구역으로 설정해야 한다.

3: 필요시 대회 진행자로부터 출입 제한 구역의 출입 허가를 받아야 한다.

4: 자연 보호, 조림, 사냥 및 기타 권리는 존중되어야 한다.

15 오리엔티어링 지도

1: 지도, 코스 설정, 추가 인쇄 등은 IOF의 ISOM(오리엔티어링 지도에 관한 규정), ISSprOM2019에 따라 승인을 받고 만들어져야 한다.

2: 지도의 축적은 1:15000로 한다. 중거리 경기와 릴레이 경기에서는 1:15,000이나 1:10,000, Sprint는 1:5,000, 1:4,000으로 한다.

3: 지도는 습기와 파손으로부터 보호 되어야 한다.

4: 만약 대회 장소에 대한 오리엔티어링 지도가 있다면 가장 최근의 지도를 경기 하루 전에 모든 선수를 대상으로 게시해야 한다.

5: 대회 운영자의 승인 없이 경기 당일에 선수나 팀 임원의 지도의 사용은 불가하다.

6: 경기 지도는 선수가 뛰는 코스 보다 커서는 안 된다.

7: 45세 이상의 등급에서 지도의 축척은 1:10,000로 한다(WMOC).

8: IOF 회원 연맹은 공식 잡지에 코스를 포함한 대회지도의 사용료를 지불하지 않고 사용에 대한 권리를 가진다.

〈대회용 오리엔티어링 지도/AsOC2010 일본〉

16 코 스

1: IOF 코스 설정 기준과 라이브리치 선언에 의한다.

2: 수준 높은 집중력, 상세한 지도 읽기 능력, 연속된 판단 능력 등이 요구 된다.

3: 코스의 길이는 직선거리를 사용 한다. 단 물리적으로 통행이 불가능한 장애물(높은 담, 호수, 절벽 등), 출입 제한 지역 또는 지도상에 표시된 루트 가 있을 경우에는 우회해서 거리를 측정한다.

4: 전체 등행 거리는 가장 짧은 루트에서의 등행 거리를 사용한다.

5: 선발 경기에서 각 등급의 선발경기는 가능한 같은 거리, 난이도로 설정한다.

6: 릴레이 경기에서 각 팀들은 다르게 조합된 코스를 달리지만 모든 팀들이 같은 거리의 코스에서 경기 하도록 해야 한다. 예상 우승시간은 설명한대로 걸리도록 한다. 모든 팀은 경기 거리가 다른 주자들의 경기를 같은 순서로 진행해야 한다.

7: 개인 경기에서 Control조합은 선수들 마다 다르게 한다. 그러나 선수들 이 모두 같은 거리를 경기하도록 해야 한다.

8: 대개의 경우 장, 중 거리 경기의 결승의 여자부, 남자부의 Control은 다르게 설치한다(WOC).

9: 예상 우승 시간

－WOC, WCup

여자(단위 분)	남자(단위)	
70-80	90-100	장거리 결승 경기
30-35	30-35	중거리 결승 경기
12-15	12-15	Sprint 선발, 결승 경기
120	135	릴레이팀의 전체 소요시간

－JWOC

여자(단위 분)	남자(단위)	
55	70	장거리 경기
20-25	20-25	중거리 경기

25-45	30-55	릴레이 각 주자의 시간
105	135	릴레이팀의 전체 소요시간

17 제한 구역 및 루트

1: 대회 진행 연맹에서 지정하는 보호해야 하는 환경 및 그와 연관된 모든 것에 대한 주의 규칙으로 대회와 관련하여 모든 사람으로부터 엄격하게 주의해야 할 사항

2: 경계 밖이나, 위험 지역, 금지된 루트, 지나갈 수 없는 선, 등에 대한 자료를 미리 제공하고, 지도에 표시해야 한다. 필요시에는 실제 지형에도 표시해야 한다. 선수들은 이러한 지역이나 루트는 지나가거나 들어가서는 안 된다.

3: 강제적인 루트, 교차로, 통행로 등은 지도와 실제 지형에 알아보기 쉽게 표시되어야 한다. 선수들은 경기 코스에 설정된 내용을 준수하여야 한다.

18 Control Description

1: 컨트롤위치설명은 IOF 심볼로 표기하며 Control의 정확한 위치가 규정되어야 한다.

2: 선수들에게 공정하게 정보를 주어야 하며 지도에 인쇄하여야 한다.

3: WOC, WCup, JWOC, WMOC

– 시차 출발 경기에서는 미리 경기 시작 전에 제공이 가능하다.

4: 시차 출발 경기에서는 미리 경기 시작 전에 제공이 가능하다(WRE).

5: Control Description은 팀 임원회의 전에 전달해야 한다(JWOC, WOC, WCup).

19 Control 설정

1: 지도상에 주어진 Control지점은 실제 지형에 선수의 통과를 알 수 있는 장비와 함께 명확하게 설치되어야 한다.

2: Control은 30cm×30cm 크기의 3개의 사각 형태로 삼각형의 형태로 만 들어진 Control 깃발로 설치되어야 한다. 각 사각 형태는 대각선으로 나눠고 반은 흰색 반은 오렌지색으

로 되어야 한다.

3: Control은 서로 30m 이내의 거리에 설치해서는 안 된다.

4: 각 Control은 고유의 숫자로 쉽게 알아 볼 수 있어야 한다. 고유 숫자는 선수가 쉽게 알아 볼 수 있어야 한다. 31보다 작은 숫자, 혼동하기 쉬운 숫자(예 66, 68, 86, 89, 98, 99) 등은 사용할 수 없다.

5: 표시는 검정과 흰색을 사용하고, 5-10cm 높이에 글자 선의 두께는 5-10mm로 해야 한다.

6: Control에는 선수의 통과를 증명하도록 각 깃발 별로 근접한 곳에 Punching 도구가 충분히 있어야 한다.

7: 만약 우승 예상 시간이 30분 이상이면 우승자 속도 기준으로 최소한 매 25분마다 음료가 제공되어야 한다.

8: 보호가 필요한 Control에는 경비가 있어야 한다.

20 펀칭 기구

1: 오직 IOF에서 승인한 펀칭 도구(전자식 또는 그 외)만 사용 가능하다.

2: Control 카드(전자식 또는 그 외)는 팀 임원회의시 전달되어야 한다. 단 선발 경기와 결승이 같은 날 진행된다면 Control 카드는 첫번째 결승 출발 최소한 한 시간까지 전달되어야 한다(WOC, WCup, JWOC).

3: 전자식이 아닌 경우 또는 혼합된 펀칭 기구가 사용될 경우 선수들에게 Control 카드와 익숙해지도록 기회를 줄 수 있다.

4: 전자식이 사용될 경우에는 시범 경기에서 선수들이 사용법을 익힐 수 있게 해야 한다.

5: 선수들은 각 Control에서 제공되는 펀칭 도구로 Control 카드에 펀칭하는 것에 대해 각자 책임을 가진다. 선수들은 진행자에 의해 펀칭이 시행 되더라도 정확한 펀칭에 대해 책임을 갖는다.

6: Control 카드는 정확하게 펀칭했음을 정확하게 보여 주어야 한다.

7: Control 카드에 펀칭을 하지 않거나 펀칭은 했는지 알아볼 수 없는 선수의 경우 순위에서 제외 된다. 단 펀칭 실수와 알아 볼 수 없는 상황 이 선수 스스로의 잘못이 아니고

선수가 Control에 갔다는 사실이 확실하게 입증되는 경우에는 가능하다. 이러한 예외적인 상황에서 선수가 Control에 갔다는 사실을 입증하기 위한 증거가 사용되기도 한다.

8: 펀칭 한 결과를 눈으로 확인해야 하는 경우 펀칭을 한 결과가 그 Control 카드의 네모 칸 안 또는 예비용 네모 칸에 최소한 조금이라도 포함되어야 한다. 예를 들어 네모 칸 밖에 펀칭한 경우, 칸을 뛰어 넘은 경우 모든 펀칭 결과가 명확하게 확인할 수 있어야 한다. 부정확한 펀칭으로 이득을 얻으려는 선수는 실격될 수 있다.

9: 대회 진행자는 선수의 Control 카드를 점검할 수 있는 권리가 있다. 정해진 Control에서 임원이 하거나 카드에 펀칭 하는 방법이 있다.

10: Control 카드를 잃어버리거나, Control를 빼먹거나, 잘못된 순서로 Control을 찾는 선수는 실격된다.

11: 단체출발 경우 전자펀칭기구가 사용되지 않을 때는 컨트롤카드는 지도에 포함되어 있어야 한다. 별도로 미리 제공해서는 안 된다(WRE).

21 기 구

1: 옷과 신발의 선택은 자유이다.

2: 배번은 명확하게 알아 볼 수 있어야 하고 진행자에 의해 미리 설명된 것처럼 착용해야 한다. 등번호는 25cm × 25cm이며 최소한 10cm의 높이를 가져야 한다. 등번호는 접히거나 짤려서는 안 된다.

3: 경기에 사용되는 길 찾기 도구는 진행자가 제공하는 지도, Control Description, 및 선수 개인의 나침반만이 사용될 수 있다.

4: 경기 구역에서의 통신기기는 진행자의 승인이 필요하다.

22 출 발

1: 개인 경기에서 출발은 일반적으로 시차 출발이다. 릴레이 경기에서 출발은 일반적으로 단체출발이다.

2: 선발 경기에서 결승의 첫 번째 출발은 선발 경기 마지막 출발로부터 최소한 3.5시간 이후에 시작되어야 한다.

3: 모든 선수들은 출발지역에서 최소한 45분의 방해 받지 않는 출발 준비와 몸 풀기를 할 수 있어야 한다. 몸 풀기장소에는 출발하지 않은 선수와 임원만이 출입이 가능하다(WOC, WCup, JWOC).

4: 출발은 출발 시간 전에 몸 풀기장소 끝에서 미리 출발하는 방식으로 진행할 수 있다. 만약 미리 출발하는 방식이라면 경기 시간을 볼 수 있는 시계가 팀 임원과 선수에게 보여 져야하며, 선수의 이름을 부르거나 표시 되어야 한다. 미리 출발 한 후에는 오직 출발 선수와 진행자에 의해 승인된 홍보 기자만이 접근이 가능하다.

5: 출발 장소는 출발 대기 선수나 다른 사람들에게 지도, 코스, 루트 선택, 첫 번째 Control의 방향을 알 수 있게 하면 안 된다.

6: 선수는 올바른 지도를 가질 책임이 있다. 선수의 출발 번호 또는 이름 또는 코스가 지도에 표시되어 선수가 출발 전에 확인 할 수 있어야 한다.

7: 출발지점은 지도상에 삼각형으로 표시 된다. 실제 지형에는 Control 플랙(마커)을 설치한다. 단 펀칭 기구는 필요 없다.

8: 지각한 선수들의 출발 시간을 다른 선수들의 출발에 영향을 미치지 않도록 정한다. 그 선수들은 원래시간에 출발했을 때부터 시간을 계량해야 한다. 단 진행자의 실수로 출발시간보다 늦은 선수는 새로운 출발 시간을 줘야 한다.

9: 릴레이 경기에서 다음선수의 출발은 전 선수와의 터치에 의해 이루어져야 한다.

10: 진행자가 미리 들어오는 선수 팀에게 알려주는 경우에라도 정확하고 시간에 맞는 릴레이의 선수 교대는 각 선수에게 책임이 있다.

11: IOF운영자의 승인 하에 진행자는 선수의 교대를 못한 팀의 다음 선수의 출발을 단체 출발로 진행할 수 있다.

12: 릴레이 팀이 실격되거나, 위원회에서 실격 처리 했을 경우 그 팀의 출발하지 않은 선수의 출발은 허용되지 않는다.

13: 교대 구역에서 출발하는 선수는 들어오고 있는 선수의 도착에 대해 미리 알고 있어야 한다(WOC, WCup, JWOC).

23 종료 및 기록

1: 선수가 종료 선을 지날 때가 경기의 종료이다.

2: 종료 구간은 테이프나 로프로 격리 되어야 한다. 마지막 20m는 직선이어야 한다.

3: 종료 선은 뛰어 들어오는 방향의 오른쪽에 최소한 3m폭으로 설치되어야 한다. 정확한 종료선의 위치는 접근하는 선수에게 확실하게 보여야 한다.

4: 선수가 종료 선을 지난 후 선수는 Control 카드와 카드를 담은 봉투까지, 제출해야 하고 진행자의 필요시 경기 지도도 제출해야 한다.

5: 성적은 선수의 가슴이 종료 선을 지날 때 또는 종료선에서 펀칭 했을 때까지의 시간이다. IOF에서 인정하는 Sprint에서는 시간은 초단위로 반 내림 한다. 기록은 시간, 분, 초 또는 분과 초 두 가지로 표시 한다.

6: IOF에서 인정하는 Sprint에서는 시간은 초단위로 반 내림하며 시작과 종료지역에 펀칭시스템이 작동해야 한다(WOC).

7: 두개의 별도 시간 측정 기구를 사용하여 경기 전체의 시간을 계속해 기록한다. 시간 측정 기구는 같은 등급 선수의 서로간의 기록을 측정한다. 최소한 0.5초 이상의 정밀도를 가져야 한다.

8: 단체 출발이나 시차 출발의 경우 종료 심판관이 결승 등수를 결정한다. 위원회 인사도 종료 지점에 있어야 한다.

9: IOF 운영자의 승인 하에 진행자는 각 등급별 최대 경기 시간을 정할 수 있다.

10: 종료 지점에는 응급 처지를 할 수 있는 시설이 있어야 하고 숲에서 응급 처치를 할 수 있는 사람이 있어야 한다.

11: 최대 경기 시간은 아래와 같다.

－Sprint 경기－여자부, 남자부 모두 50분

－중거리 경기－여자부, 남자부 모두 70분

－장거리 선발 경기－경기 여자부 110분, 남자부 150분

－장거리 경기－여자부 3시간, 남자부 4시간

－릴레이 경기－여자부 4시간, 남자부 4.5시간

24 성 적

1: 경기가 진행 되는 동안 예상 기록을 종료 구역이나 집결지에 표시해야 한다.

2: 공식 기록은 마지막 선수의 가장 빠른 예상 도착 시간 후 4시간 안에 발표되어야 한다. 공식 기록은 경기 당일 각 팀 담당자와 승인된 홍보기자에게 전해져야 한다.

3: 만약 선발 경기와 결승이 하루에 진행된다면 선발경기의 기록은 마지 막 선수의 가장 빠른 예상 도착 시간 후 30분 안에 발표 되어야 한다.

4: 공식 결과는 참가한 모든 선수들의 기록을 포함해야 한다. 릴레이에서는 공식 기록에 선수의 이름, 출발 순서, 각 선수의 성적, 코스의 조합 등이 포함 되어야 한다.

5: 시차 출발을 적용한 경우 둘 또는 그 이상의 선수의 성적이 같을 경우 그 다음 순위는 빈 채로 남겨 둬야 한다.

6: 단체 출발이나 시차 출발을 적용한 경우 순위는 선수들이 경기를 종료하는 순서대로 결정 된다. 릴레이의 경우 팀의 마지막 선수에 해당 된다.

7: 릴레이에서 다음 선수 출발이 단체 출발에 해당되는 팀의 순위는 각 선수들의 성적을 합해 결정한다.

8: 최대 경기 시간을 초과하는 선수나 팀은 순위에서 제외된다.

9: 모든 선수, 팀 임원, 승인된 기자에게 공식 성적 목록과 지도를 제공해야 한다(WOC).

10: WCup

- 개인경기 World Cup에서 선수들의 가장 좋은 경기 성적이 그들의 전체 점수에 반영되며 릴레이 World Cup에서 각 연맹의 가장 좋은 경기의 기록은 연맹의 전체 점수에 더해진다.
- 상세한 점수 배점은 각각 첫 번째 대회 최소한 6개월 전에 IOF협의회에서 결정된다.
- 진행자는 최소한 상위 20위까지 선수와 연맹의 구, 신기록을 종료구역에 전시해야 한다.

11: JWOC

- 불완전한 팀과 하나 이상의 팀 선수로 구성된 팀은 순위에서 제외되고 공식 기록목록에서도 제외된다.

－만약 한 연맹이 릴레이에 두 팀을 참가 시켰을 땐 두 팀이 낸 성적 중 좋은 성적을 연맹 순위에 계산 한다.

－두 등급에 각 연맹(팀 경기에 참가한 연맹)의 팀 점수는 개인 경기에서 가장 잘한 세 명의 선수의 성적. 릴레이 팀 성적에 곱하기 3을 하여 나온 성적을 더해서 결정한다. 각 연맹의 전체 팀 점수는 남자부 팀 점수와 여자부 팀 점수를 합해서 결정한다.

12: 대회 당일 인터넷 상에 기록을 올린다(WOC, WCup, JWOC, WRE).

13: 대회 후 1일안으로 인터넷 상에 기록을 올린다(WMOC).

Preliminary results　　AsOC2010 Sprint

M50 (1294) <408744>

Kwon Oh Sam
Kwon Oh Sam

0:26:15
Current rank : 7

Split time　　(Course : 7)

	top of the leg		split	rank	elapse	rank
△→ 1	ABEMa	3:59	5:01	7	0:05:01	7
1→ 2	YUSHIN	0:41	0:44	4	0:05:45	6
2→ 3	ABEMa	1:10	2:19	9	0:08:04	7
3→ 4	YUSHIN	2:49	3:13	3	0:11:17	6
4→ 5	Khessan	2:29	5:15	9	0:16:32	7
5→ 6	YUSHIN	0:26	0:31	4	0:17:03	7
6→ 7	YUSHIN	0:20	0:39	7	0:17:42	7
7→ 8	Khessan	0:28	0:53	8	0:18:35	7
8→ 9	Khessan	1:25	1:47	5	0:20:22	7
9→10	YUSHIN	2:02	2:48	7	0:23:10	7
10→11	ABEMa	0:40	2:15	8	0:25:25	7
11→12	LEUNG	0:30	0:40	4	0:26:05	7
12→ F	YUSHIN	0:09	0:10	4	0:26:15	7

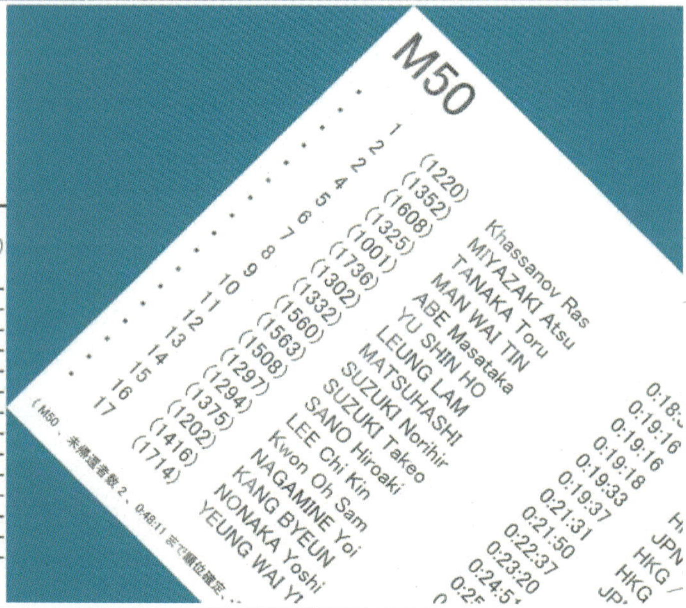

〈개인 경기 기록과 클래스 성적/AsOC2010 일본〉

25 시상

1: 남자부와 여자부 상은 동등해야 한다.

2: 만약 둘 또는 둘 이상의 선수가 같은 순위라면 그들 모두 적당한 메달이나 상장을 각각 받아야 한다.

3: WOC

– 여자부

Sprint, Long, Middle, Relay 경기

– 남자부

Sprint, Long, Middle, Relay 경기

– 대회 진행 연맹의 대표와 IOF의 회장, 부회장에 의해 진행한다.

4: JWOC

– 여자부

Sprint, Long, Middle, Relay 경기

– 남자부

Sprint, Long, Middle, Relay 경기

– 전체 팀 경기의 우승 연맹은 IOF로 부터 시상을 받는다.

5: WOC, JWOC(메달과 상장은 IOF에서 마련)

– 1등상 금메달(도금된)과 상장

– 2등상 은메달(도금된)과 상장

– 3등상 동메달과 상장

– 4-6등상 상장

– 릴레이에서 각 선수들은 적당한 메달과 상장을 받는다.

– 시상식에서 상위 3명의 선수들의 국기가 게양되고 우승자의 국가가 연주되어야 한다.

6: WCup

– 각 경기의 우승자는 IOF로부터 메달을 받는다. 각 개인 경기 최소한 등급별 6명과 최소한 릴레이 경기의 우승팀 선수는 진행자로부터 상을 받는다.

– 마지막 대회 후 개인 경기 각 등급의 상위 3명의 선수의 메달은 IOF에서 시상한다. 마지막 대회 후 최소한 상위 6명의 선수는 그 대회 진행자가 시상한다.

– 릴레이 우승 연맹의 시상은 IOF가 한다.

7: 각 등급 결승의 상위 3명의 선수는 IOF로부터 메달을 수여 받는다(WMOC).

2 국내 대회 기준

1 사전 준비

1: 대회의 기획(1년 이전)

가) 대회표준계획서 작성

- 총체적인 대회준비와 운영에 대한 내용을 담는다(대회 일정).
- 대회일과 클래스
- 지도제작 일정(코스 시주일, 완성일)
- 참가 관련 일정과 금액
- 집결지와 본부 장소(섭외 포함)
- 홍보 전략(참가 유도, 스폰서 등)
- 시상 및 대회 후처리

나) 일자

전체적인 일정을 고려 많은 참가인원이 될 수 있도록 적당한 일자를 정한다.

다) 장소

많은 참가자를 유도할 수 있는 중요한 교통과 집결지, 편의시설물 이 있는 장소(학교나 체육공원)와 오리엔티어링 경기에 적합한 장소를 정한다.

라) 업무 분담

지도현장조사자와 지역 분담과 제도자 선정, 홍보와 계획

2: 준비의 이행

가) 지도제작 현장조사(1년 전)

–완료 예정일 지정

제도, 인쇄 등을 고려 현장조사 완료일을 정해야 한다.

–장소 선정

오리엔티어링 경기 장소로 알맞은 곳(교통, 집결지등 감안)을 몇 군데 선정하여 현장을

직접 돌아보고 대회 장소를 선정한다.

– 기본도 구입(Paper지도, 수치지도)

제도 방법에 따라 선택하며 대회 장소의 기본도(1:5,000)를 구입 한다. 자북선 기입을 위해 1:25,000이나 1:50,000을 구입하거나 편각도표를 확인해야 한다.

– 현장조사자, 제도자 선임과 지역 배정

장소가 선정되면 현장조사자 및 제도자를 선임하고 지역을 배정한다.

– 필드 심볼

지도의 기호 통일과 취사를 위해 필드 심볼을 만든다. 사전에 만들어 사용해 오는 것이 좋다.

– 현장 조사

맡은 지역을 필드 심볼의 규정에 의해 조사한다(필드 카피).

당일 조사한 구역을 집에서 정리한다(크린카피).

필요한 아크릴판 규격, 트레싱지 2매, 색상펜(최소 5종), 조사용 나침반(54N)을 준비한다.

나) 지도제작 제도(대회일 3-4개월 전)

– 완료 예정일 확인

대회일정에 지장이 없도록 여유있게 준비해야 한다.

– 제도에 쓰이는 자재 구비

현장조사 크린카피 집결, 트레싱지, 제도 프로그램 결정

– 제도의 과정

- 축척의 결정
- 지도 전체의 구도 결정
- 명칭, 축척 표시, 광고, 범례, 기타 안내사항 등 결정
- 제도실시
- 수기방법 : 각 색상별로 원판을 제작
- 컴퓨터 이용 : OCAD를 기본으로 하고 포토샵, 일러스트레이터를 이용 Layer 저장

– 인쇄소 선정

오리엔티어링지도를 수용할 수 있는 해당업소를 선정한다.

– 내용 수정

수기와 컴퓨터 사용 등에 따라 작업 과정이 달라짐. 컴퓨터는 직접 수정이 필요 없으며 1차로 인쇄후 현장 참조 수정하면 됨.

– 수정제도

수정할 내용을 다시 반영한다.

다) 코스 설정(대회일 2개월 전)

– 클래스의 결정

접수가 마감된 시점이라면 그 내용을 참고하여 코스를 준비하는 것이 현명하다. 그렇지 않다면 과거 실적이나 요강의 클래스를 참고한다.

– 코스설정자

현장조사자 위주로 경험이 풍부한 자로 정한다. 대회 성격에 맞는 예비코스를 준비토록 한다.

– 코스의 준비

남. 여, 학생 상호간 체력적인 조건이 허락한다면 코스를 적당히 조합할 수 있다.

– 시주 및 코스 결정

해당 클래스에 적합한 자를 선정하여 복수로 시주토록 하되 그 지역 현장조사자는 피하는 것이 좋다. 그리고 필요하다면 시주를 추가로 하여 의견을 각 코스별 사항을 점검하여 결정한다.

– 코스의 확정과 컨트롤위치설명표 확정

시주 후 확정된 코스는 코스 코드를 부여하고 해당 컨트롤위치 설명표를 준비하여 제도자에게 인계한다.

– 전자펀칭시스템 운영 시 전자시스템 코스 관련 입력 내용을 정리, 확인한다.

라) 최종 지도 인쇄(대회일 1개월 전)

– 준비 자료

- 확정된 수정본 원판이나 이에 해당되는 컴퓨터 자료
- 코스 및 컨트롤위치설명표 자료

– 클래스별 매수와 백지 지도의 인쇄 매수를 정한다.

– 인쇄의 과정

인쇄방법(별색, 원색)을 선택한다. OCAD는 원색인쇄이다.

- 필름의 확인(색상별, 원안 대조 필요) – 최근 장비는 생략되는 경우도 있음(생략하고 동판 제작).
- 동판 제작
- 인쇄 – 색상, 지도의 전체 조화 내용을 참관

마) 대회장 확정(최소한 대회일 3-4개월 전)

– 코스설정, 집결, 도착, 시상 등 행사를 할 수 있는 장소에 적합 하여야 하므로 매우 중요하고 해당기관의 승낙을 필요로 한다.

– 교통편, 식수, 세면, 화장실, 지역 주민과의 마찰 가능성 등도 고려한다.

바) 대회 공고

– 공고 내용을 확정하고 유관 홈페이지에 공고 한다.

– 공고는 빠를수록 효과적이다.

– 참가비, 접수 마감일, 참가신청 방법 등 상세한 내용이어야 한다.

〈대회 안내 자료의 예〉

사) 대회 홍보(준비 초기 또는 6개월 전)

- 홍보추진계획서를 작성한다.
- 대회 리플렛 제작 여부를 결정한다. 리플렛을 할 경우
  - 외부 인사말(축사, 격려사)의 대상자와 내용
  - 요강, 집결지, 운영 시간표, 경기 요령 및 규정, 출발지의 위치와 약도, 대회장 배치도
- 준비 기간 중 다른 대회나 행사에 수시로 홍보한다.
- 해당 단체나 기관에 자료를 보낸다.
- 가능성이 있는 홈페이지 등을 적극 활용한다.

아) 신청 접수 및 마감(마감은 1개월 전)

- 대회 준비자의 업무 일정을 감안하여 정한다.
- 마감일은 대회일 1개월 전을 권장하나 상황에 따라 조정한다.
- 신청자의 편의를 생각하여 전화, Fax, E-mail, 인터넷, 우편 등을 검토한다.

자) 출발리스트 작성(마감 직 후)

- 신청자별 단체별 인원을 점검하고 사용할 레인수를 정한다.
- 간격을 고려 출발 시각을 정한다.
  - 경험자는 출발 간격을 2-5분 간격을 권장한다.
  - 동일 클래스 내에 같은 소속의 경기자나 단체는 서로 간격을 길게 잡는다.
- 각 시간대별, 클래스별 내용이 정해 졌으면 배번을 배정한다.
  - 클래스별, 레인별, 시간대별로 할 것인지를 정한다.
  - 운영하는 입장에서의 관리 및 편리성을 고려하여야 한다.
- 최종 내용은 홈페이지에 공지한다.

차) 개인별 지급 물품 구입 및 제작, 준비작업

- 사용 장비 내역을 파악하여 필요한 준비물 리스트를 작성하여 부족한 자재는 구입 및 제작한다.
- 개인지급품 : 컨트롤카드(전자카드), 고무줄, 배번, 옷핀, 안내 팜플렛 등등
- 준비물품 : 비닐봉투, 기념품, 상장(메달), 리본테이프, 현수막, 문구, 구급약, 진행자용 옷.

– 개인지급품을 봉투에 넣어 당일 지급하는 경우와 미리 접수 내용을 파악하여 우편 등을 이용하여 보내는 방법이 있다.

카) 컨트롤 카드 만들기

– 참가자의 출발레인, 클래스, 이름, 소속, 배번, 출발시각 등의 내용이 있어야 한다.

– 라벨지를 이용하여 프린트하는 것이 편리하다.

– 전자펀칭시스템 운영 시 필요 없다.

타) 지도 분류

– 사전에 정한 레인별로 분류하여 바구니에 담는다.

– 뒷면에 클래스 성명 등을 기록할 수도 있다.

파) 각 구역 준비물 확인

– 운영구역별로 책임자 및 조원을 정한다.

– 각 구역의 준비물 리스트도 작성한다. 리스트에 기록된 물품들이 있는지 확인하고, 리스트는 상자 겉면에 붙여 구역과 내용 물품을 알 수 있게 한다.

– 본 부

천막, 내빈용 의자, 방송시설, 현수막, 리본테이프, 상장(메달), 문구류, 구급용 자재

– 접 수(대회장)

– 책상, 의자, 개인별 대봉투, 접수대장, 출발리스트, 여분의 개인별 대봉투(배번, 컨트롤카드, 고무줄, 기념품 등 포함)

〈배번, 컨트롤 카드〉

– 설명소

설명용 게시판, 대형 나침반, O-Map

– 출발구역

현수막(출발점), 스타트머신, 게시용 시계, 철포스트, 리본테이프, 클래스별 명판, 지도바구니(지도가 담긴), 출발리스트, 방송시설

– 도착구역과 계산소

책상, 의자, 컴퓨터, 프린터, 초시계(컴퓨터 오류에 대비), 음료대, 회수용 바구니, 문구류, 클래스별 답안지

– 기록게시소

기록게시용 리본테이프, 클래스별 명판, 기록게시용지, 스테플러

– 코스관리

코스 설정용 컨트롤 플랙(마커) 및 여분, All control지도, 필기구, 여분 기호표, 통신장비

하) 홍보 장비

– 촬영장비 준비

– 홍보 대상을 확인하여 필요한 홍보 계획을 세운다.

2 당일 진행

1: 본부

가) 현수막 설치

대회장 진입로와 대회장 입구, 본부석 쪽에 대회용 현수막을 설치한다.

나) 집합 장소 유도 테이프 설치

대중교통이 끝나는 지점부터 대회장까지 육안으로 식별이 가능한 곳까지 리본 테이프를 매달아 참가자를 대회장까지 유도한다.

다) 본부석 설치

천막을 설치하여 본부석을 만들고 의자를 배치한다. 방송시설을 점검하고, 구호소도 표시한다.

2: 접수(대회장)

가) 책상과 의자를 배치하여 접수대를 만든다(사전 접수자와 당일접수자의 접수대를 구분).

나) 사전 접수자 접수대에서는 개인별 지급할 자료를 클래스별로 분류해 놓는다.

다) 사전 접수자가 오면 접수여부를 확인(또는 접수증)하고 자신의 지급품을 챙기도록 한다.

라) 당일 접수자는 참가비를 받고, 출발리스트에 출발시각을 배정(배번기록)한 뒤 지급품(컨트롤 카드, 배번 등)을 준다.

마) 당일 접수자의 출발 시각 배정은 반드시 출발담당자가 정해 주는 방법으로 한다.

바) 컴퓨터(도착기록 관리용 임)로 소요시간을 계산하는 경우에는 컴퓨터 담당자에게도 연결되어 사전에 출발시각을 입력할 수 있게 해야 한다.

〈대회본부의 모습, 접수처〉

3: 컨트롤 설치 및 코스관리

가) 담당자는 컨트롤 플랙(마커), 전체 컨트롤 지도, 필기구, 여분 기호표, 통신 장비, 구급품을 준비한다.

나) 지정 시각 전까지 계획된 구간의 컨트롤 플랙(마커)을 설치한다.

다) 경기 도중 경기자들이 부정행위를 하지 않는지 감시한다.

라) 책임구역내의 설치물 분실 및 파손에 신속하게 대처하며 상황을 수시로 파악한다.

마) 부상 선수가 있을 경우 응급 처치를 한다.

바) 경기 제한 시간이 지나면 설치된 컨트롤 플랙(마커)를 모두 회수한다.

사) 전자펀칭시스템을 적용 시 관련 장비와 여유분 설치 운영에 관하여 준비 등을 검토하여야 한다.

4: 설명소

가) 칠판 및 설명 자료, 지도, 나침반을 준비한다.

나) 조보자를 대상으로 나침반과 나침반조작법(1,2,3조작법), 경기요령을 설명한다.

다) 나침반과 지도(특히 자북선 개념)와의 운영법을 설명한다.

5: 출발구역(시차 출발 기준)

가) 출발 구역 설치

① 정해진 LANE 수대로, 세로는 3칸으로 하여 장비(리본테이프, 라바콘)로 그물 모양의 출발 구역을 만들거나 다르게 정할 수 있다.(지각자 LANE을 따로 만든다.)

② 레인의 해당 클래스를 확인할 수 있게 LANE별 앞 뒤에 클래스 명판을 약 2m 높이 정도에 붙인다(단 맨 앞의 명판은 낮아도 가능하다.).

③ 각 LANE의 맨 앞 쪽에 그 LANE의 지도 바구니를 놓는다.

④ 스타트머신을 설치하고 점검한다.

⑤ 게시용 시계를 선수들이 잘 볼 수 있는 곳에 설치하여 출발 시각을 점검하는데 참고할 수 있도록 한다.

⑥ 필요장비는 스타트 머신, 대회 및 출발 현수막, 출발리스트, 방송장비 등이다.

나) 출발 시행

① 출발리스트를 보고 지정된 출발 시각 전에 각 LANE별 첫 출발 선수들을 호명하여 3회 차 출발자까지 해당 칸에 들어가게 한다.

② 첫 출발이 시작되는 시각을 공지한다.

③ 출발 리스트를 보고 선수들이 자신의 출발 시각에 맞게 섰는지 다시 한 번 확인하고, 지도에 성명 등이 기재된 경우 불참자의 지도는 제외시킨다.

④ 스타트머신의 신호와 함께 첫 주자를 출발시킨다. 사전 계획된 출발시각이 변경되었을 때에는 컴퓨터 담당자와 출발시각을 다시 조정한다. 스톱워치 두 개를 동시에 작동하여 도착구역에 전하여 도착 선수의 기록을 측정할 수 있게 한다.

⑤ 경기자가 출발할 때마다 선수들을 한 칸씩 앞으로 당겨 서게 한다. 그 다음 출발 선수들을 마지막 칸에 서게 한다.

⑥ 위의 과정을 계속 반복한다.

⑦ 지각자는 출발구역에 도착한 즉시 출발 담당자에게 컨트롤카드를 제시하여 지각자임을 알리고 해당 클래스의 지도를 받아 출발한다.(이 때 지각자의 출발 시각을 실제 출발 시각으로 수정해 주어서는 안 된다.)

⑧ 경기자들의 출발이 모두 끝나면 설치물을 철수한다.

〈전자펀칭시스템 사용 경우와 일반 출발구역의 모습〉

다) 출발 방식의 종류

① 시차 출발 방식

시차를 두어 선수들을 출발시키는 것으로 주로 Point Orienteering에 쓰인다.

② 동시 출발 방식

전원이 동시에 출발하는 것으로 Score-O, Relay-O 첫 출발자, Bingo-O 등에 쓰인다.

③ 시간 조정 방식

Relay-O에 쓰이는 것으로 한 주자의 소요시간이 너무 길어지는 경우, 다음 주자를 미리 내보내고 앞주자의 추가시간을 합산한다.

라) 전자펀칭시스템 적용 운영 시

① 가급적이면 지정한 시각에 출발하도록 한다.

② 출발레인에 전자카드의 사전기록정보 삭제용, 스타트 장비를 설치한다(Clear, Emit, Si card)

③ 컨트롤에도 전자시스템이 설치되어야 한다.

④ 골인점(Finish)에도 전자시스템을 준비한다.

⑤ 경기기록 리더(Reader)기도 준비한다.

⑥ 정확한 시간 측정을 위한 장비도 준비(검토)한다.

〈출발구역의 장비 모습〉

〈시간측정 자동 기록 장치〉

〈전자스타트 장비의 모습〉

〈전자컨트롤의 모습〉

〈전자Finish 설치의 모습〉

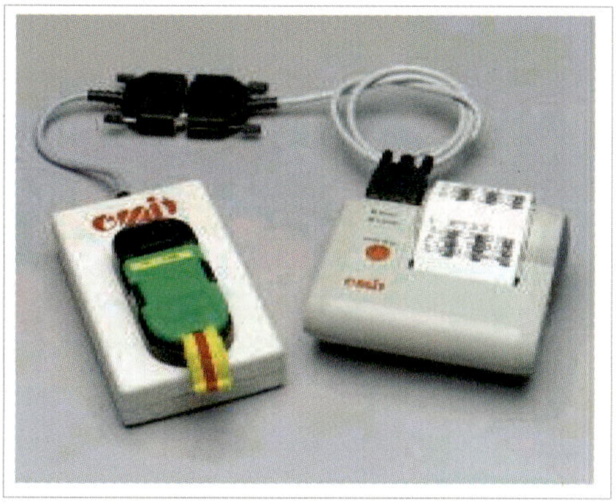

〈전자 리더기와 프린터〉

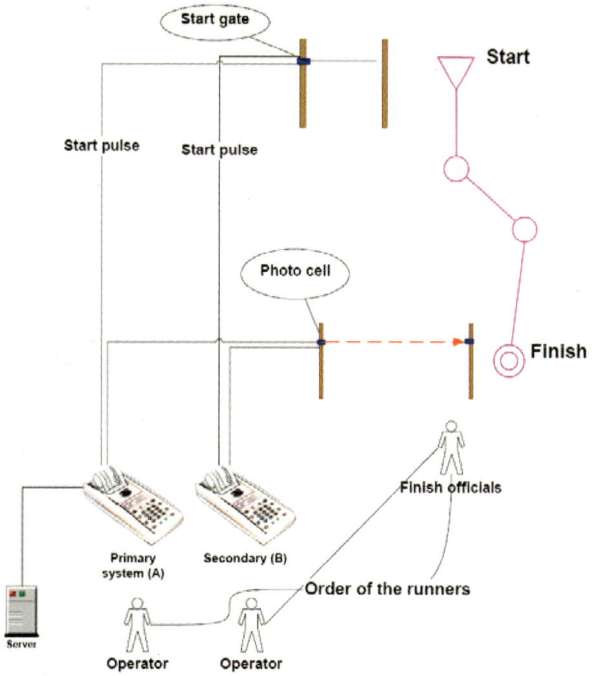

〈전자펀칭시스템의 운영 개념도〉

6: 도착구역, 계산소, 기록게시소(판)

가) 컴퓨터로 하는 경우 참가 경기자들의 개인별 내용(배번, 클래스, 이름, 출발시각)을 사전에 입력한다.

나) 도착 유도 라인을 설치한다.

〈도착구역〉

다) 경기자가 들어오면 배번을 입력하여 그 경기자의 소요시간을 프린트한다.

라) 회수물을 확인 회수한다.(배번, 컨트롤카드) 대회 진행상 필요한 경우에는 지도를 회수할 수도 있다.

마) 스톱워치를 사용하는 경우에는 도착시각을 부르면, 제출하는 컨트롤 카드에 도착시각을 기록하여 계산소로 넘긴다.

바) 계산소에서는 컴퓨터 사용경우 도착시간이 우선 기록되므로 필히 답안을 확인 판정을 하여야 하며 일반방식인 경우는 컨트롤카드에 판정한다. 소요시간을 계산하여 기록용지에 옮겨 적은 후 기록게시소(판)로 넘긴다.

사) 기록게시소(판)에서는 먼저 판정을 확인 후 가급적 신속하게 게시한다(선수의 관심이 가장 많은 곳).

아) 적당한 숫자의 클래스별 답안지를 준비한다. 단 전자펀칭시스템에서는 예외이다.

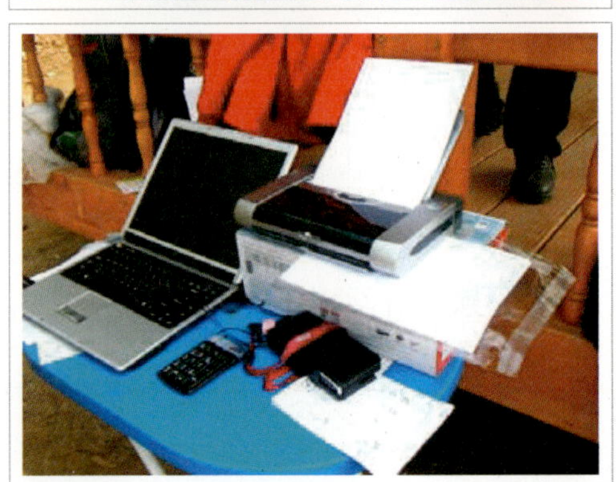

〈전자기록시스템〉

자) 전자기록시스템을 이용할 경우 별도로 계획을 잡아 시행한다.
컴퓨터, 프린트기, 복사지, 책상, 의자, 전기시설 및 발전기(또는 예비 건전지)관련 게시장비가 별도로 필요하다.

차) 필요장비는 스톱워치, 스태플, 정답지, All Control 및 코스별 지도와 컨트롤위치 설명표, 식수, 의료품이나 의료진, 유도레인, 기록게시소 사용 명판, 방송장비 등이다.

〈기록게시소〉

7: 시상

가) 시상시간 1시간 전에 시상준비(상장기록)를 한다.

나) 각 클래스별로 1위, 2위, 3위를 시상한다(메달, 상품, 상장 준비).

다) 수상자가 많은 경우 시상 시간이 많이 걸리므로 시상 방법을 고려한다.

라) 상금(장학금) 등을 지급하는 것을 검토할 필요가 있다.

〈시상식 모습〉

3 평가 및 보고

1: 대회가 끝나면 평가회를 통해 대회 진행의 문제점을 파악하여 다음 대회에 이를 반영할 수 있도록 한다. 각 운영 파트별로 점검하는 것이 좋다.

2: 참가선수들의 기록을 클래스별로 정리하여 공개한다.

3: 수입 지출에 대한 결산 보고를 한다.

4: 대회 결과를 정리하여 상급 해당기관에 보고한다.

오리엔티어링

Orienteering

GYEONG GI DO
ORIENTEERING
안산호수공원
Ansan Lake Park
경기도지부 제3호 경기장
Scale 1:500
Ansan Lake
0
100
200m
통행(통과)금지(Uncrossable area)
통과 지정로(Crossing section)
나무 그루터기(뿌리/Root stock)
나무 소,대(Tree). 물탱크(Water tank)
안내판,시설물(Information board, Contr-)
임시 설치물(Temporary construction)
화단/출입금지(Flower bed/Forbidden)
OCAD
License No.4977
OCAD 9.7 Professional
Kwon Oh Sam(No.C-54)

부 록

IOF Description Symbol

(ISOM 100의 표기는 지도제작규정의 심볼 번호임)

오리엔티어링
Orienteering

1. C 란

여러개 특징물 중 방향(지정)		
0.1	↑	북쪽(의)
0.2	↘	남동쪽(의)
0.3		위쪽(의)
0.4		아래쪽(의)
0.5		중간(의)

2. D 란

2-1. 지 형 물		
1.1		테라스
1.2		돌출부
1.3		골(짜기)
1.4		비탈(흙벽) ISOM 106
1.5		채석장 ISOM 106
1.6		흙둑,제방 ISOM 107,108

D 란

1.7	∧	침식된 골 ISOM 109
1.8		아주 작은 골 ISOM 110
1.9	○	언덕(봉우리) ISOM 101, 111
1.10	●	흙 봉우리 ISOM 112, 113
1.11	)(	안부
1.12		함몰지 ISOM 114
1.13	∪	구덩이/자연적 ISOM 115
1.14	∨	구덩이(갱)/인공적 ISOM 116, 204
1.15		요철 땅 ISOM 117
1.16	✳	개미둑

D 란

2-2. 바위와 돌		
2.1		벼랑(바위벽) ISOM 201,203
2.2		기둥바위 ISOM 202
2.3		굴 ISOM 205
2.4	▲	독립바위 ISOM 206, 207
2.5		바위너덜 ISOM 208
2.6		바위 군 ISOM 209
2.7		돌밭 ISOM 210
2.8		암반 ISOM 212
2.9	][	좁은 통로 (바위벽 사이)

D 란

2-3. 수계와 습지		
3.1		호수 ISOM 301
3.2		못 ISOM 302
3.3		웅덩이 ISOM 303
3.4		하천, 내, 개울 ISOM 304-306
3.5		도랑(수로) ISOM 307
3.6		좁은 습지 ISOM 308
3.7		습지 ISOM 309-311
3.8		습지의 마른땅 ISOM 309-311
3.9		우물 ISOM 312
3.10		샘 ISOM 313
3.11		인공 물탱크

D 란		
2-4. 식물상		
4.1		트인 땅 ISOM 401, 403
4.2		반 트인 땅 ISOM 402, 404
4.3		숲 모퉁이
4.4		숲속 빈터(공터) ISOM 401, 403
4.5		잡목 덤불숲 ISOM 408, 410
4.6		선형 덤불 숲 ISOM 410
4.7		식생경계 ISOM 416
4.8		잡목 덤불(소형) ISOM 405, 406
4.9		독립수
4.10		나무(뿌리) 그루터기

D 란		
2-5. 인공특징물		
5.1		도로, 길 ISOM 501-504
5.2		소로, 오솔길 ISOM 505-508
5.3		승마로 ISOM 509
5.4	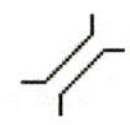	인도교 ISOM 512, 513
5.5		전선 ISOM 516, 517
5.6		전신주(철탑) ISOM 516, 517
5.7	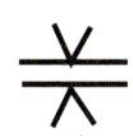	터널 ISOM 518
5.8		벽, 담 ISOM 519-521
5.9		울타리 ISOM 522-524
5.10		통과 지점 ISOM 525
5.11		건물 ISOM 526
5.12		주차장등 ISOM 529
5.13	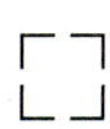	건물터 ISOM 530

D 란

2-6. 인공특징물		
5.14		송유관 ISOM 533, 534
5.15		탑 ISOM 535, 536
5.16		사격대 ISOM 536
5.17		경계석 ISOM 537
5.18		사료함 ISOM 538
5.19		숯가마터
5.20		조각(품)
5.21		카노피 ISOM 522
5.22		계단
5.23		출입금지구역 ISOM 520

D 란

2-7. 특수특징물		
6.1		특수 항목
6.2		특수 항목

2-8. IOF 비공인 심볼		
(7.10)		무덤
(7.11)		쓰러진 나무
(7.12)		그루터기
(7.13)		파마넨트 컨트롤

3. E 란

외양, 상태		
8.1		낮음
8.2		얕음
8.3		깊음
8.4		잡초 무성함
8.5		트임
8.6		바위 많음
8.7		습함
8.8		모래땅
8.9		침엽수
8.10		활엽수
8.11		붕괴된, 폐허된

4. F 란

4-1. 치수(높이, 넓이)		
9.1	2.5	높이(m)
9.2	8x4	크기(m) (장*단)
9.3	0.5 / 3.0	경사진 물체의 높이
9.4	2.0 3.0	두 개의 특징물 높이

4-2. 결합특징물			
10.1			교차점
10.2			분기점(합류점)
			오솔길 교차점
			하천과 승마로의 교차점
			도로 분기
			하천과 좁은 습지의 분기
			울타리와 건물의 분기
11.1			굽은 곳

5. G 란

컨트롤 위치		
12.1		북동쪽
12.2		남동쪽 가장자리
12.3		서쪽 부분
12.4		동쪽 모퉁이 (안쪽)
12.5		남쪽 모퉁이 (바깥쪽)
12.6		남서쪽 돌단
12.7		굽은 곳
12.8		북서쪽 끝
12.9		위쪽
12.10		아래쪽
12.11		꼭대기(위)에
12.12		밑에
12.13		발치(방향지시무)
12.14		발치(방향지시)
12.14		사이

G 란

컨트롤위치

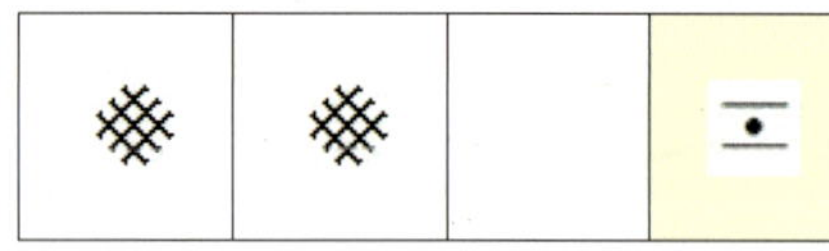

잡목 덤불 사이

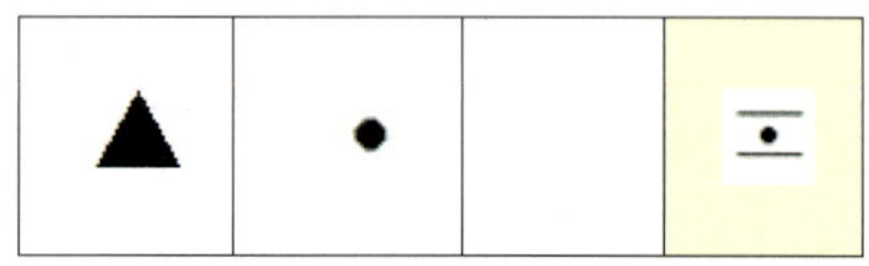

바위와 흙봉우리 사이

6. H 란

안내기호		
13.1		구급 컨트롤
13.2		통신 컨트롤 TV컨트롤
13.3		유인 컨트롤

7. 유도구간

7-1. 중간구간

13.1	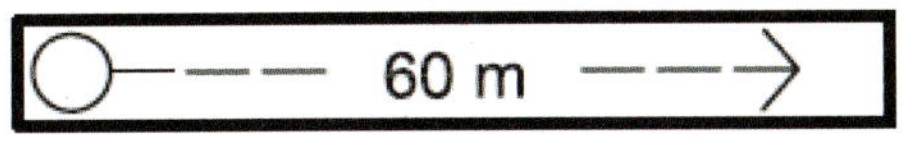	다음 컨트롤 향해 60m 테이프 유도
13.2		컨트롤 사이 300m 테이프 유도
13.3		컨트롤 사이 통과지점 지시
13.4	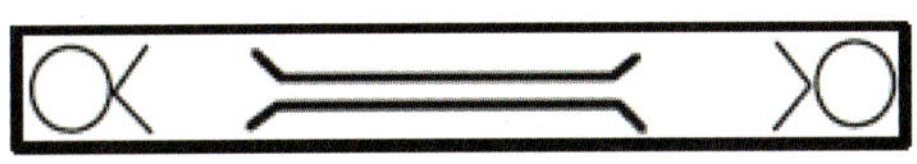	출입금지구역의 통과지점 지시
13.5	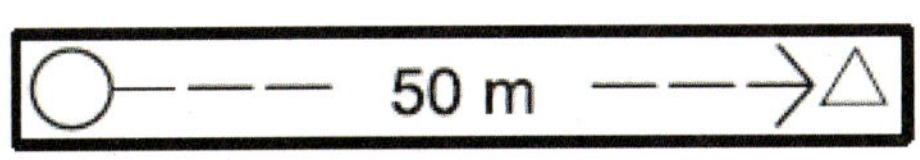	테이프로 유도, 지도 교환소 50m

7-2. 마지막 컨트롤에서 골까지 유도

14.1	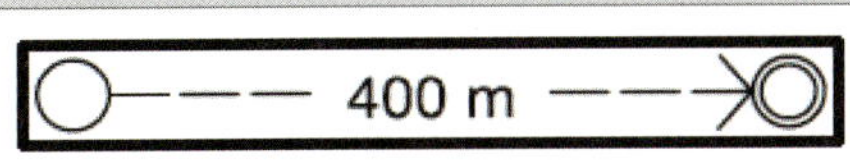	400m 테이프로 유도
14.2	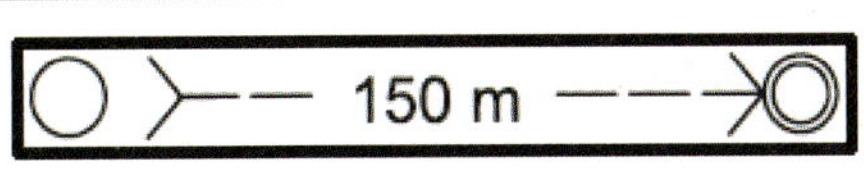	150m 포크형으로 유도
14.3		380m 유도 없음

8. Trail-O

컨트롤위치설명표

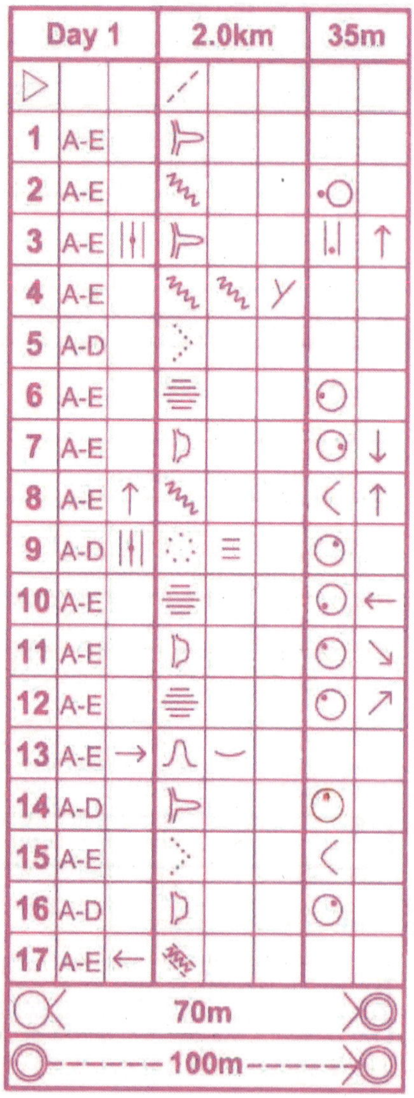

1. B란은 설치된 컨트롤의 수를 알파벳으로 표한다.
2. H란은 결정지점에서 컨트롤위치(집단)의 방향을 알려준다.

오리엔티어링
Orienteering

저자약력

권오삼

(사)대한오리엔티어링연맹 사무국장, 부회장 역임
IOF TrailO Event Adviser 역임
오리엔티어링 생활체육지도자 1급, 유소년·노인스포츠지도사
청소년지도사 2급, 평생교육사 2급

김로빈

한성대학교 상상력교양대학 교수
한국운동역학회 이사
오리엔티어링 지도자

김승재

한서대학교 레저해양스포츠학과 교수
한국사회체육학회 회장
한국운동역학회 및 대한무도학회 부회장
오리엔티어링 지도자

참고자료

(사)대한오리엔티어링연맹 및 산하 지방연맹 자료
경기도오리엔티어링연맹 자료
국제오리엔티어링연맹(IOF) 자료
대한체육회 자료
명성스포츠메디신(주) 자료

교양총서 3-5

오리엔티어링(Orienteering) 제3판

3판 2쇄 인쇄 2023년 4월 12일
3판 2쇄 발행 2023년 4월 12일

공 저 자 권오삼, 김로빈, 김승재
발 행 인 이창원
발행한곳 한성대학교 출판부

우편주소 서울특별시 성북구 삼선교로16길 116
대표전화 (02) 760 / 4174
팩시밀리 (02) 760 / 5969
E-mail hsupress@hansung.ac.kr

편집제작 **도서출판** 대자커뮤니케이션 | 대표(02) 2269-6724

ISBN 978-89-89101-81-9 92690 **정가** 29,000원